SEVERIANO BALLESTEROS

SEVERIANO BALLESTEROS

AUTOBIOGRAFÍA

TUTOR

Editor: Jesús Domingo
Coordinación editorial: Paloma González

Marqués de Urquijo, 34. 28008 Madrid
Tel.: 91 559 98 32. Fax: 91 541 02 35
E-mail: info@edicionestutor.com
www.edicionestutor.com

Diseño de cubierta: José M.ª Alcoceba
Fotografías de interior: archivo del autor
ISBN 13: 978-84-7902-692-9
ISBN 10: 84-7902-692-8
Depósito legal: M-1032-2008
Impreso y encuadernado por Atanes-Lainez
Impreso en España – *Printed in Spain*

Dedico este libro

A mis hijos y a mis hermanos.

Índice

Carta de Gary Player

Siempre he estado loco por Severiano Ballesteros. Aquí tienes un hombre de procedencia humilde, que ha trabajado muchísimo para ser el jugador excepcional que el mundo conoce hoy en día. Una de las características que más admiro en Seve es su infatigable búsqueda de los éxitos. Ha jugado y ganado en todo el mundo y eso es lo que hacen las verdaderas estrellas. Seve es uno de los jugadores de golf más carismáticos de todos los tiempos. Es un hombre guapo con una gran sonrisa que ha hecho mucho por el golf, no sólo en su España natal, sino también en Europa y en el mundo entero.

Nunca olvidaré la primera vez que vi a Seve. Fue en el año 1976 en el Open Británico de Birkdale. Él era un excitante joven que estaba jugando el Open, y ¡waw, qué velocidad de golpe tenía! Parecía un pirata con su espada o, mejor, un matador. Creo que todo el mundo recuerda el Open que ganó en el Royal Lytham and St. Annes en 1979, cuando puso la bola en el parking en el hoyo 16, para luego meter la bola en el *green* y con el largo pat acabar con un *birdie*. Esto es lo mejor y más elegante que he visto en mi vida como golpe de recuperación.

Seve jugó conmigo la última vuelta del Masters en 1978, que gané con 42 años. Seve no pudo ser más amable y más cordial conmigo entonces. Me dio un abrazo magnífico al final de esa vuelta. Hoy en día cada uno va por su lado, pero que mostrara su felicidad por mi victoria con un abrazo así fue un detalle de verdadera deportividad. "Ahora sé cómo ganar el Masters en el futuro", dijo en su inglés macarrónico ahí, en el *green* del 18. Y, claro, lo hizo. Ganó la primera de sus dos chaquetas verdes justo dos años después, en 1980. A Seve de verdad le gusta este juego y significa mucho en su vida. Todos esperamos verle jugar con impaciencia, sea donde sea.

Seve es uno de estos jugadores extraños. Combina gran fuerza con una habilidad en los alrededores de los *greens*. De hecho, Seve me enseñó una cosa importante, porque yo siempre pensé que se necesitaba manos blandas para tener un toque suave. Pero las manos de Seve son en realidad duras y musculosas, así que da igual como sean tus manos; o tienes este *feeling* o no lo tienes… Y él sí es un mago alrededor de los *greens*.

Una cosa de Seve que no es blanda es su naturaleza competitiva. El público ha visto cómo lideró al equipo europeo en la Ryder Cup de 1997. Quiero decir que volaba de un partido a otro y se metía en todos con toda su alma. Aquí tenemos un hombre que ha ganado cinco *majors* y diferentes torneos en todo el mundo, así que su lugar entre los mejores jugadores de golf de todos los tiempos está asegurado.

Querría añadir algo más sobre Seve como persona, porque es lo que más importa en la vida. No se puede confundir el carácter competitivo de una persona en un campo de golf con el carácter de esa persona fuera del campo.

Pero Seve se compadece mucho de los otros. Sabe escuchar las preocupaciones de cada uno, fuera o dentro del campo, y siempre está dispuesto a darte algún consejo razonable o a decirte algunas palabras de ánimo. Al fin y al cabo es un hombre con un gran espíritu, un ser cálido, y estoy muy orgulloso de decir que le quiero como hombre y como amigo.

"¡Hasta pronto, mi gran amigo!"

Carta de Gary Player

Gary Player
GROUP

I have always been absolutely crazy about Severiano Ballesteros. Here's a man who came from very humble beginnings, but who worked extremely hard to become the exceptional golfer the world has come to know. One of the many characteristics I have admired most about Seve is that he has not been insular in his quest for success. He has played and won all over the world, and that's what all true superstars do. Seve is one of the most charismatic golfers of all time. He is a very good-looking man with a great smile and he has done a tremendous amount for golf both in his native country, Spain, throughout Europe, as well as internationally.

I'll never forget the first time I met Seve, which was at the 1976 Open Championship at Berkdale. Here was this exciting young man playing in the British Open, and, wow, what tremendous clubhead speed he had! He reminded me of a swashbuckling pirate or matador. I think everyone remembers the British Open he won at Royal Lytham and St. Annes in 1979, when he drove the ball into the car park at number 16, before knocking it on the green, and stroking that long putt across the green and into the hole for birdie. That was some of the best recovery work and finesse I have ever seen.

Seve played with me in the last round of the 1978 Masters, which I won at 42 years of age, and he could not have been kinder or more complimentary to me. He gave me the most wonderful hug at the end of the round. Now, here's one competitor fighting hard against another, but it was a sign of Seve's true sportsmanship that he could express genuine joy for me at that moment. "You taught me how to win Masters in future," he said in halting English there on the 18th green, and of course, he won his first of two green jackets just two years later in 1980. Seve really loves this game and it means so much in his life. We all look forward to seeing him play wherever he tees it up.

Seve is that rarest of golfers. He combines both great strength and a deft touch around the greens. In fact, Seve taught me a great lesson, because I had always believed you needed soft hands for a soft touch. Seve's hands are actually hard and muscular, so it does not matter how your hands are formed, either you have got that feel or you do not, and he is a true wizard around the greens.

One thing that's not soft about Seve is his fierce competitive nature. People saw him captain the 1997 European Ryder Cup team. I mean, he was buzzing around the course and the matches, getting involved in each one with everything he had. Here is a man who has won five major championships and numerous tournaments all around the world, so his place in the history of golf's all time greatest players is assured.

I would like to say something about Seve the human being, because that is what matters most in life. You know, we must not mix up a person's competitiveness on the golf course and what they are like off the course.

Seve is extremely considerate of others. He is willing to listen to people's concerns, about golf or otherwise, and offer an understanding suggestion or word of support. The bottom line is that he has a great spirit and an innate warmth about him, and I am proud to say I love him as both a man and a friend.

Hasta pronto mi gran amigo!

Gary

GARY PLAYER

GP/

3930 RCA Boulevard, Suite 3001, Palm Beach Gardens, Florida 33410
Telephone (561) 624-0300 Facsimile (561) 624-0304

www.garyplayer.com

Carta de Jack Nicklaus

Cuando el público e historiadores comparen a los jugadores que han desarrollado nuestro deporte y que fueron piezas clave de su éxito global, distinguirán a Severiano Ballesteros entre los mejores. Seve ha ganado su puesto en la historia del golf, y sus realizaciones merecen un importante reconocimiento.

La primera vez que oí hablar de Seve Ballesteros y le vi jugar fue en 1976, en el Open Británico, en Royal Birkdale, donde empatamos el segundo puesto, por detrás de Johnny Miller. Después de esa introducción, supe que era un joven y talentoso jugador con una habilidad inédita, y empecé a seguir su carrera con gran interés. Durante muchos años su imaginación y creatividad con un palo y una bola de golf hicieron de él uno de los jugadores más apreciados y más excitantes de ver.

El impacto de Seve en el mundo de golf, particularmente en Europa, es inconmensurable. La reputación y el prestigio de los jugadores europeos de hoy se deben en gran parte a su influencia, y su apoyo y su pasión por la Ryder Cup han generado un interés global por este evento.

Carta de Jack Nicklaus

Seve, un gran hombre y un gran embajador, ha representado a su país, a su deporte y a sí mismo con clase. Estoy convencido de que les gustará la historia de su vida.

When historians and the golfing public compare the players who shaped our game and were building blocks of the global success our sport enjoys. Severiano Ballesteros ranks up there with the best. Seve has earned his place in golf history, and his career accomplishments deserve significant recognition.

The first time I heard of Seve Ballesteros and saw him play was in 1976 at the Open Championship at Royal Birkdale, when he and I tied for second behind Johnny Miller. After that introduction, I knew he was a gifted young player with untold skills, and I began to follow his career with great interest. For many years, his imagination and his creativity with a golf club and golf ball made him one of the most well-liked and exciting players to watch.

Seve's impact on the golf world, particularly in Europe, is immeasurable. The status enjoyed today by European golfers is due largely to his influence, and his support and passion for the Ryder Cup have fueled the global fascination for that event.

A great man and great ambassador, Seve has represented his country, his sport, and himself with class. I am sure you will enjoy his life story.

Jack Nicklaus

Carta de Arnold Palmer

Uno de los aspectos más significativos del increíble crecimiento del golf fue, en la segunda mitad del siglo XX, su expansión internacional a partes del mundo hasta entonces inexploradas, como Europa Continental por ejemplo. Las hazañas de Seve Ballesteros fueron más que cualquier otra cosa las que hicieron realidad este hecho.

Cuando Seve apareció a finales de los años 70 revolucionó el mundo del golf. Su juego y su forma de ser me causaron una profunda impresión cuando le vi en acción en el Open Championship de aquellos años. Obviamente, su estilo y su talento, que le llevaron a ganar el Open y el Masters a finales de los años 70 y 80, llamaron la atención del público en todo el mundo y provocaron un importante incremento en la popularidad del deporte en Europa.

Aunque Seve es recordado en los EE. UU. sobre todo por sus victorias en el Masters, también se le recordará por sus muchos éxitos en los (pocos) torneos que jugó en nuestro PGA Tour. Sin ninguna duda, él se merece el reconocimiento que ha ganado como uno de los jugadores más destacados y populares en la historia del deporte.

ARNOLD PALMER ABOUT SEVE BALLESTEROS

Perhaps the most significant aspect of golf's tremendous growth in the latter half of the 20th centurywas its expansion internationally into many parts of the world where its potential had long been untapped. Continental Europe for one. More than anything else, the exciting exploits of Seve Ballesteros brought this about. Seve shook up the European golf world when he appeared on the scene in the late 1970s.

He and his game centainly impressed me when I first saw him in action at the Open Championships in those years. Clearly, his style and talent that produced his run of mayor vistories in the Open Championship and the Masters during the late 1970s and 1980s caught the eyes of the sporting public throughout the world and brought a great surge in the popularity of the game throughout Europe.

Althrough Seve is best remembered in America for his victories in the Masters, he also enjoyed considerable success in his limited appearances on our PGA Tour. Unquestionably, he deserves the recognition he has earned as one of the most prominent and popular players in the history of the sport.

Arnold Palmer

I
El campeón que nació en primavera

El 9 de abril de 1977 fue un día brillante y soleado. Y así me sentía yo. Estrenaba mi participación en el Masters de Augusta y cumplía años. Veinte años atrás, el 9 de abril, había nacido en Pedreña, pequeño pueblo situado en el norte de España, frente a Santander, en la orilla sur de la bahía. Pedreña es parte de ese paisaje verde y de agreste belleza que baña el Cantábrico. Mis padres, Baldomero Ballesteros Presmanes y Carmen Sota Ocejo, me nombraron Severiano, tal como se llamaba mi abuelo paterno.

Mis padres, mis tres hermanos mayores, Baldomero, Manolo y Vicente, y yo vivíamos en una casa que habían construido mis bisabuelos en 1882. Nosotros ocupábamos las habitaciones construidas sobre el establo de los animales, como entonces era costumbre en los pueblos. En esa querida casa natal, blanca, de dos pisos y de la que guardo gratos recuerdos, vive ahora Manolo con su familia.

Mis padres trabajaban la tierra, pastoreaban vacas y pescaban. De ellos aprendí muchas cosas, pero nada tan importante como el valor del trabajo. Mi padre pasaba muchas horas de pie, pero me parece que mi madre lo estaba todavía más.

A mi madre la veía limpiando, lavando, guisando y planchando a todas horas del día hasta bien entrada la noche. Ella nos inculcó el amor y el respeto, la alegría de vivir y nos hizo sentir, aun en las limitadas condiciones en que vivíamos, que no nos faltaba de nada. Por esto mismo, tenía un alto concepto de la prudencia y del ahorro. Las madres son así, andan todo el día pensando preocupadas por el futuro de sus hijos, deseando profundamente que lo venidero sea lo mejor para ellos. Por ello, en general son muy previsoras.

Pensando en mis padres, diría que mi lado optimista me viene de mi padre, quien nunca dudó de que yo fuera capaz de triunfar, a pesar de que no tenía ni idea de lo que se necesita para ser un buen jugador de golf profesional, y mi lado un tanto pesimista o realista me viene de mi madre.

La época en que nací era la de la España de Franco, el caudillo que, vencedor de la Guerra Civil española, gobernaba el país desde 1939, año a partir del cual el resto de Europa se embarcaba en la Segunda Guerra Mundial. Hasta los dieciocho años crecí sin conocer otro gobernante que Franco. Cuando ocurrió su muerte, en 1975, yo me hallaba con mi hermano Manolo en Orlando, Florida, disputando la clasificación para jugar en el Circuito americano. Allí escuché la noticia en una emisora mexicana. Mi padre creía en él y estaba convencido de que era el hombre adecuado para regir el destino de España. Hasta tal punto admiraba a Franco que, cuando en 1937 fue reclutado a la fuerza por el ejército republicano, no dudó en pegarse un tiro en la mano izquierda para no tener que luchar contra él. Esto le costó una pena de veinte años de cárcel, pero se fugó del hospital donde le trataban la herida y se pasó a las tropas nacionales en las que luchó hasta que acabó la guerra.

Mi niñez transcurrió durante la época franquista. Las costumbres del pueblo eran por entonces muy estrictas, muy duras. Curas y militares tenían mucho poder. Eran gente recia, seca y muy autoritaria, y no era cosa de que te vieran haciendo algo que nos les gustara, porque te lo hacían sentir. Mejor que no te vieran en alguna travesura o que alguien te denunciara por haberla cometido. Una vez recuerdo que varios chiquillos entramos en una huerta a robar fruta, y nos pillaron. Nos llevaron al cuartelillo de la Guardia Civil y pasé mucho miedo, porque el sargento, al que apodaban *Ojo Breca*, porque era semituerto, nos amenazó con rompernos la cara a guantazos. ¡Fijaos, a unos chavalillos por hurtar frutas! Y lo que son las cosas, con el tiempo acabé comprando las dos casas en las que de niño había entrado a robar fruta. En una vivo yo ahora y en la otra vivió mi madre hasta que falleció.

Mis padres se casaron en 1944 y su primer hijo, Manuel, nació al año siguiente y, en 1947, Baldomero, Merín, que ahora es mi hermano mayor. Esto significa, como ya estarán pensando, que nos pasó algo terrible. Un caluroso día de agosto del mismo año del nacimiento de Merín, una señora que ayudaba a mi madre a cuidar a los niños, llevó a los dos a la playa, que estaba muy cerca. A Manuel lo llevaba de la mano y a Merín en brazos. Iba la mujer atravesando la finca cuando quiso la mala suerte que el caballo que teníamos, al que llamábamos *El Negro*, que pastaba por allí, metiera la pezuña en un avispero. En un momento, las avispas salieron a cientos y atacaron al animal y a la señora con mis dos hermanos. Manuel, pobrecillo, recibió la peor parte, pues la señora no pudo proteger a los dos a la vez. Huyó desesperada con el bebé, pero dejó a Manuel a merced de las avispas, que lo acribillaron a picaduras. Cuando la señora llegó a casa, mis padres corrieron con Manuel al médico, pero éste hizo poco más que recetarle una medicina, porque al parecer no pudo hacer nada para salvarlo. Mis padres, desolados, volvieron a casa y Manuel murió al cabo de doce horas, precisamente el día en que cumplía dos años. Fue un golpe terrible y mis padres, que no se resignaban a la pérdida de ese hijo, volvieron a ponerle el nombre de Manuel al siguiente niño que tuvieron. Después llegó Vicente, y finalmente yo.

Admito que al ser el pequeño de la familia mis padres hasta cierto punto me mimaban, pero, para compensarlo, mis tres hermanos mayores me tomaban por el chico de los recados. Antes de ir a la escuela, por ejemplo, lo primero que tenía que hacer cada mañana era sacar del establo las boñigas de las vacas. Después me iba al colegio, volvía a comer a casa y regresaba al colegio por la tarde.

A la escuela empecé a ir a los cinco años. Estaba a unos dos kilómetros de nuestra casa. Como a veces iba corriendo, salí buen corredor. Incluso, cuando era chaval, gané una carrera de 1.500 metros con más de treinta de ventaja respecto del segundo. Recuerdo que de premio me dieron un trofeo que no era más grande que un teléfono móvil. No valía nada, pero siempre ha tenido para mí un valor sentimental impagable. Lo conservo todavía en mi cuarto de trofeos porque, al fin y al cabo, ha estado en la vitrina mucho antes que todos los que he ganado con el golf.

Cuando salía de la escuela y volvía a casa, colaboraba con mi padre en el ordeño de las vacas. Se hacía a mano. Era la costumbre. Hoy, los ganaderos tienen máquinas de ordeñar y modernos aperos adecuados para cualquier labor, pero nada de esto teníamos nosotros por aquella época. Como ya he dicho, yo solía ayudar a mi padre en estos menesteres. Teníamos un caballo y un carro y dábamos de comer a las vacas el heno que habíamos segado. También ayudaba a mi padre a meter la hierba del campo en el establo, a sembrar, a recoger la cosecha y a cargarla en el carro para llevarla a casa y almacenarla para el invierno en lo que antes llamábamos pajar. En Pedreña, los labriegos recogían la cosecha –patatas, alubias, maíz– y la guardaban en los pajares junto con el heno para los animales, a los cuales se trataba casi como a miembros de la familia. En cierta ocasión que mi padre estaba en la cuadra ordeñando, mi hermano Vicente le preguntó:

—Padre ¿cómo se distingue una vaca buena de otra que no lo es?

Mi padre, sin dejar de ordeñar, levantó la cabeza, pensó unos segundos y le respondió:

—Mira hijo, las buenas vacas las distingues si son sanas, limpias, finas, bien plantadas y con buena ubre.

Sacar la porquería de las vacas no era mi única faena. Cada sábado, por ejemplo, me tocaba limpiar los zapatos de toda la familia. Pero se puede decir que el cuidado del ganado era mi principal responsabilidad, con alguna ayuda de Vicente, que es el hermano con quien me llevo menos diferencia de edad. Nuestro trabajo conjunto no siempre salía bien, porque nos peleábamos constantemente por cualquier cosa. Nos pegábamos, nos insultábamos, pero siempre estábamos juntos. Muchas veces él me metía en líos a mí y otras era yo quien le metía a él contando mentiras. Una de las cosas que debíamos hacer juntos era recoger las alubias y como a mí no me gustaba nada, me quedaba sentado en el campo esperando que él me echara una bronca. Entonces regresaba a casa y, a unos cincuenta metros antes de llegar, me echaba a llorar y le decía a mi padre que Vicente me había pegado. Así, cuando mi hermano llegaba ya tenía ganada una bofetada de mi padre, que rara vez nos la daba. Después Vicente se la cobraba pegándome a mí. Bueno, como a mí me pegaban todos, yo me inventaba cosas contra ellos para que mi padre me defendiera.

Vicente y yo también éramos los encargados de llevar las vacas a pastar a unos cuatro kilómetros de casa y traerlas de regreso al mediodía. Nosotros las soltábamos en un prado que tenía una cerca electrificada con un *pastor*, que era como le llamábamos a la batería. Así que nosotros quedábamos tranquilos para jugar, porque cuando alguna vaca quería irse fuera del prado, la cerca le daba un calambrazo que la hacía regresar. Ni nosotros, ni nadie de la casa tenía reloj, pero sabíamos cuándo era la hora de volverlas al establo por que a las doce, por el ángelus, sonaba la campana de la iglesia. Un día sucedió que las habituales campanadas de la iglesia no sonaron. Como tardábamos mucho en volver, a eso de las dos y media nuestro padre, muy preocupado, salió a buscarnos y nos encontró en el prado. Le explicamos lo que había pasado y volvimos a casa. Después supimos que el encargado de repicar las campanas estaba enfermo y el pobre no había podido cumplir con su sonora faena. Ahora ya no pasa eso, pues el repique de las campanas se hace con un sistema automático. Por cierto, el hombre que aquel día no pudo repicar las campanas se llamaba Turín y era muy querido. Turín, ya fallecido y a quien se le ha dedicado una calle en el pueblo, cantaba en el coro de la iglesia, y con el tiempo compuso una canción dedicada a mis triunfos.

La anécdota de las campanadas que no sonaron me lleva a contarles que mi bisabuelo por parte de padre, que también se llamaba Manuel, fue fabricante de campanas, y se pasaba siempre viajando de un lugar a otro para conseguir de las iglesias los pedidos de las mismas. Como a mi abuelo Severiano no le gustaba nada eso de pasarse la vida yendo de la ceca a la meca, decidió no continuar con el oficio de campanero, y se hizo ganadero. Mis padres, que continuaron en lo mismo, tuvieron una pequeña granja con unas catorce vacas de leche; también cultivaban maíz, remolacha, alubias, patatas y otras verduras.

Antes de los años sesenta, la economía de los pueblos de por aquí se basaba en las vacas lecheras, el cultivo de maíz y algo de verdura. Con la producción de leche y las cosechas propias, la gente podía abastecerse y vivir. Había algunos que, gracias a la ayuda de los socios del club de golf, conseguían empleo en Santander, y otros se ganaban unas pocas pesetas extras haciendo de caddie. Nuestro pueblo tenía muchas carencias. Para empezar, les diré que en la escuela no había ni una pobre pelota de fútbol, por lo que para jugar hacíamos una con las camisetas o con trapos. Por no tener, no teníamos ni portería para chutar a gol y, por supuesto, tampoco equipo. Eso sí, para jugar a las canicas no teníamos problemas. ¡Vaya tiempos!

En Pedreña sólo se podía llamar por teléfono desde una centralita que manejaba la vieja señora Angelita, quien oía, como es natural, todas las conversaciones, sobre todo las de los marineros que navegaban durante meses y que desde puertos lejanos llamaban a sus familias una o dos veces al mes. O sea, que sabía perfectamente todo lo que pasaba en cada casa. Pero lo peor era que Angelita era la confidente del cura, lo cual no gustaba nada a la gente del pueblo, porque cada domingo algo salía a relucir durante el sermón de la misa.

Aparte de cuidar a las vacas, la gente de Pedreña también se dedicaba a la pesca, sobre todo de almejas y de unos mariscos que llamamos *morgueras*, que se abren y se les echa limón para comérselos.

Recuerdo que tendría yo unos doce o trece años, cuando las cosas empezaron a mejorar un poco. En esa época, a finales de los años sesenta, no vivían más de dos mil almas en los ocho pueblos del Ayuntamiento y en el propio Pedreña no éramos más de trescientos, mientras que ahora este pueblo ha crecido hasta aproximadamente los mil trescientos habitantes. Nosotros sólo teníamos una vieja radio que nos entretenía mucho, sobre todo a mi madre.

Desde niños, a Vicente y a mí ya nos gustaba mucho el golf y, cuando llevábamos las vacas a pastar, solíamos ir con un hierro 8, que nos había regalado uno de los socios del club para practicar el juego corto. Casi siempre lo hacíamos con piedras, pero también con bolas que encontrábamos o hurtábamos a los socios. Una vez nos colamos para jugar en el campo del Club y dejamos a las vacas pastando en el prado. Nos metimos tanto en el juego que no escuchamos las campanadas de la iglesia. Volvimos corriendo al lugar donde habíamos dejado las vacas, pero no encontramos ni una. Habían desaparecido. Resulta que, por alguna razón, habían roto la cerca y se habían bajado solas al pueblo. Allí campaban a sus anchas. Cuando llegamos a casa encontramos a nuestro padre muy enfadado y nos mandó a reunirlas para encerrarlas en el establo, cosa que nos costó muchísimo y que nos llevó más de cuatro horas.

Más de una vez se ha dicho de mí que nací para jugar al golf, que estaba escrito en mi destino, porque mi brazo derecho es casi cuatro centímetros más largo que el izquierdo –lo cual es muy bueno para situarse frente a la bola, para los que no son zurdos–. Pero la verdad es que mi brazo derecho no es más largo que el izquierdo, sino que tengo el hombro de ese lado ligeramente caído. Quizás esto me haya favorecido para jugar mejor, aunque también me ha fastidiado la espalda. La cuestión es que aquel día de primavera en que nací en La Montaña, las posibilidades que tenía de forjarme un porvenir, una gran carrera, jugando al golf por todo el mundo, no era ni siquiera un sueño, sino una pura quimera.

2
El llanero solitario

Nuestra familia es, como ya he dicho, montañesa –ya saben ustedes que a Cantabria, por su relieve, se la conoció también como La Montaña–. A mí me educaron en el entorno familiar y mis juegos de infancia los compartí con mis hermanos. Ellos y yo, aparte de hacer las faenas de la casa, jugábamos a todo tipo de deportes; a mí me gustaba mucho correr y boxear, cosa que todavía practico. Tenía un par de buenos amigos en la escuela, como Corino, El Zurdi, que a los diecinueve años se mató al caerse a la bodega de un barco en el que había empezado a trabajar, pero en realidad yo era un chico más bien solitario y de poco hablar. Más tarde hice más amigos entre los chavales que, como yo, hacían de caddies. Con Tasio, Cayarga, Zalo y otros nos íbamos a jugar al fútbol en la playa.

También probé como remero, pero no me gustó, porque exigía un esfuerzo brutal para mí. En el deporte de las traineras mi padre fue campeón de España en varias ocasiones con la famosa *Castilla*. También, junto a mi tío Andrés, la trainera de Pedreña ganó la bandera de la Concha en San Sebastián. Las traineras son embarcaciones abiertas y grandes que llevan bancos fijos donde se sientan catorce hombres, trece remeros y el patrón. Pedreña es muy famosa en este deporte.

En el norte de España, especialmente en el País Vasco, Galicia y Cantabria, el remo tiene mucho arraigo. Todos los veranos se celebran importantes competiciones a lo largo de la costa cántabra.

Mi padre era un hombre luchador, que nunca bajaba los brazos. Yo solía acompañarlo todos los años a Solares, pueblo que está a unos ocho kilómetros y donde había un molino harinero. Íbamos en el carro y traíamos harina de maíz suficiente para pasar nosotros todo un año comiendo torta de borona. Por toda cena, los cuatro hermanos tomábamos un tazón de leche y una torta de borona, que es una masa de harina de maíz, grande como un plato, que se elaboraba al horno. Después de esto íbamos a dormir.

La nuestra era una familia humilde y no podía hacer gastos extras sino a costa de muchos sacrificios. En mi caso, cuando tenía nueve años, ni siquiera pude hacer la primera comunión como los demás niños. La ceremonia y la fiesta de la primera comunión son de gran tradición entre los españoles y en el pueblo era habitual que los niños de una determinada edad la hicieran juntos en la iglesia del pueblo. Sin embargo, mis padres, para ahorrarse los gastos de la fiesta, decidieron que hiciera la primera comunión coincidiendo con la boda de dos primas mías, Marisol y Maricarmen. No tuve fotos y el traje que utilicé era el mismo que ya habían usado mis hermanos antes.

La casa donde vivíamos la había recibido mi madre en herencia de su tío Vicente. Creo que esto disgustó a mis tíos maternos y que fue el principal motivo para que las relaciones con la familia de mi madre no fuesen demasiado buenas. El tío Vicente compensó a mi madre porque ella fue la única que se ocupó de él cuando estuvo solo y enfermo. Los demás sólo se presentaron al hospital cuando se estaba muriendo y cuando salió la conversación de la herencia, entonces en el hospital le dijeron:

—Bueno, tío, suponemos que usted ya habrá hecho testamento y habrá hecho la repartición; como es buena persona, es de imaginar que habrá hecho las cosas bien.

—No os preocupéis, que a todos os he dejado igual.

Y no les dejó nada a ninguno, pues todo se lo dejó a mi madre, una casa y varios terrenos. Esto, claro, no les cayó bien y les dio cierta envidia, por lo que después algunos hermanos de mi madre coaccionaron e influyeron en mi abuelo materno Marcelino para que la desheredara. Así, después, no existió buena relación con la familia de mi madre. Pero a pesar de todo lo que le hicieron, mi madre nunca habló mal de la familia. Mi madre nunca habló mal de nadie. Era muy prudente. Cuando iba al cementerio, llevaba un ramo de flores para sus padres, para Manuel, el hijo muerto, y para el tío Vicente. Cuando por el día de difuntos voy al cementerio a llevarles flores a mis padres y a Manuel, también rezo por el tío Vicente, porque mi madre le quiso mucho.

La casa familiar, la que mi madre heredó de su tío Vicente, tenía una sala de estar y la cocina, que era de carbón, y donde comíamos. Todos nos sentábamos a la mesa, menos mi madre que comía de pie porque siempre estaba ocupada cocinando o sirviendo la comida. Sólo había un cuarto de baño en la parte trasera al que añadimos, mucho después, una bañera. Como ya he dicho, todas las habitaciones estaban en el piso superior, debajo del cual estaba la cuadra del ganado, que nos servía de calefacción en invierno. Mis padres tenían su propia habitación, por supuesto. En otra de las habitaciones dormían Baldomero y Manolo, y Vicente y yo compartíamos la cama en una menor.

Nuestra habitación era pequeña y tenía el espacio justo para que cupiera una cama y una mesilla de noche. La llamábamos "el cuarto oscuro" porque no tenía ventana, no como la de Manolo y Merín, que era la mejor de la casa. Recuerdo que, además, compartir la cama con Vicente no era fácil. Como no hacía más que darme empujones durante toda la noche, acababa echándome de la cama y así cada mañana me despertaba en la esterilla muerto de frío. Además, yo solía pasar mucho miedo antes de dormirme, porque en el altillo, que utilizábamos de despensa, oía como rondaban ratas de un tamaño muy considerable.

La relación con Vicente siempre ha sido muy especial. Recuerdo que un día que había vuelto a casa después de hacer el servicio militar en la base militar de Zaragoza, Vicente trajo unos cuantos pantalones. Coincidió –cosa rara– que por aquellos días yo andaba con algunas pesetas en el bolsillo y le compré doce pantalones por mil quinientas pesetas. A mí me pareció que había hecho un negocio buenísimo, pero la cosa fue que, pasado un tiempo, él seguía llevando los pantalones que yo le había comprado.

—Vicente –le solté un día–, ¿por qué llevas esos pantalones? Son míos, yo te los compré.

—Sí –respondió él–, pero el trato no decía que yo no pudiera ponerme los pantalones.

Otra cosa que recuerdo es que mi madre hacía unos flanes buenísimos. Uno para mi padre, más grande, y otros para cada uno de los hermanos, más pequeños. Entonces Vicente, el muy pillo, venía y me decía con todo su poder de convicción: "*Mira, Seve, como estos flanes son tan pequeños, si cada uno nos comemos el que nos toca, ni nos enteramos; mejor sería que uno se comiera el de los dos* –y añadía enseguida–: *te doy cinco pesetas por tu flan.*"

Y así acababa siempre la historia: él se comía dos flanes y yo ninguno. Pero a mí, las cinco pesetas me servían para ir al cine. De película fue lo que me pasó una noche, ya de mayor, cuando a eso de las once y media, me llamó un vecino para avisarme de que había unos tipos robando en casa de Vicente. De un salto me levanté y en calzoncillos, con un hierro 5 en la mano, salí corriendo. Cuando llegué a la casa de Vicente, los ladrones huían, pero un vecino alcanzó a ver que la matrícula del coche era alemana. Llamé enseguida a mi primo Severiano, que hoy es alcalde, y mandó la guardia urbana. Poco después atraparon a cuatro yugoslavos. Pero yo me llevé un buen tirón de orejas de mis hermanos, porque no tendría que haber hecho lo que hice, pues debía de haber supuesto que eran tipos peligrosos.

El cine siempre me gustó mucho, pero siempre tenía lo justo para la entrada. En *El Casino*, que era el único cine del pueblo, había un portero –excelente persona– recogiendo las entradas al que llamaban Cuco y que era tan grande como *Frankenstein*, medía como dos metros, y calzaba un 56 por lo menos. Las películas que pasaban eran todas en blanco y negro, y algunas mudas. Cada domingo estrenaban una película a las cuatro de la tarde, porque por la mañana la gente debía ir a misa. Los domingos, los chavales solíamos jugar a quien dejaba una moneda más cerca de una línea marcada en el suelo. Una vez perdí y me quedé sin el dinero para ir al cine. Entonces volví a mi casa, cogí un barquito de juguete que tenía y lo vendí por las cinco pesetas que necesitaba para la entrada. El barquito valía mucho más, pero el chaval que me lo compró supo aprovecharse de mi situación.

Cerca del cine *El Casino* estaba el quiosco ambulante de la señora Fidela, que vendía chucherías, pipas, chicles, avellanas y un montón de golosinas. Como después de pagar la entrada nunca me quedaba nada para comprar ni un suspiro de su preciosa mercancía, debía ingeniármelas. Durante el descanso de la película, aprovechaba el momento en que estaba distraída vendiendo algo para empujar a un chico de la pandilla y tirarle así algunas golosinas al suelo. Entonces cuando ella se agachaba a recogerlas, yo aprovechaba para coger algo de lo que me apetecía, bolsitas de avellanas, pipas o rosquillas, y me escurría de nuevo a la sala. Debo reconocer que era un tímido travieso.

Recuerdo que en este cine vi por primera vez *El llanero solitario.* Muchas veces yo me sentía como éste héroe del cine cuando quería ver las series de aventuras que pasaban por la televisión. En realidad recuerdo que en mi niñez había muy pocas cosas en el pueblo, había un taxi, dos o tres coches, uno de los cuales pertenecía a mi tío Ramón Sota y, aparte de la iglesia, el cuartelillo, tres bares y la única farmacia de todo el Ayuntamiento. El primer televisor que hubo en Pedreña estaba instalado en uno de aquellos bares, *El Culebrero,* que estaba a unos doscientos metros de mi casa y a él me escapaba para ver las series que echaban.

De niño, algunas noches me iba a dormir a la cama de mi padre, porque mi madre acababa siempre tarde de lavar los platos, limpiar la cocina y preparar lo del día siguiente. Yo esperaba a que mi padre se durmiera, para poder escaparme e irme al bar. Como aquí no me dejaban entrar de noche, me quedaba en la calle para espiar a través de la ventana a Roger Moore haciendo de Simón Templar en *El Santo*, y a David Jansen de *Fugitivo.* No me enteraba de lo que decían, pero me fascinaba ver las imágenes. Durante el día no tenía problemas y veía y oía a *Daniel Boone*, cuyo horario era a las cuatro de la tarde. Lo recuerdo porque a esa hora acabábamos las clases y yo salía corriendo para verla. *Bonanza* era otro de los programas que los niños de entonces no nos perdíamos. Como todas las series las doblaban en México, nos resultaba gracioso escuchar que toda la gente hablara en mexicano y no en el español nuestro.

Pero, la mayoría de las veces que me escapaba era para colarme en el campo de golf a fin de practicar, que era lo que más me apetecía. Desde muy pequeño yo fui una especie de "llanero solitario". A los siete años tuve en mis manos el primer objeto que tenía que ver con el golf: una cabeza de palo vieja. No era más que eso. Una cabeza. Pero cuando la tuve, empecé a buscar por todos lados varas largas de arbusto que me pudieran servir de palo; cuando tenía una la encajaba en la pipa de la cabeza y después la metía en un cubo con agua, para que la madera se hinchara y así quedase el palo más ajustado. Está de más decir que ese palo tan rudimentario no tenía *grip*. Estoy hablando de palo, pero en realidad, debería hablar de palos, puesto que no me duraban nada. La gente suele agobiarse mucho cuando pierde las bolas, pero imagínense lo que era perder los palos, pues raramente me duraban más de un día.

También hablo de bolas, pero mis primeros golpes los ejecuté con pequeñas piedras. Más tarde, cuando mis hermanos me dejaban bolas para jugar, lo hice en el prado y en la playa, en hoyos que me hacía yo mismo señalizados con una vara de arbusto y un pañuelo y no pocas veces sólo en la imaginación. Así es como empecé a jugar al golf.

Todo lo que de chico aprendí de este deporte me vino de intentar imitar a mi hermano Manolo. Empecé por fijarme en el *swing* que hacía y después él me dedicó muchísimo tiempo, aun en perjuicio de su propio juego. Estoy seguro de que si no hubiera sido por su generosidad, Manuel habría ganado muchos más torneos que el Open de Biarritz de 1968, el campeonato de España de 1976 y el Timex Open de Biarritz en 1983, en el que relegó a Nick Faldo al segundo puesto.

A los ocho años, Manolo me regaló un palo de verdad, un hierro 3. Por entonces yo había empezado a hacer de caddie en el club local, el Real Club de Golf de Pedreña, aunque no se me permitía jugar en el campo, pues los caddies lo tenían prohibido. Pero, aunque el master caddie, Diego Portilla, se encargaba de hacer cumplir esta prohibición y lo hacía con mucho rigor, siempre me la salté a la torera. El entusiasmo por el golf y el espíritu de contradicción de todo chaval hacían irresistible el impulso de hacer lo que se me prohibía. El caso es que al anochecer y cuando amanecía, e incluso en muchas noches tibias de luna llena, me colaba en el campo para jugar, ahora ya provisto de bolas y no con piedras.

Algunos días también hacía novillos en la escuela. Para mí era natural irme a jugar al golf antes que hincar los codos en los libros. Cuando debía regresar a la escuela por la tarde, después de comer en casa, al menos tres días a la semana, entre el lunes y el viernes, dejaba los libros y la cartera junto a unas gruesas tuberías preparadas para achicar el agua del campo, sacaba mi hierro 3 que tenía allí escondido, y me adentraba a jugar en el campo de golf. Por lo general, me metía por los nueve segundos hoyos, donde no había mucha gente jugando. Habitualmente jugaba un par de hoyos sin problemas, pero luego, para que nadie me viera, me tenía que esconder hasta que pasara algún partido de socios. Salía y jugaba otro hoyo, cuando veía que el campo estaba despejado. Después, volvía a las tuberías, muy a mi pesar escondía el palo, cogía los libros y volvía a la escuela. Ya en casa, por la noche, mis padres siempre me preguntaban:

—¿Qué has hecho en clase?

—Aprovechar el tiempo –les respondía, y ellos se quedaban contentos y convencidos de que no había hecho otra cosa que estudiar.

La cuestión era que nunca estudiaba y, lógicamente, nunca aprobé ninguna materia. Pero hay algo más. Cuando tenía doce años, me echaron de la escuela. Sin embargo, no fue el golf el culpable, aunque ya por entonces era para mí la verdadera escuela. Cierto día, en clase, me di cuenta de que alguien había cortado sin querer dos hojas de uno de mis libros de estudio. Yo no tenía la culpa, pero eso a la maestra no le importó y me castigó. Como se acostumbraba entonces, me hizo abrir las manos con las palmas hacia arriba y me dio un terrible reglazo en ellas. Me dolió mucho no sólo en las manos, sino también en el orgullo.

Cuando aquel día volví a casa a la hora de comer, mis padres no estaban, pues habían salido a pescar, que era otra de sus actividades. Rabioso y dolido, me senté a la mesa donde había una botella de vino que había dejado mi padre para la cena y me bebí un par de vasos antes de regresar a clase por la tarde. Iba tan pasado que, al entrar en el aula, me subí a la tarima, agarré a la maestra y la empecé a zarandear. Me expulsaron, claro.

Con el tiempo, mis padres comprendieron que era inútil obligarme a ir a la escuela, pues yo sólo quería jugar al golf.

"*Conforme* –me dijeron–, *si quieres ir al campo de golf, a hacer de caddie y jugar, está bien, pero por las noches tendrás clases particulares.*"

Y así fue como progresé en el golf y mejoró mi actitud ante los estudios. También porque era consciente del sacrificio que hacían mis padres por mí y por mis hermanos gastándose un dinero que apenas tenían para hacernos estudiar. A mí me mandaron a la misma profesora que daba clases a Vicente y que era la dueña del restaurante *El Puntal.* Iba con ella cinco días a la semana, de siete y media a nueve de la noche. Se me hacía muy tarde, pero valía la pena porque las horas de luz las podía dedicar al golf. Por esto, al ponerme una profesora particular y aceptar que yo sólo quisiera jugar al golf, mi padre me hizo una advertencia que no he olvidado nunca y que ahora repito a mis hijos: "*Recuerda, hijo, que para ser el primero en algo, hay que demostrarlo.*"

3
El muchacho que jugaba a la luz de la luna

Santander es una bella ciudad que, desde el siglo XIX, la aristocracia y la gente acomodada de Madrid eligieron para escapar del agobiante calor durante el verano. Aquí venían por entonces a darse los "baños de ola". También lo hacía la familia real, para la cual los santanderinos construyeron el palacio de la Magdalena. Precisamente el Real Club de Golf de Pedreña fue fundado por Alfonso XIII, aunque fue el infante don Juan de Borbón, padre del rey don Juan Carlos, quien inauguró el club el 19 de agosto de 1929. Gente del pueblo, como mi abuelo materno Marcelino, tenía tres pequeñas fincas en la zona por la que discurren los hoyos 1, 4 y 6.

En el verano de 1928, aprovechando la estancia de los Reyes de España en Santander, tuvieron lugar varios actos oficiales de gran trascendencia para la ciudad. Una de esas reuniones importantes se celebró en Pedreña, concretamente en el alto de Contrajón, adonde asistieron el Rey don Alfonso XIII, la Duquesa de Santoña, María Luisa Pelayo, Paloma Falcó, la Duquesa de Alba, el Marqués de Villabrágima, el Conde de Revilla de Camargo, Ramón Quijano,

Gonzalo García de los Ríos, Walter Meade, el Conde de Sclafani y Ramón Lavín del Noval.

Todos los reunidos apreciaron la bondad del terreno, tanto la ubicación y las vistas como la singularidad y el ambiente recogido y de paz que desprendía dicho enclave. Los técnicos aprobaron igualmente el lugar, por lo que se abrió una suscripción que encabezó el Rey, siendo el Duque de Alba un decidido partidario de la feliz iniciativa, al igual que la Excma. Sra. María Luisa Pelayo y la Condesa de Revilla de Camargo, entre otros.

La extensión total de la finca comprendía alrededor de 68 hectáreas o, lo que es lo mismo, 3.866 carros repartidos entre 282 fincas, pagándose a un promedio de 110,54 pesetas el carro (en Marina de Cudeyo el carro equivale a 178 m^2), es decir, pagaron bastante menos de una peseta por m^2. Poco a poco, tal como se puede leer en libros de época, "en la pradera de Contrajón, ya no pastarían vacas trasmeranas..., los chicos de la aldea no llevarían la vara del ganado, sino los palos de golf de su señorito. Se habían cambiado las costumbres. Los pedreñeros no abandonarían sus giros al hablar, pero también conocerían palabras del argot del golf. Podían presumir un poco de políglotas en las ferias de Solares".

Harry S. Colt, prestigioso diseñador inglés, fue el encargado de trazar el magnífico recorrido de 18 hoyos, mientras que el *Chalet* fue proyectado por don Valentín Lavín del Noval, junto a un embarcadero ya desaparecido. Total, que el pueblo de Pedreña se quedó sin gran parte de su más preciado bien, la tierra.

Pero, como compensación a ello, creo que Dios ya había previsto devolverle al pueblo otras formas de trabajar, pues cuando el campo de golf se inauguró, hubo varios puestos de trabajo para sus habitantes, y además, con posterioridad, y debido a que la mayoría de los socios, a diferencia de los casos que relataré, eran gentes normales, educadas y con una buena posición social, recomendaron a muchos de los caddies o sus familiares para trabajos en la capital. Con lo cual, el pueblo pasó de ser eminentemente agrícola y pescador, a contar con sueldos y trabajos fijos que solapándolos con los que ya tenían, hicieron que Pedreña prosperase económicamente.

Aquel terreno agrícola y hoy de juego, fue el que alimentó a muchos caddies y sus familias, dándoles la oportunidad (más ahora que antes) de convertirse algunos en profesionales de golf.

El Real Club de Golf de Pedreña es conocido a nivel nacional e internacional por apellidos como Sota, Carriles, Cayarga, Ocejo, Rozadilla, Roqueñí, Ballesteros, etc., hasta tal punto de que hoy Pedreña es el pueblo que más profesionales tiene en el mundo en relación con su número de habitantes.

En este campo es donde tuve mis primeras experiencias con el golf. Como mucha otra gente de Pedreña, mis hermanos Merín, Manolo y Vicente se ganaban algunas pesetas haciendo de caddies, y yo, desde los seis años, quise seguir sus pasos. Por entonces, al igual que otros niños, recogía bolas por el campo para venderlas a los socios. También me iba a ver jugar y entrenar a mi tío Ramón Sota, que era profesor del club. En 1965, Ramón empató en el sexto puesto del Masters de Augusta, cuyos primeros lugares estuvieron ocupados por Jack Nicklaus, Arnold Palmer y Gary Player. Como veis, se rodeaba de lo mejorcito de la época. Con lo que ganaba pudo comprarse un coche que fue uno de los tres primeros que hubo en Pedreña. Ganó varios campeonatos de España, el Open de Francia, el de Brasil, el de Holanda, Portugal y algunos otros. Llegó a ser el mejor jugador de España en los años sesenta y también de los mejores de Europa.

A mi tío Ramón me gustaba mucho verlo jugar. Tenía un buen *swing* y golpeaba la bola consistentemente. Yo aprendí de este modo, fijándome en los demás; casi puedo decir que aprendí solo. Recuerdo que una noche, porque Ramón Sota siempre entrenaba hasta muy tarde, camino de casa encontré una moneda de veinticinco pesetas; entonces va y me dice:

—¡Qué suerte! Mira, no le digas nada a tu madre, nos vamos a *El Culebrero* y nos tomamos un vino con castañas.

Posiblemente él no se acuerde de esto, pero yo sí. Me llevó al bar y nos gastamos las veinticinco pesetas.

Yo iba a verlo jugar para aprender, pero no hubo mucho más entre él y yo, porque Ramón era muy introvertido. Recuerdo que en cierta ocasión, cuando yo acababa de empezar a jugar como profesional, participamos él, que era el campeón consagrado, mi hermano Vicente, quien ya despuntaba, y yo en el Memorial Ramón Quijano. Aquel era mi tercer torneo como profesional y en el último hoyo yo tenía un *pat* de cuatro metros. Sabía que tenía que meterlo para forzar el desempate con Patricio Garrido. Era un momento muy delicado para mí, por mi inexperiencia. Ramón, con su experiencia en torneos internacionales, se acercó y me dijo:

—Ahí tienes la última oportunidad.

Tiré y fallé. Quizás no debió hacerme este comentario.

Desde muy pequeño mostré mi locura por el golf. Seguía a mis hermanos por el campo y cargando con los palos de los jugadores para verles jugar. Yo era feliz jugando, aunque para ello tuviera que hacer novillos en la escuela o colarme en el campo al amanecer o durante las noches de luna llena. En otoño o primavera, cuando disponía de más horas de luz, esperaba a que se fueran del club los socios, los profesionales y el caddie master para meterme en el campo. Allí me quedaba horas y horas en el hoyo 2, que es un par 3 que linda con la carretera y que no se puede ver desde la casa-club. Ese hoyo sí que se ve, como también parte del resto del campo, desde la casa donde ahora vivo y desde la cual también tengo una hermosa vista de toda la bahía de Santander. Les aseguro que hasta que no dejé la escuela y mis padres me pusieron una profesora particular, volvía a casa a la hora de la cena. Por esto me costaba una barbaridad hacer los deberes. Incluso llegué a hacerme un hoyo en el prado de atrás de mi casa, con una lata de tomate como agujero y una vara de arbusto con un pañuelo a modo de bandera. Además, con la guadaña de mi padre segaba la hierba para que me quedara lo más parecido posible al *green. Aprochaba* durante horas y les prometo que veía aquel agujero muy pequeño. Entre los nueve y los quince años me pasé horas y horas practicando. Tengo la impresión de que si después destaqué en el juego corto es porque en esa época *aproché* y *pateé* a destajo. También en mi casa llegué a colocar en la cuadra una red de pesca que me había regalado "Tonio", el dueño del bar *El Culebrero* y hasta muy tarde de la noche tiraba bolas contra ella. Mi madre me llamaba y oía que mi padre le decía: "*¡Deja al niño que entrene!*".

En cuanto se dio la primera ocasión comencé también yo a hacer de caddie de los socios del club los sábados y domingos. Parte del dinero que ganaba me lo gastaba en el cine y en comprarme chucherías, sin necesidad de tener que hurtárselas a la pobre Fidela. Pero la situación de los caddies era muy dura, pues no nos dejaban hacer prácticamente nada y menos jugar en el campo. Ni siquiera nos dejaban hacer un simple *swing* de ensayo. Una vez me castigaron con una semana de baja precisamente por hacer un *swing* de práctica. Era todo tan estricto y anormal que, para ir al cuarto de palos, no podíamos pasar por delante de la casa club, por lo que debíamos rodearla por detrás. A los socios que estaban en la terraza comiendo les molestaba vernos. ¡Qué tiempos tan duros y qué ridículos comportamientos!

Los caddies estaban a cargo de un master caddie, quien, cuando hacíamos algo indebido a sus ojos, daba el parte correspondiente a la dirección del club, la cual tomaba las medidas oportunas, que casi siempre eran una suspensión. El sistema de pago que teníamos los caddies consistía en un fijo de veinticinco pesetas por llevar la bolsa de palos y una propina de treinta, cuarenta o cincuenta pesetas que te daba el socio según como considerara él que habías hecho el trabajo. A veces decía que le habías perdido una bola o que no habías estado atento al juego, para no dártela. En estas condiciones, los caddies teníamos que espabilarnos mucho, y bien reza el dicho de que el hambre aguza el ingenio. Aunque no nos pagaban mal, en este caso no era tanto "el hambre", sino el trato autoritario y las injusticias, lo que nos aguzaba el ingenio para fastidiarles de algún modo. Como la mayoría de los socios era gente con mucho dinero, que jugaba muy mal al golf, nosotros nos aprovechábamos de ello hurtándoles las bolas. No es que fuéramos tan tontos como para sacarles las bolas de la bolsa, pues enseguida se hubieran dado cuenta, sino que cuando tiraban la bola al *rough* nosotros la pisábamos, enterrándola. Dejábamos marcado el lugar y más tarde volvíamos para recuperarla, la limpiábamos y se la vendíamos al encargado del vestuario. Después éste revendía las bolas a los socios, quienes así compraban varias veces sus propias bolas. En realidad, los socios eran mejores jugadores de lo que ellos creían, pero nosotros nos asegurábamos de que al menos perdieran dos bolas por vuelta.

Los caddies no podíamos jugar en el campo. Lo hacíamos una vez al año, cuando se celebraba el campeonato de caddies, que tenía tres categorías, las cuales no dependían tanto de la edad como del nivel de cada uno. En primera categoría se jugaban treinta y seis hoyos en dos días; en segunda una vuelta en un día, y en tercera, sólo nueve hoyos. Jugábamos con los palos que nos prestaban los socios. Para entrenar lo hacíamos con el palo regalado por algún socio o que le hubiésemos hurtado a algún jugador de fuera, que generalmente era extranjero. Cuando le llevábamos la bolsa al coche, siempre se les perdía algún palo por el camino. Era la ley de la supervivencia.

También recolectábamos bolas que *perdían* los socios para jugar el campeonato y cuando lo jugábamos, a partir del hoyo 16 ó 17 las íbamos escondiendo para que en el 18 no nos las quitara Diego, el master caddie, a quien por obligación deberíamos entregarle las bolas. Como no era creíble que llegáramos al hoyo 18 sin bolas, nosotros manteníamos algunas muy usadas para dejárselas, pues si se enfadaba podía no dejarte jugar al año siguiente.

Al final de cada campeonato se celebraba una comida que pagaba el club, pero a ella sólo podían asistir los cinco primeros de cada categoría. Hasta en estos detalles eran rácanos. Algunos socios eran gente muy autoritaria. Casi todos los de la vieja guardia eran franquistas, dictadores que nos maltrataban e incluso insultaban. Llamarnos atontados era para ellos lo más normal del mundo. Uno de ellos, al que un día yo le estaba haciendo de caddie, falló un golpe en el hoyo 12 y de rabia cogió el palo y lo tiró lejos. Este socio, que fue Presidente del Club, me miró y, señalando en la dirección que lo había tirado, me dijo:

—¡Anda, chaval, vete a buscarlo!

Y tuve que ir a buscarlo, claro. Los caddies no podíamos hacer nada, salvo callar y obedecer. Si decías o hacías algo que no les gustara, te podían echar del club o suspenderte por un tiempo. Así le pasó a un caddie llamado Cotera cuando un socio lanzó el palo lejos y lo mandó a que se lo trajera.

—¡Anda concho, vete a buscarlo!

A Cotera, que seguramente ya iba muy molesto, no le gustó nada y le respondió:

—¿Sabe lo que he pensado, señor? Que será usted quien vaya a buscar ese palo.

Obviamente lo sancionaron. Situaciones de prepotencia como éstas se daban constantemente.

Pero no todos los que jugaban en el club de Pedreña eran personas engreídas e inhumanas. Gente como, entre otros, Valentín Valle o Santiago Ortiz de la Torre se comportaban como verdaderas personas. Eran cariñosos, amables y respetuosos con todos.

4
El susto de Nochevieja

Siendo caddie conocí a un viejo jugador inglés al que me gustaba asistir cuando, durante sus frecuentes giras por los campos españoles, visitaba el Real Club de Golf de Pedreña, al que guardaba un especial cariño. Míster Michael era un aristócrata –bueno, yo tenía por aristócratas a todos los ingleses– que vivía en Andalucía. Era un hombre callado, elegante, que fumaba una pipa de raíz de cerezo que, como no humeaba nunca, creo que ni siquiera la encendía. Era muy amable con los caddies. Muchas veces, cuando consideraba las posibilidades de algún golpe, solía pedirme consejo aun a sabiendas de que por edad y falta de experiencia yo no estaba capacitado para dárselo. En ciertas ocasiones, por decir algo, yo le soltaba alguna cosa que tenía que ver más con la imaginación que con la realidad. Al escucharme, el hombre sonreía bonachonamente y me explicaba por qué lo que yo le había dicho no era factible. Con el tiempo me di cuenta de que aquella era su manera de enseñarme. Un día me dijo algo insólito, que se me quedó grabado para siempre: "*El día que juegues con sereno placer, sin prisas; que sientas que el resultado de lo que haces es la continuidad de lo que has pensado, te encontrarás con el éxito.*"

Para míster Michael el mejor jugador del mundo era aquel que era capaz de jugar sereno y disfrutar alegremente del juego. Creo que él se consideraba dentro de esta categoría, aunque no estuviera capacitado para ganar un torneo competitivo. Un día, el viejo jugador inglés me pidió que jugara con él como si yo no fuera caddie, sino su invitado. Lo hice bastante bien y fue un día muy feliz para mí. "*Con constancia llegarás a ser el mejor jugador del mundo*", me dijo míster Michael al tiempo que me regalaba su *pat*.

Esa fue la última vez que vi a aquel hombre encantador y en cierto modo extraño, que se cruzó en mi vida como un fugaz maestro.

Otro jugador que se comportaba como una persona amable con los caddies era el doctor Santiago Ortiz de la Torre, médico pediatra. A este socio nunca le robé ni una bola y, a pesar de ser el que peor pagaba, me gustaba hacerle de caddie. Cuando yo le acompañaba los fines de semana llevándole su pequeña bolsa, me permitía que yo jugara con él y sus amigos. En más de una ocasión, el director del club le reconvino por esto, pero como era un hombre de gran personalidad, le respondía: "*Este chavalín me cae muy bien y juego con él porque soy socio y porque, además, juego con quien me da la gana.*"

La verdad es que el doctor pagaba muy mal a los caddies, por debajo de la tarifa establecida, pero a mí no me importaba, porque saliendo con él podía jugar con sus palos en el campo. Era la única manera que yo tenía de hacerlo, pues la estructura elitista del club me lo impedía. Al doctor Ortiz de la Torre le estoy muy agradecido por esto y también porque de tanto en tanto me regalaba entradas para ver al Racing de Santander y porque se preocupaba sinceramente por mi salud y la de mi familia. Cuando me veía aflojar un poco, me hacía tomar unos complejos vitamínicos, que me iban muy bien para reconstituir fuerzas.

Cuando ya había empezado a jugar como profesional, como el doctor Ortiz de la Torre siempre jugaba con bolas viejas, le regalé varias nuevas. Al llegar al hoyo 8, que es estrecho, allí perdió dos y las otras en el hoyo siguiente. Dándome cuenta de lo que le había pasado, le dije:

—Tire, don Santiago.

—Pues, como no me corte un huevo, no sé con qué voy a tirar –me respondió.

Mucho antes de que míster Michael me regalara su *putter*, Manolo, como ya dije, me había obsequiado un hierro 3, seguramente descartado por algún jugador al que él había hecho de caddie. El 3 es un palo largo muy difícil de controlar y más para un niño, pero eso a mí no me importaba. Los necesitados no eligen. Así que, aunque fuese un palo difícil, lo usé para entrenarme y para aprender a jugar diferentes golpes, del *bunker*, con la bola mal colocada, en fin... Pienso que al haber tenido un solo palo para practicar y que éste fuese un hierro 3 contribuyó a que yo aprendiera mucho más en menos tiempo. A las bolas altas y bajas, cortas y largas, en la calle y desde lo más profundo del *rough* debía golpearlas con él. Si hubiera aprendido a jugar al golf con un juego completo de palos y hasta con medio juego, cada palo me hubiera garantizado una distancia y un vuelo de bola diferentes. Pero el hierro 3 me aportó una enormidad de ventajas, pues gracias a él desarrollé la habilidad de improvisar y de imaginarme los golpes más característicos que han determinado mi carrera como jugador profesional.

También recuerdo con especial cariño mis primeros zapatos de clavos, que fueron un regalo de Casimiro Gómez, el encargado del vestuario masculino. Como estos zapatos, que un socio había dejado de usar, eran de piel, me los llevé a casa y lo primero que hice fue untarles con grasa de caballo para que me duraran más.

Las bolas eran igualmente un problema para mí y para todos los caddies. Como pueden imaginarse, al principio tampoco tenía bolas para jugar, razón por la cual lo hacía en el prado con piedras. Sí, buscaba pequeñas piedras y las golpeaba como si fuesen bolas. Más tarde, cuando mis hermanos empezaron a regalarme bolas, comencé a entrenar en la playa el golpe largo, los *approachs* y los *pats*, y lo hice hasta los trece años. Por entonces, la playa de Pedreña llegaba hasta donde hoy está el campo de prácticas y el mar casi tocaba la casa club. La carretera que ahora existe entre el recinto del club y el mar se construyó al igual que el campo de prácticas sobre terrenos ganados al mismo.

Cuando me colaba en el campo solía jugar con mi hermano Vicente y con dos amigos, Emilio Cayarga, cuyo abuelo había sido el primer profesor de Pedreña, y con Tasio, quien me daba bolas a cambio de que yo le dejara mi hierro. Ellos venían a casa, porque desde ella se veía el campo y cuando el master caddie, Diego Portilla, al que llamábamos Chin, y el guarda, Quintás, pasaban por la puerta sabíamos que era el momento. "*Venga, venga, vamos ahora al campo, que ya han pasado Chin y Quintás.*"

A primeros de septiembre, con la marea baja, la arena de la playa, donde jugábamos al golf y también al fútbol, era muy lisa y bastante rápida. Se parece mucho al *green*. Sin embargo, a medida que te alejas de la rompiente del agua se vuelve más gruesa y seca y se parece bastante a la del *bunker*. Esta práctica me sirvió de mucho, pero no era suficiente, así que como no podía jugar de día en el campo, empecé a colarme al amanecer y al anochecer y, sobre todo, en las noches de luna llena.

Caminar por el campo de golf por la noche es una experiencia muy especial, porque se pierden las referencias de las distancias. El paisaje se vuelve un espacio gris apenas alterado por la masa oscura de los árboles y me resultaba muy difícil seguir el vuelo de la bola, porque con mi hierro 3 pronto alcancé 150 metros de distancia. Sabía a dónde iba por el tacto del golpe en las manos y por el sonido que la bola hacía al caer. Quiero decir que, si no oía el rebote de la bola en alguno de los árboles que bordean las calles de casi todos los hoyos de Pedreña, sabía que había golpeado bien. Practicando de noche aprendí a sentir el césped bajo mis pies, a medir intuitivamente las distancias y a ajustar la intensidad de los golpes que yo deseaba realizar.

Llegó un momento en que los guardas de seguridad descubrieron por dónde me colaba al campo y me denunciaron a la Junta Directiva. Pero yo no hice caso y seguí con mis incursiones nocturnas. Varias veces fui sancionado y hasta me amenazaron con expulsarme definitivamente del club. La verdad es que no sé por qué no lo hicieron. Creo que la primera vez que jugué en el campo sin colarme a escondidas fue cuando participé en el campeonato de caddies. Tenía nueve años y, curiosamente, nunca gané el de la tercera categoría; en cambio, sí el de segunda en mi única participación, y cuatro veces el de primera hasta que pasé a profesional.

Mi primera participación fue un desastre, porque hice 51 golpes en 9 hoyos, con 10 de ellos en el primero, que era un par 3: ¡un verdadero récord! En la siguiente participación ya mejoré bastante, pues acabé segundo con 42 golpes en 9 hoyos desde el *tee* de mujeres. Así pasé a segunda categoría. En ésta, con doce años, gané con 79 golpes, lo cual me abrió inmediatamente las puertas de la categoría superior. El primer año fui sexto, pero al siguiente gané con 70 golpes la primera vuelta y con 65 la segunda. A la gente le asombró muchísimo porque un 65 era increíble, pues hay que jugar muy bien para hacer desde los *tees* de profesionales 65 y 70 golpes en el club de Pedreña. Fue sensacional, porque hasta hoy sigue siendo el récord de caddies. Ese año, a los trece, también fue la primera vez que gané en 18 hoyos a mi hermano Manolo, que es ocho años mayor que yo y ya jugaba torneos internacionales.

Pero el premio más importante para mí fue que me permitieran jugar en el campo por haber ganado la primera categoría de caddies. Yo aproveché para tirar cientos de bolas desde el amanecer hasta que no veían ni los gatos. Allí estaba todo el santo día. No me costaba ningún esfuerzo, me divertía, porque hacía lo que me gustaba y porque quería ser campeón. Mientras mis amigos se iban a las discotecas y salían con sus chavalas, yo jugaba al golf o descansaba en casa. Esto era natural para mí, porque el golf era mi vida.

Este mismo año acompañé a Manolo a Málaga para hacerle de caddie. Era mi primera salida de Santander. Mi hermano participaba entonces en el Campeonato de España Sub-25, y estaba jugando tan mal que en un momento dado planté la bolsa en el suelo y le dije: "*¡Manolo, yo sabría hacerlo mejor que tú!*"

Y Manolo, como mayor que era, manejó muy bien su silencio. No dijo nada.

En 1972, repetí triunfo en el campeonato de caddies con 16 golpes de ventaja respecto del segundo clasificado. Ese mismo año, el propietario de La Manga organizó en octubre un *pro-am* muy importante para celebrar su inauguración. Para jugarlo como *amateurs* vinieron Sean Connery; estrellas del deporte, entre ellas Manolo Santana, campeón de Wimbledon, y personajes como Mark McCormack, el fundador de IMG (International Management Group), cuyo equipo ganó finalmente el torneo. Como en La Manga no había personal especializado ni caddies, tuvieron que recurrir a clubes como Puerta de Hierro de Madrid, El Prat de Barcelona y Pedreña. A mí me seleccionaron como caddie y viajé en autobús a La Manga. Aquí vi por primera vez a Gary Player, cuya personalidad como jugador me impresionó muchísimo.

Lo primero que me llamó la atención de Gary fue lo mucho que se fijaba y el empeño que ponía en todo. Le llamábamos *Manitas de Plata*, porque tenía un toque mágico y un ritmo impresionante. ¡Cómo sacaba de *bunker!* ¡Con razón ha sido la admiración del mundo! Enseguida, Player se convirtió en mi héroe, porque, sencillamente, él era el primer gran jugador de golf que conocía. Sabía de otros, como Jack Nicklaus y Arnold Palmer, pero a éstos no llegué a conocerlos hasta 1975, en el Open Británico que se jugó en Carnoustie y donde, a pesar de no haber pasado el corte, ambos se fijaron en mí. Pero antes de que esto sucediera, tras ganar por tercera vez el campeonato de caddies, me dispuse a dar el salto a profesional en enero de 1974. Sin embargo, ocurrió algo que a punto estuvo de torcer definitivamente mi carrera.

Entre las pocas diversiones del pueblo de Pedreña están las fiestas de San Pedro, en junio, cuando, después de hartarte de comer almejas durante el día, sales por la noche a divertirte a las verbenas, y las de fin de año. Es tradición entre los chavales de Pedreña salir por Nochevieja y despedirla haciendo trastadas, como coger el carro de un vecino y llevarlo a la casa de otro, abrir las cuadras y soltar las vacas. La trastada del 31 de diciembre de 1973 no la olvidaré nunca. Esa noche, un grupo de chavales del pueblo nos adentramos en el campo de golf, donde se estaban haciendo unas obras de drenaje. Íbamos cantando y contándonos chistes y así llegamos hasta el *tee* del hoyo 6, que está en uno de los puntos más altos del campo. Aquí había amontonadas unas enormes tuberías, y a uno de nosotros no se le ocurrió mejor cosa que proponer: "*¿Y si las tiramos calle abajo?*"

Sin esperar respuesta, las empujó y unas veinte tuberías comenzaron a rodar por la calle del 6 como casi doscientos metros. De los cinco o seis chavales que íbamos, el único que era caddie era yo, y por eso ni se me ocurrió secundarlos. El caso es que días más tarde, uno de la pandilla se chivó al guarda y el gerente acabó sabiendo quiénes habían estado allí. La directiva decidió entonces echarnos del campo un mes a todos los responsables de la gamberrada, pero al único que afectaba esta medida era a mí, porque los otros no jugaban al golf.

Ésta es la causa por la que ese mes no pude hacerme profesional en enero, sino tres meses más tarde. Pero durante ese período, mi porvenir como jugador de golf corrió peligro. Mi madre, siempre preocupada por nuestro futuro y queriendo lo mejor para mí, no veía con buenos ojos que yo estuviese sin hacer nada, así que insistía a cada momento en que estudiara o buscara trabajo. La cosa se complicó cuando vino a casa mi primo Severiano, que trabajaba en unos astilleros, hoy desaparecidos, y dijo que allí podía tener trabajo. Mi madre consideró la posibilidad de que me fuera a trabajar allí. Ella, en el fondo, no creía que yo pudiera ganarme la vida jugando al golf. Durante la cena no se habló de otra cosa. Mi madre me decía:

—Por una niñería te castigan; ¿y ahora?, ¿qué futuro vas a tener tú en el golf?

—Por ahora vamos a esperar; dejad que el niño juegue al golf. Es joven y pronto para enviarle al astillero –dijo mi padre con prudencia y cortando la discusión–. Mientras tanto que siga entrenando donde pueda y ya veremos qué pasa. Para trabajar todavía tiene tiempo.

A pesar de lo que pensaba mi madre, en esa reunión familiar se impuso el parecer de mi padre y salió la decisión de que lo mejor para mí era esperar a que pasara el mes de sanción. Mientras tanto debía seguir entrenando, haciendo de caddie y cumplimentando los trámites para hacerme profesional.

Por su parte, mi hermano Merín se ocupó de escribir una carta de descargo al club informando a la directiva de que, en efecto, si bien yo estaba en el grupo, no había intervenido para nada en la travesura por mi condición de caddie. Mi hermano argumentaba que la sanción era injusta, pues de todo el grupo yo era el único que tenía algo que perder, con el agravante de que era precisamente el que no había causado ningún perjuicio. Entonces salió un directivo y dijo:

—¡No, no, ése también fuera!

Y sin embargo, ese directivo, cuyo nombre no diré, era muy apreciado por mi padre. Paradojas de la vida.

En estas circunstancias y con el parecer de mi madre, que opinaba que debía ir a trabajar a los astilleros, la intervención de mi padre apoyándome hasta que todo volviera a su cauce fue decisiva, pues la travesura de fin de año pudo cambiar mi vida. Cumplí el mes de sanción y en febrero volvía a practicar mientras hacía el papeleo para examinarme y poder convertirme en jugador profesional de golf, lo que se hizo realidad el 22 de marzo de 1974.

5
El vuelo de la perdiz

Cuando miro hacia atrás, no dejo de pensar en cómo sucedió todo lo que vino a continuación. Creo que he sido un caso excepcional, pues me hice jugador profesional sin la más mínima experiencia en competición; no tuve una carrera *amateur* como tuvieron, por ejemplo, José María Olazábal diez años más tarde y, posteriormente, Sergio García. Yo no había salido nunca de mi pueblo, ni de mi campo de Pedreña, y sólo había competido en los campeonatos anuales de caddies. Todo lo que entonces sabía para competir me lo había enseñado mi hermano Manolo o lo había aprendido jugando en los torneos de caddies. Además, en la España de entonces, no había una cultura de golf en la que pudiera apoyarme, una escuela o recursos que me facilitaran el paso hacia mi porvenir. Todo lo que tenía al empezar mi carrera profesional eran los palos y las bolas suficientes para jugar dieciocho hoyos. Ahora, afortunadamente, las cosas son diferentes para los jóvenes que se inician en este deporte.

Un adolescente es como una perdiz, cuyo vuelo, aunque ruidoso, es bajo y corto. Al convertirme en profesional, mi situación cambió radicalmente, y perdí muchas de las cosas que vive un adolescente. Toda mi atención estuvo centrada siempre en el golf. Aunque a veces piense que me hizo perder las vivencias de juventud, la verdad es que me siento feliz cuando compruebo el provecho que he sacado a mi carrera, tanto en experiencias vividas como en términos sociales y económicos. Quiero decir que, desde un punto de vista convencional, mi vida ha sido singular y que tengo muchos motivos para estar satisfecho de ella. Pero también estoy seguro de que si pudiera rebobinar algunos capítulos, como si fuese una película, haría muchas cosas diferentes. Por empezar hubiera ido al colegio y estudiado más, aunque eso hubiese supuesto hacerme profesional algo más tarde, lo cual, pienso, también hubiera redundado en mi beneficio, porque habría tenido mayor experiencia para afrontar la competición y porque habría preparado mucho mejor mis condiciones físicas. Pero las cosas no sucedieron así y mi carrera profesional empezó a los dieciséis años sin más bagaje que mi talento y voluntad de triunfar.

Mi primer torneo profesional lo jugué pocos días después de dar el salto a esta categoría. Fue el Campeonato de España de Profesionales, que se jugó en Barcelona, en el campo de Sant Cugat. Como nunca había viajado solo y tenía que cambiar de tren en Bilbao, me acompañó Merín, para que no me perdiera por el camino. Jugué la vuelta de entrenamiento con Pepín Cabo haciendo 27 golpes en los 9 primeros hoyos. Los hice sin jugar el *driver*, porque no tenía ese palo. Usé la madera 3 para salir en los hoyos largos. El campeonato lo ganó Manolo Piñero y yo acabé mi primera participación como profesional en el vigésimo puesto. Me dieron por éste 2.500 pesetas, que para mí eran una verdadera fortuna. Sin embargo, me sentía muy frustrado y en el vestuario me puse a llorar. Al verme así, un jugador catalán, al que llamaban El Sastre, se acercó y me dijo que no tenía razón para estar frustrado, porque había estado muy bien para ser mi primera participación y además siendo muy joven. "*Sí* –le contesté sin dejar de llorar–, *pero yo había venido a ganar.*"

Mi segunda participación fue en La Coruña, en un campeonato del Circuito del Norte, el cual comprendía además de éste, los torneos de Gijón, Pedreña, Bilbao, San Sebastián y Zarauz. Para jugarlo, mi hermano Vicente, quien entonces estaba haciendo el servicio militar en la base americana de Zaragoza, me consiguió a través de su amigo Agustín Cueto un juego nuevo de palos. Con ellos me presenté muy contento a jugar la vuelta de entrenamiento con Baldomero, pero casi enseguida se me borró la sonrisa de la cara. Al dar los primeros golpes, los dos vimos con sorpresa que las cabezas de mis palos nuevos salían volando detrás de las bolas. Recordando, la anécdota tiene su gracia, pero en aquellos momentos para mí fue todo un drama. Así que, como las cabezas no estaban bien sujetas a las varillas, apenas finalizada la vuelta, fuimos a un herrero con quien me pasé varias horas soldándolas. Después jugué sin problemas.

Tras este torneo empecé a jugar el Circuito del Continente, que entonces estaba separado del Circuito Británico y que tenía su propio Orden de Mérito. El circuito comprendía los abiertos de Portugal, España, Madrid y Francia. No me fue bien, porque fallé todos los cortes. El Abierto de Portugal fue mi primer torneo profesional fuera de España y acabé el último. Este mismo día, cumplía diecisiete años. Hice ochenta y nueve golpes. Por suerte, Manolo estaba conmigo para apoyarme y llevarme de la mano como se lleva a un niño para cruzar la calle. Pero, a pesar de esta participación tan poco alentadora, no todo fue tan mal para mí, porque en Lisboa conocí al doctor César Campuzano, que era uno de los mejores radiólogos de España a quien Manolo conoció en el Golf de Pedreña.

Al regreso, como íbamos cortos de dinero, cogimos un autobús y viajamos a La Manga para jugar el Abierto de España. Tampoco esta vez jugué como el mejor del mundo, aunque pasé la preclasificación. Empecé haciendo 83 golpes y continué con un 78. No pasé el corte por un golpe. Actualmente no es normal que un corte del Circuito Europeo esté en 160 golpes. Pero allí empecé a ver la luz.

Lo que veía cada vez más oscuro era mi situación financiera. Mis cuatro incursiones en torneos europeos me habían costado mucho dinero y el beneficio apenas si llegaba a las diez mil pesetas. En estas circunstancias no me quedaba otra cosa que volver a Pedreña a practicar para seguir mejorando y salir de caddie a fin de ganar algún dinero extra para los viajes.

En agosto de este mismo año tuve la suerte de que el Campeonato Sub 25 de España, al que me había inscrito, se jugara en Pedreña, y de que lo ganara. Fue mi primer triunfo como profesional y sin embargo, aunque me hizo feliz, no di saltos de alegría. El cheque de 80.000 pesetas me quitaba un peso de encima, pero la victoria en sí no me parecía nada extraordinaria ni espectacular. Mi razonamiento era que si me había hecho profesional era para ganar torneos y que el hecho de ganar el primero me hubiese costado varios intentos no cambiaba nada. Simplemente me había puesto en el *tee* del 1 convencido de ganar. Por eso, cuando por la noche los míos lo celebraban en casa, yo pensaba que para mí ganar debía ser algo normal en el futuro.

Después de este triunfo, quedé segundo en el Abierto de Santander; gané el Abierto de Vizcaya en Bilbao. Fueron segundos, Manolo y Vicente, y quedé otra vez segundo en San Sebastián. Estaba jugando bien y ganando cada vez más confianza. Estaba ya preparado y lanzado.

En octubre participé en el Open de Italia, que se jugó en Venecia y, midiéndome con los grandes, quedé quinto. Este torneo se jugó a sesenta y tres hoyos, porque a causa de la niebla la vuelta del primer día se redujo a nueve hoyos. Peter Oosterhuis fue el ganador de este abierto por delante de Johnny Miller y Dale Hayes. La experiencia más importante para mí en este torneo fue ver jugar por primera vez a Johnny Miller, que ese año acabó siendo el primero del *ranking* mundial, por delante de Jack Nicklaus, y quedar convencido de que podía ganarle. Y casi lo consigo, pues acabamos la primera vuelta compartiendo el liderato. Pero, al margen del resultado final en ese torneo, lo cierto es que ni Miller, ni Oosterhuis ni Brian Barnes, que eran algunos de los mejores jugadores del momento, me impresionaron. Después de verlos jugar estaba seguro de que no sólo podía ganarles, sino de que era mejor que ellos.

Con esas sensaciones tan positivas, en noviembre participé en el Ibergolf, un torneo internacional que se jugaba en el campo de

Las Lomas-El Bosque, de Madrid. Aquí también quedé quinto, pero jugué con Gary Player, que ganó a Peter Townsend. Lo más importante que me sucedió aquí, aparte de tener la oportunidad de medirme con una de las grandes figuras del momento como era Gary Player, fue recibir la ayuda económica del doctor César Campuzano. Aunque ya me había saludado en Estoril, en el Abierto de Portugal, Manolo me presentó a él en la cafetería del club diciéndole:

—Aquí tiene usted a un campeón, pero de los grandes y con un futuro impresionante. Lo que ahora necesita es que le financien el principio de su carrera y creo que usted es la persona que le puede patrocinar…; si no acepta, lo haré yo.

—Sí –afirmó el doctor Campuzano–, será el mejor jugador del mundo.

El doctor Campuzano no sólo se mostró seguro de mi futuro, sino dispuesto a ayudarme económicamente. Enseguida nos dio 500.000 pesetas para que los dos fuésemos a jugar a Sudáfrica.

—Quédate de momento con este dinero para seguir tu agenda; si necesitas más, yo te lo daré y luego haremos cuentas –añadió en un gesto de generosidad que siempre agradeceré, aunque ésa fue la única vez que necesité de su ayuda.

Con el tiempo, el doctor Campuzano y Lola, su mujer, fueron mis seguidores por todo el mundo. Ahora me viene a la memoria la vez que, teniendo yo dieciocho años, fuimos a Valencia en un coche que me había regalado la Ford.

—¿Dónde has aprendido a conducir así? –me preguntó el doctor Campuzano.

—Con el tractor de un vecino –le respondí.

—¿Quieres decir que no tienes carnet? –preguntó incrédulo.

—Pues, no.

Y en efecto anduve como seis meses sin permiso de conducir, pero entonces las cosas funcionaban así, de ese modo nada recomendable.

¡Cuánto me hubiese gustado haber recibido la ayuda del doctor Campuzano en Lisboa, en el Abierto de Portugal, para evitarme el agotador viaje a La Manga en autobús!

Por esas mismas fechas, mi tío Ramón Sota también le habló muy bien de mí a Emilio Botín, con quien solía jugar partidos. Le dijo que yo prometía mucho, pero que necesitaba apoyo. Nuestra familia no era desconocida para Botín, puesto que mi padre era su caddie y también cuidaba de su casa y jardín en Pedreña. Incluso, Emilio, que se había encaprichado de unos terrenos próximos al hoyo 8 del Club para reconstruir una vieja casa, encargó a mi padre la complicada negociación con los propietarios, quienes se mostraban reacios a venderle a Emilio Botín esas propiedades. Mi padre no sólo logró hacer efectivo el difícil acuerdo de compraventa de los terrenos, sino que también consiguió un precio muy ventajoso para el banquero.

Un día, después de que mi tío Ramón le hablara de mí, encontré a Emilio saliendo del Club de Pedreña. Me llamó y dijo:

—Oye, Seve, quiero hablar contigo dos minutos. Me ha dicho Ramón que necesitas ayuda económica para jugar unos cuantos torneos. Te propongo lo siguiente: yo te pago los gastos, y tú, a cambio, me das un tanto por ciento de tus ganancias. Mejor, te dejo 25.000 pesetas por torneo y me das el 75 por ciento de las ganancias.

—Don Emilio –le respondí rápidamente–, es usted muy generoso, pero ahora mismo tengo un acuerdo tácito con el doctor Campuzano con condiciones ventajosas para mí. Gracias, de todos modos.

Gracias al respaldo económico que me procuró el doctor César Campuzano, Manolo y yo viajamos a Sudáfrica. También mis padres arrimaron el hombro al principio y hasta llegaron a vender una vaca por 20.000 pesetas para atender a los gastos, tal como ya lo habían hecho anteriormente, cuando Manolo fue a jugar el Open de Italia.

El viaje a Sudáfrica lo hicimos desde Madrid, vía Lisboa, y Manolo, que procuraba que yo sólo me ocupase de jugar, se encargaba de llevar el dinero, de sacar los billetes, de reservar los hoteles; en fin, de todo. Y todo iba muy bien hasta que en el aeropuerto de Lisboa, al ir a facturar para volar a Johannesburgo, nos pidieron la visa para entrar en Sudáfrica.

—¡¿Visa?! ¡¿Qué es eso?! –preguntó mi hermano con la cara más extraña que le he visto.

—Es un permiso para poder entrar en el país –le respondieron.

Pues no teníamos la visa. Sin duda era un fallo de la agencia que no nos había advertido de que necesitábamos de un visado para viajar a Sudáfrica, pero nosotros teníamos que viajar como fuese. Entonces apareció un ángel salvador. Gary Player, que también iba en ese mismo vuelo, mandó un fax dirigido a no sé quien de Johannesburgo explicándoles el problema que teníamos. Después, siguiendo las instrucciones que le dieron, fuimos al consulado español en Portugal y allí nos dieron la dichosa visa, aunque tuvimos que volar al día siguiente y llegamos la víspera para jugar el primer torneo.

Jugar en Sudáfrica en aquella época del *apartheid* era muy duro. La discriminación y la represión de los negros era brutal. Recuerdo que en un *pro-am*, uno de los *amateurs* de mi equipo que fumaba, cuando acabó el cigarrillo tiró la colilla al suelo y un caddie se apresuró a apagarla con el pie… ¡descalzo! Sí, los caddies iban descalzos y, cuando alguien enviaba la bola al *rough*, ellos entraban a la maraña de pinchos como si tal cosa. Yo estaba horrorizado con lo que veía, pues había incluso quien se comía algún tipo de hierbas.

Años más tarde, cuando jugué en Sudáfrica el torneo del Millón de Dólares en Sun City, me llevé ropa y zapatos y se los di a mi caddie. "*Se los entregas al caddie master* –le encargué– *y te aseguras de que los reparta entre todos tus compañeros.*"

Al día siguiente vi que ninguno de los caddies llevaba la ropa ni los zapatos que les había dado.

—¿Qué has hecho con la ropa? ¿Por qué no la lleva nadie? –le pregunté.

—Es que no se la di al caddie master –me contestó–, porque en mi casa somos muchos.

Ésta era la situación. En Sudáfrica jugamos cinco torneos y yo obtuve un octavo puesto compartido, en el Open Western Provence de Ciudad del Cabo. En general, lo hicimos bastante bien y ganamos casi medio millón de pesetas que nos pagaron en cheques de viaje de American Express.

El viaje de regreso fue tranquilo. Sin embargo, las peripecias no había acabado. En Madrid cogimos el tren a Santander y ya de vuelta en casa, acabábamos de dejar las maletas, cuando vi a mi hermano coger al teléfono y empezar a gruñir. Su cara no reflejaba nada bueno.

—¿Qué pasa, Manolo?

—¿Que qué pasa? –me preguntó a su vez con el rostro demudado–. ¿Tienes tú el dinero?

—¿El dinero? Pero si tú te ocupas de todo; yo nunca he visto el dinero.

—Pues se nos ha olvidado el dinero en el tren –dijo moviendo la cabeza de un lado a otro.

—¡Me cago en la mar, con todo lo que nos ha costado el viaje, con los gastos que hemos tenido..., estamos arreglados, Manolo!

Fue lo único que se me ocurrió decir, aunque él me miraba como si yo tuviera la culpa. Por suerte el revisor del tren encontró la cartera con el dinero, que Manolo se había dejado olvidada en el asiento del tren, y, como era una persona honrada, nos la devolvió. Manolo y yo respiramos aliviados.

A pesar de este arranque un tanto irregular en mi primera temporada, acabé en el noveno puesto del *ranking* español y decimotercero en la Orden de Mérito continental. Tal como cabía esperar, y no sólo por mis propias sensaciones, el balance de 1975 fue positivo en términos generales, ya que me puse en cabeza del *ranking* español y del continental. Sin embargo, sólo pude ganar por segundo año consecutivo el Campeonato Sub-25, que se jugó en Sotogrande. En el circuito grande tuve clasificaciones aceptables, ya que acabé entre los diez primeros en los Abiertos de España, Portugal, Suiza y Madrid. Mi mejor puesto de ese año fue un tercero en el Trophée Lancôme de París. Gary Player lo ganó.

Pero mi ambición era ganar no sólo en los torneos españoles, sino en los del circuito continental. Me exigía mucho, porque estaba convencido de que lo podía hacer mejor. Quiero decir que si firmaba un 68, me disgustaba mucho porque estaba convencido de que podría haber hecho menos. Quería jugar mejor y no aceptaba no hacerlo. Siempre he sido así, cuando me encuentro con algún obstáculo me crezco, porque para ser campeón tienes que superar las adversidades.

Cuando jugaba, sobre todo en América, y tenía el público en contra, era para mí una motivación más para ganar y demostrar quién era yo. Hay jugadores que cuando tienen un golpe malo o topan con algún obstáculo se encogen, sin darse cuenta de que tener una actitud negativa acaba por desmoronarte. Has de tener carácter y fuerza para sobreponerte si quieres triunfar, ya sea en el golf o en la vida. Ésta es la diferencia entre ser un campeón o un buen jugador. Si tropiezas con un obstáculo es bueno cabrearte, pero no hay que confundir entre un cabreo positivo, desafiante, con un cabreo negativo, que al final acaba ofuscándote. Si te ofuscas no ves nada y, además, pierdes fuerza. Si haces una vuelta mala o un doble *bogey* tienes que decirte: pues mañana volveré y haré un resultado mejor que me sitúe entre los primeros. No hay peor cosa que lamentarse y echarle la culpa a los demás o a la mala suerte. Recordar permanentemente que lo has hecho mal sólo puede llevar al fracaso. Por esto siempre he sido muy duro conmigo mismo y exigente con la gente que está a mi lado. Fue así como llegué a imponerme una disciplina espartana y a castigarme no cenando, por ejemplo, cuando no jugaba bien o no estaba satisfecho con mi juego. Y en esos momentos críticos era cuando se hacía notar mi hermano Manolo, que me decía: *"Esto es una tontería que no te ayuda en nada, Seve, de ninguna manera. Ya sé que no has jugado como sabes hacerlo, pero tienes que comer, distraerte y dormir adecuadamente, para estar en condiciones de hacerlo bien mañana."*

Pero yo no cedía y me autocastigaba cuando creía que lo merecía. No sé si esto es bueno para los demás, pero a mí me daba resultado. Sin rigor ni disciplina no hay campeón. Para llegar a donde deseas necesitas mucho trabajo, mucha constancia y mucho sacrificio. Recuerdo que en una ocasión, un hombre se le acercó a Gary Player, que era un jugador que a veces no jugaba tan bien como reflejaba al final su tarjeta, y le dijo:

—Señor Player, tiene usted mucha suerte

—Sí, sí, tiene usted razón –le respondió Gary Player–, y cuanto más entreno, más suerte tengo.

Yo creo ciegamente en esta máxima de Gary Player, porque si tienes talento, pero no tienes disciplina, constancia y espíritu de sacrificio, no consigues el éxito en ningún orden de la vida. No hay otro secreto para ser campeón. Por eso mantuve mi autodisciplina tan rigurosa hasta 1978, cuando ganar ya era una costumbre y tenía con claridad el liderato europeo.

Pero antes de que esto ocurriera, en 1975, acabé la temporada fuera de Europa, en Estados Unidos y Asia. Acompañado por mi hermano Manolo fui a la Escuela del Circuito Americano, en la que había que jugar seis vueltas y clasificarse entre los veinticinco primeros para tener la tarjeta que da acceso a los torneos del primer circuito. Antes de que jugara la sexta vuelta ya me había clasificado prácticamente y, con dieciocho años, estaba en condiciones de convertirme en el jugador más joven del Circuito Americano. Pero sucedió algo que nadie esperaba. En la última vuelta, después de haber hecho 33 golpes en los nueve primeros hoyos y dejar casi sentenciado mi acceso al Circuito, hice 40 por los nueve segundos. Quedé fuera por cuatro golpes. Muchos creyeron que me había atascado. Pero no fue eso.

En esos días mi hermano Manolo me dijo que había acordado con un agente que yo me quedaría en California para jugar y que, obviamente, pasaría allí todas las fiestas de fin de año. Así que me quedaría solo, sin cena de Nochebuena con mi familia, sin celebración de Nochevieja con los chavales de Pedreña, que, como era costumbre salían a hacer gamberradas, como la que casi cambió mi vida, pero también a visitar casa por casa ofreciéndose a cantar o rezar a cambio de una propina, que luego se gastan en una comida. Bueno, yo pensaba en todo esto y en lugar de concentrarme en jugar lo mejor posible, no dejaba de darle vueltas a lo solo que me encontraría para Navidad, en Estados Unidos, lejos de Pedreña, de mi familia, de mis amigos. Así fue cómo en los nueve segundos hoyos tiré prácticamente la tarjeta. Cuando acabé la vuelta, varios jugadores vinieron a consolarme, pero yo no estaba triste en absoluto, sino aliviado. Lo hice a propósito. Liberado ya de la obligación de quedarme en Estados Unidos, antes de las fiestas viajé a Japón para jugar el Dunlop Phoenix, donde quedé decimoséptimo a pesar de hacer 75 golpes en la última vuelta.

Para fin de año volví a Pedreña y pasé la Navidad con los míos, no sin ganarme una buena bronca de mi hermano Manolo, por lo que había hecho en Estados Unidos. No me siento orgulloso al decir que abandoné la empresa en el campo, aunque creo que hice lo que hubiera hecho cualquier chaval en un entorno extraño para él. Ese año, al igual que la perdiz, yo había volado rápido y corto. Sin embargo, me sentía como un ave mayor, como un albatros, que se preparaba para volar a gran altura.

6
En la cocina británica

Jugar en las Islas Británicas siempre ha tenido para mí algo especial. La primera vez que lo hice fue en 1975, en Sandwich, en el Royal St. Georges, donde se disputaba el Torneo de la PGA Penfold, que ese año ganó Arnold Palmer y Manolo quedó quinto. Tengo que reconocer que la primera impresión que tuve del campo no fue buena. Habitualmente, cuando se entra en la casa-club se suele ver parte del recorrido, pero aquí no se veía nada más que el *putting green*.

—Manolo –le pregunté a mi hermano, que me acompañaba–, ¿dónde está el campo aquí?

—Allí, mira –me respondió Manuel, señalándome con el dedo un lugar que no alcanzaba a ver.

Caminamos hacia él y enseguida me di cuenta de que aquel campo no se parecía a ninguno de los que había visto hasta entonces. Desde el *tee* del hoyo 1 observé que el campo de golf estaba en una gran hondonada y que ésa era la razón por la que no lo veía desde la casa-club.

—Le llaman *The Kitchen*—, me explicó Manuel.

Me quedé intrigado. ¿Por qué le llamarán "*La Cocina*"?, me pregunté mientras seguíamos reconociendo el campo. Sin embargo, no tuve mucho tiempo para seguir el hilo de esta intriga, porque en esas vimos que andaba por allí Jimmy Bates, el representante de Dunlop para el torneo y encargado de proveer de bolas a los jugadores.

—Manolo, tenemos que pedirle bolas, porque no tengo ni una.

Como yo aún no hablaba prácticamente nada de inglés, Manuel se las pidió y Jimmy me dio dos cajitas de tres bolas en cada una de las cajas. Es decir, seis bolas solamente.

—¿Sólo seis bolas para un campo como éste? ¿Has visto el *rough* que hay aquí? –pregunté a mi hermano a modo de protesta por lo que consideraba una racanería.

Bastante molesto, señalé a Manuel que la hierba era tan alta que allí podía perderse hasta un caddie, y ya no digamos las bolas. Seguramente por la cara que puse, los gestos y el tono, Jimmy captó mi protesta y, dirigiéndose a Manuel, le dijo:

—Dile a tu hermano que le daré más bolas... si pasa el corte.

El caso es que tuve que salir al campo con sólo seis bolas y me las apañé como pude para que me duraran dos vueltas, que fue lo que duró el torneo para mí, pues hice 84 y 78 golpes. Había un *rough* terrible y muchísimo viento, los *bunkers* eran inmensos y, por si todo esto fuera poco, el recorrido tenía varios golpes ciegos. Tampoco se podía tirar por alto al sitio que querías. Había que hacerlo con la bola a baja altura. Era muy difícil *cocer* algo en un lugar así y, me costó mucho aprender a jugar un *links* en *La Cocina*.

Poco después tuve que enfrentarme a los *links*, como Carnoustie, en la costa Este de Escocia, donde se jugaba el Open Británico. Aquí esta vez no pasé el corte por diez golpes, ocho más que Manuel, que también lo falló. Superar las dificultades que presentaban los *links* fue para mí un verdadero desafío.

Durante el aprendizaje al que me sometí, me di cuenta de que los *links* exigían al jugador usar la imaginación para ejecutar muchos de los golpes, lo cual coincidía bastante con mi estilo de juego. Gracias a que comprendí esto a tiempo es por lo que pude ganar tres veces el Open Británico y el Campeonato de la PGA de 1983, que, por cierto, volvió a jugarse en el Royal St. Georges.

Aquella temporada me fue relativamente bien, y eso me dio mucha confianza para afrontar la siguiente. Había sido quinto en Portugal, sexto empatado en España, precisamente detrás de Manuel, y octavo empatado en Francia. Además, había quedado empatado en el puesto veintitrés del Campeonato de la PGA después de conseguir jugar cuatro vueltas en el Royal St. Georges. Todo un triunfo. Pero lo más importante es que, al quedar primero en el *ranking* continental, me libré de la preclasificación para el Open Británico de 1976, que se jugaba en el Royal Birkdale. Comencé a prepararme para jugarlo y lo hice sin alterar mi actividad habitual, muy confiado en jugar mucho mejor de lo que lo había hecho, catorce meses atrás, en mi primera y olvidable experiencia en los *links* de Sandwich y Carnoustie. La semana anterior a Birkdale ayudé a mi padre a segar la hierba de nuestros prados y a almacenarla para que las vacas la comiesen durante el invierno. Al llegar el sábado, Manuel y yo nos fuimos a Madrid a ver un partido de exhibición entre Tom Weiskopf, Valentín Barrios, Jack Nicklaus y Sam Snead. Después, volamos a Inglaterra, porque mi hermano debía jugar la preclasificación del Open en Hillside y yo hacerle de caddie. Lamentablemente, Manuel no se clasificó y tampoco pudo hacerme de caddie. Lo lamenté mucho, porque me hubiese gustado que él ocupara el lugar de Dave Musgrove, quien había empezado a trabajar para mí en el Open de Francia, jugado en Le Touquet en el mes de mayo. Pero, en esta ocasión, Dave no podía llevarme la bolsa, pues se había comprometido con Roberto de Vicenzo, el gran jugador argentino, ganador del Open Británico nueve años antes. ¡Qué buen amigo y qué generoso consejero acabó siendo para mí Roberto de Vicenzo! El caso es que yo estaba sin caddie y necesitaba contar con uno cuanto antes. Entonces, mi hermano le preguntó al mismo Dave si podía conseguirme uno.

—Tengo un amigo –nos dijo con cierta reserva– que es policía y nunca ha hecho de caddie en un torneo importante; creo que esta semana está libre y que querrá llevar la bolsa de Seve.

Fue así cómo el caddie de mi segundo Open Británico fue un agente de policía llamado Dick Draper que, como nos había advertido Dave, no tenía experiencia como profesional, pero era un muchacho agradable y correcto. Dave, por su parte, volvió a ser mi caddie tres años más tarde, cuando gané en Lytham. También lo fue de Sandy Lyle, cuando el escocés ganó el Open en 1985, en el ya viejo y predilecto campo de Royal St. Georges. En mi querida *Cocina*.

Volviendo al Open del 76, recuerdo que la semana en que lo jugamos hacía tanto calor en Southport que parecía que estábamos en el trópico. Todo estaba tan seco que se produjeron varios incendios en el campo. En estas condiciones teníamos que botar la bola dirigida al *green* al menos veinte metros cortos, tal como lo había comprobado jugando las vueltas de entrenamiento con el gran Roberto y Vicente Fernández, otro argentino. Pero, a pesar de las circunstancias adversas, tuve la sensación de que iba a jugar bien; y así fue, aunque –después lo supe– aún no estaba maduro para ganar un torneo de la magnitud del Open Británico. Pero lo estaría mucho más pronto de lo que muchos podían imaginar.

Empecé el campeonato sumando 69 golpes, tres bajo par, que no era nada del otro mundo, pero como el terreno estaba tan duro y seco, muchos jugadores se liaron y al final de la jornada me encontré compartiendo liderato con Christy O'Connor Jr. y Norio Suzuki. Era un resultado verdaderamente inesperado y sus consecuencias empezaron a hacerse notar nada más entrar en el vestuario. Doug Sanders fue uno de los primeros en acercarse a Manuel y, señalándome, le preguntó algo que no entendí muy bien dado mi precario inglés, pero que sonaba como:

—¿Este chico es el mismo que te hacía de caddie el otro día en la "pre"?

Como Sanders, muchos otros se acercaron sorprendidos para decirnos algo. A mí no me conocía nadie. Felicitaban a Manuel. Mi hermano, además de ser el receptor de lo que yo había provocado aquel primer día, también debió hacerme de intérprete en las conferencias de prensa que tuve que dar ese mismo miércoles y al día siguiente, pues otro 69 me situó en la cabeza del Open con dos golpes de ventaja.

Todo lo que estaba viviendo era nuevo para mí y me parecía sensacional. Mi hermano y yo habíamos alquilado una casita en Southport para residir durante el torneo y estar más tranquilos. Antes de que empezara el torneo, salíamos por la tarde-noche. Íbamos a cenar por ahí y a pasear. Como hacía tanto calor y el día era tan largo, la gente también salía a caminar. Había un ambiente muy animado en las calles. Incluso, una noche fuimos a una discoteca a escuchar música. Pero poco después de empezar el torneo se armó tal jaleo a mi alrededor que nos tuvimos que olvidar de las cenas y paseos tranquilos. Después de que varios periódicos británicos me sacaran en portadas y contraportadas, los aficionados y los fotógrafos estaban muy pendientes de mí todo el tiempo. Esta atención que provocaba, me sorprendía e impresionaba mucho, pero al mismo tiempo me resultaba divertido. Lo fue hasta que empecé a sufrir los inconvenientes que traía tanta expectación.

La confianza que siempre tenía en mis posibilidades de triunfo ahora parecía tener una respuesta concreta y positiva. Me sentía feliz porque era algo maravilloso poder disfrutar de mi mejor golf en el torneo más importante que había disputado hasta ese momento. El Open Británico era para mí un reto enorme, pero era demasiado joven e inocente para comprender la verdadera dimensión y trascendencia que tenía; aún no me daba cuenta de todo lo que significaba y, lo que es peor, en lo que concernía a mi participación, no me daba cuenta de que todavía faltaba por recorrer la mitad del camino para ganarlo. Quién sí comprendió enseguida la situación fue Manuel y hasta se sintió un poco agobiado por esa inocencia y ese desparpajo con que me movía en esos momentos. Mi hermano Manuel es un hombre inteligente y muy perspicaz y captó de inmediato que uno de los factores positivos que me aislaban del revuelo que se había formado a mi alrededor y que atenuaba la presión ambiental era mi escaso dominio del inglés. Por lo tanto, todo lo que tenía que hacer para que triunfara era simplemente protegerme. Y casi lo consiguió.

En la tercera vuelta salí con Johnny Miller, ganador del Open de los Estados Unidos en 1973. Empecé mal. Hice *bogeys* en los tres primeros hoyos, pero luché a tope para conseguir un 73 que Miller no pudo mejorar. A falta de una vuelta, yo le sacaba dos golpes de ventaja. La cuestión era no romperse, cosa que seguramente muchos pensaron que me pasaría. Pero lo que me perdió no fue que flaqueara mi voluntad de triunfo, sino la imprudencia y la inexperiencia juvenil. Como ya dije, yo había visto jugar a Johnny Miller en el Open de Italia el año de mi debut como profesional y no me había impresionado. Seguía convencido de que tenía mejor juego que él y de que podía ganarle. Era líder y no dudaba de mis posibilidades de victoria. Pero Manuel, cuando aquella noche se metió en la cama, no lo tenía tan claro.

Cuando el sábado por la tarde llegué al *tee* del 1 estaba muy tranquilo y, probablemente, esa haya sido la vez que más lo he estado esperando salir a una última vuelta con la victoria en el horizonte. No sentía sobre mí ninguna presión, porque, simplemente, no me sentía obligado a nada. Sólo era consciente de que aquella era una gran oportunidad y estaba muy sereno para aprovecharla. Sin embargo, de repente algo comenzó a torcerse.

En el primer hoyo, saqué un golpe a Miller, pero en el segundo hice un *bogey* mientras que Miller hizo un *birdie* y yo perdí el control del juego y se me acumularon los problemas. En el hoyo 6 hice un doble *bogey* y en el 11 un triple. Pronto me di cuenta de que él estaba jugando muy bien para ganar, pero no me rendí. Le respondí con un *birdie* en el hoyo 13 y con otro en el 14. Y con sendos pares en los hoyos 15 y 16. El verdadero problema para mí era que no sólo había perdido la ventaja e iba por detrás de él, sino también la iniciativa del juego. En el hoyo 17, que es un par 5, Miller sacó a relucir su experiencia.

—Es importante que acabes bien, porque míster Nicklaus –así le llamó–, ya ha acabado con un buen resultado.

Me quedé muy sorprendido, no por lo que me había dicho, sino porque lo hizo en español. Johnny Miller es californiano y podía haberme imaginado que lo hablaba, pero no lo hice y él tampoco se había dirigido a mí en español en ningún momento de los dos días que llevábamos jugando juntos... No es algo que tenga una importancia trascendental y no la tuvo para mí, pero son cosas que en su momento pueden desestabilizar psicológicamente a quien sea mentalmente frágil.

Cuando me dijo que "míster Nicklaus" ya había acabado, me fijé en la pizarra y vi que había hecho tres bajo par, seguido de Ray Floyd con dos bajo par. No me dejé impresionar. Me metí de dos en el *green* del 17 y colé un *pat* de 7,5 m para *eagle*, que me ponía dos bajo par, con lo cual, si hacía un *birdie* en el último, conseguiría empatar en el segundo puesto.

La situación era complicada y más cuando en el hoyo 18 (otro par 5), el *drive* seguía sin responderme. Ese día sólo llevaba metidos tres *drives* en la calle, así que para el segundo golpe me preparé bien y conseguí que la bola cayera en un *rough* corto por la izquierda del *green*. Tenía dos golpes para empatar con Nicklaus. El siguiente golpe no podía jugarlo por alto, como era lo natural desde el punto en el que me encontraba, porque el viento soplaba desde atrás y llevaría la bola a la zona de tres *pats* y no de uno, que era lo que yo necesitaba. Para conseguirlo debía arriesgar al máximo. Hay momentos en que puedes elegir entre resignarte o jugártela, y yo estaba decidido a todo. Como entre la bola y el *green* había dos *bunkers* con una separación de metro y medio aproximadamente, elegí el hierro 9, me coloqué en *stance*, cogí el palo corto y tiré un *punch* hacia la estrecha franja que tenía ante mí. Le pegué a la bola con tanta seguridad que apenas sentí el golpe supe que era buena. Más que buena, resultó excepcional, pues fue a parar a poco más de un metro del hoyo. Después de un golpe como el que acababa de dar hubiera sido terrible fallar el *pat*, y no fallé. Por entonces, Miller ya había acabado y confirmado su victoria, pero las tribunas me dedicaron su última ovación, lo cual fue muy generoso por parte de los aficionados.

Poco más tarde, en la conferencia de prensa, Johnny afirmó:

—Creo que ha sido muy bueno para Seve que hoy acabara segundo; ya le llegará el día.

En ese momento, me chocó oír aquello, pues no entendía lo que en realidad quería decir. Como me había pasado cuando perdí en Sant Cugat el primer campeonato que jugué como profesional. Ese día sólo pensaba que tenía que haber ganado el Open. Con el tiempo he llegado a darme cuenta de que Johnny Miller tenía razón. En la "cocina" británica ya había empezado a preparar el plato fuerte.

7
El chico español y el señor Palmer

Como el capitán de un barco que sale a la mar, empecé a ver durante aquella temporada del 76 lo grande que era el horizonte que tenía ante mí. El segundo puesto de Birkdale, donde se habían dado cita los mejores golfistas del mundo, realzó mi figura en el Circuito y también ante mí. Lo conseguido representaba un impulso fenomenal para mis convicciones, porque había superado ese punto en el que uno sólo cuenta con la creencia en sus aptitudes, pero que aún debe demostrarlas. Y yo me había demostrado a mí y demostrado a los demás que verdaderamente tenía las condiciones necesarias para ser un ganador. El caso es que había entrado con tanta fuerza y descaro en el Circuito que la prensa y el público no me quitaban los ojos de encima y no paraban de preguntarse: "*¿Quién es este chico español?*", mientras yo continuaba ascendiendo en la consideración del Circuito.

Fui tercero en Suecia, en el Open Escandinavo Enterprise, que ganó Hugh Baiocchi, y también lo fui en el Open Suizo de Crans-sur-Sierre, que fue para Manuel Piñero. Mi primer triunfo en el Circuito europeo estaba a punto de llegar y, aunque tardó más de lo que yo había previsto, llegó más rápido de lo que la gente se imaginaba. Sucedió el 8 de agosto de 1976 en Kennemer, cuando me hice con el Open de Holanda con ocho golpes de ventaja sobre Howard Clark. Me había situado en la cumbre, pero, igual que cuando gané el Campeonato de España Sub-25 en Pedreña, tenía la sensación de que era la cosa más normal del mundo. Algo que indefectiblemente tenía que suceder.

Me sentía imparable y fui acumulando éxitos unos tras otros. Quedé tercero en Alemania, quinto en Irlanda, octavo empatado en el Benson & Hedges International, y primero en el Donald Swaelens Challenge de Bélgica, en el que participamos ocho jugadores y donde saqué diez golpes al segundo, que era nada menos que míster Gary Player. Dos semanas después participé en otro torneo, también de ocho jugadores, el Trophée Lancôme en Saint-Nom-la-Bretèche, cerca de París, en el que me enfrenté a uno de los tres grandes del golf: Arnold Palmer.

Hicimos un partido para mí memorable. Faltando nueve hoyos por jugar, Palmer me llevaba cuatro golpes de ventaja. Él tenía un magnífico *drive* y recuerdo que ese día le miraba asombrado porque estaba *driveando* muy bien, así que cuando bajábamos del *tee* del 12, me acerqué a él y le dije.

—Míster Palmer, hoy está usted 'driveando' muy, pero que muy recto.

Yo era un chaval de 19 años y él era, lo sigue siendo, míster. Palmer. Míster Palmer, mientras me miraba ajustándose los pantalones como solía hacerlo en el campo y tomándose su tiempo, me dijo con mucha seriedad.

—No tan derecho como tus *pats*, muchacho.

En los nueve segundos hoyos, Palmer hizo el par, pero yo hice treinta y un golpes con cinco *birdies*, lo que me dio el triunfo por un golpe. Acabado el juego y viendo cómo se desarrollaron las cosas al final, me quedé pensando en nuestra breve conversación. Entonces se me ocurrió que, cuando me acerqué a él y le hice el comentario sobre su *drive*, quizás había creído que mi intención era sacarle de *swing* o distraerlo. Como su respuesta fue tan medida y seca, yo podía interpretar que lo que dijo tenía un punto de ironía. Pero no fue así. Yo no había ido a él con segundas intenciones, ni siquiera con el propósito de impresionarle, sino simplemente para expresarle mi admiración. El modo como había estado partiendo las calles todo el día, con un vuelo de bola magistral, era maravilloso. Siendo tan joven y novato, ni se me pasó por la cabeza intentar desorientar a Arnold Palmer, aunque después algunos me hayan achacado algunas astucias, concretamente cuando jugaba la Ryder Cup.

Siete años más tarde volví a ganar a míster Palmer. Fue en la primera vuelta del Campeonato del Mundo Match Play, jugado en Wentworth. Recuerdo que, al acabar el hoyo 16, él me llevaba dos hoyos de ventaja, pero en el 17, que es par 5, hice *birdie*. En el último hoyo, que también es un par 5, Palmer hizo una buena salida y con una preciosa madera 3 se pasó un poquito el *green*, pero como la bandera estaba al fondo, su *birdie* era prácticamente seguro. Por mi parte, con mi segundo golpe quedé corto de *green* con la bola a unos treinta y cinco metros de la bandera. En esta situación lo único que podía hacer era meter el *eagle* para ganar el hoyo y seguir vivo. Entonces analicé claro el golpe, cogí el hierro 8 e hice un *chip* y, la verdad es que no sé cómo, la bola entró. Palmer falló su golpe, y fuimos al desempate. Al final gané el *match play* en el primer hoyo con un *birdie*.

—¿Cree usted, míster Palmer, que Seve ha tenido mucha suerte al meter la bola en el 18 desde fuera del *green?* –le preguntó un periodista en la rueda de prensa.

—No –respondió–, eso es parte del juego; yo también se lo he hecho a otros. El golf es así.

Arnold Palmer era un jugador formidable y una persona muy correcta. Una de las veces que más me impresionó como jugador fue cuando ganó el Abierto de España de 1975, que se jugó en La Manga. El último día soplaba un vendaval sobre el campo y John Fourie había acabado su recorrido con un resultado que parecía ganador. Yo también había terminado y me encontraba en la casa-club con tres golpes sobre par en mi tarjeta. Para jugar el desempate, Palmer necesitaba hacer *birdie* en el último hoyo. Si el 18 de La

Manga, que es un par 5, ya tiene una salida difícil por el agua de la izquierda y un segundo golpe complicado para quedarse cerca de la bandera, resultaba mucho más problemático con el viento que había. Llegado el momento, Palmer pegó un magnífico y larguísimo *drive*. Después con un formidable hierro 4 dejó la bola a menos de dos metros del hoyo. Enseguida embocó el *eagle* 3. Fue maravilloso.

También maravilloso fue para mí el modo como acabé la temporada del 76 en Europa, ya que me encaramé a la cabeza de la Orden del Mérito. Era el jugador más joven de la historia que alcanzaba ese honor y, además, el primer número uno europeo no británico, desde que en 1953 lo fuera el belga Flory van Donck. Coherente con la posición alcanzada en el Circuito, al final de la temporada también contribuí a que España ganara su primera victoria en la Copa del Mundo por equipos, que se jugó en Palm Spring, California. Con Manuel Piñero ganamos el título en campo americano, derrotando al equipo local formado por Jerry Pate y Dave Stockton, que eran los recientes campeones del US Open y del Campeonato de la USPGA.

El triunfo en la Copa del Mundo no fue fácil, porque los americanos nos buscaron problemas, el mayor de los cuales sucedió en el hoyo 6 de la segunda vuelta. Jugábamos este hoyo junto al equipo de Estados Unidos, cuando pedí a Piñero que, como me permitía el reglamento, quitara y marcara su bola, dado que me molestaba para ejecutar mi golpe. Manuel así lo hizo y se la dio a su propio caddie. En ese momento saltó Jerry Pate acusando al caddie de haber limpiado la bola, cosa que estaba prohibida por el reglamento, por lo que, inmediatamente, llamó al árbitro pidiéndole que nos penalizara. Sin embargo, Piñero desmintió a Pate y el árbitro no nos penalizó de ninguna manera. En la última vuelta, volvimos a enfrentarnos a Stockton y Pate. Les ganamos por dos golpes, que eran precisamente los que ellos reclamaban como penalización. Manuel Piñero y yo alzamos el trofeo entre parabienes para nosotros, menos de los dos americanos que seguían quejándose y protestando. Como yo no estaba dispuesto a que nos siguieran molestando y aguándonos la fiesta, me dirigí a Jerry Pate y le dije:

—¡Deja ya de quejarte! ¡Habéis perdido porque nosotros hemos jugado mejor!

Y eso fue todo. Ahí se acabaron las protestas y los lamentos de los americanos, que no podían digerir haber perdido en casa.

Por mi parte, me sentía muy feliz porque al final de 1976 había pasado de ser el perfecto desconocido que había ganado el *ranking* continental del año anterior, a encabezar el *ranking* europeo absoluto, ser subcampeón del Open Británico y ganador, con Manuel Piñero, de la Copa del Mundo por equipos. Lo notable era que para esa temporada no me había planteado ninguna exigencia, salvo la de jugar lo mejor posible y ver hasta dónde podía llegar. Creo que si conseguí llegar tan lejos ese año fue por mi propia ambición. Por esta razón, considerando el salto que había dado, para la temporada de 1977 me impuse una serie de objetivos. Sin embargo, el hecho de que tuviera que hacer el servicio militar no me facilitaría la consecución de mis planes. Como no tardé en comprobar, la "mili" afectó mucho a mi golf, porque mientras duró apenas si pude entrenarme. Recuerdo muy bien lo que sucedió cuando intenté cambiar el rumbo de las cosas.

8
El general y la muñeca de Hamburgo

Empecé el servicio militar en enero de 1977. Gracias a que en diciembre había ganado el Campeonato del Mundo con Manuel Piñero, aceptaron mi solicitud de ingresar como voluntario en Aviación. Entré pendiente de mi primera participación en el Masters de Augusta, que se juega en el mes de abril, y preocupado por las dificultades que seguramente iba a tener para entrenarme debidamente. Pero de los tres meses de instrucción no me salvaba nadie y los hice y juré bandera en la base aérea de Getafe.

Está de más decir que en todo ese tiempo nunca vi un avión y que sólo fui a las prácticas de tiro una vez. En ésta gasté un par de cargadores y tiré con los ojos cerrados, no porque no supiera tirar –soy cazador–, sino porque tenía miedo de que las balas salieran hacia atrás y me dieran en la cara, tan viejo y desajustado era el fusil que me habían dado.

Como mi obsesión era prepararme para el Masters, desde Cuatro Vientos, donde me hallaba destinado, iba en autobús hasta el centro de Madrid y aquí cogía un taxi hasta el Club de Campo, donde me entrenaba. Un día, sin embargo, tuve que ir a practicar al

Club de Golf de Puerta de Hierro. Para ir allí, le pedí a mi primo Santiago Sota, que también estaba haciendo la mili, que me llevara. Mi primo se había comprado un viejo Citröen del que se sentía muy orgulloso:

—Es de segunda mano y me ha costado tres mil pesetas –decía.

—¡Jo! ¿Y por ese precio viene con ruedas? –le preguntaba yo con guasa.

El coche tenía ruedas, sí, pero no tenía frenos, por lo que había que frenar con el freno de mano, y a la puerta derecha había que sujetarla para que no se abriera. Vamos, que no era el coche más apropiado para presentarse en Puerta de Hierro, que es uno de los más elitistas de España, pero no había más. Cuando llegamos a la distinguida entrada del club, nos paró un guarda con su típico uniforme, con gorra y entorchados, en el que lucía una placa donde se leía: "Guarda jurado del Real Club de Golf de Puerta de Hierro". Toda una advertencia disuasoria para gente extraña o que no sea muy rica o aparentemente muy rica.

—¿A dónde van ustedes? –nos preguntó con autoridad y cara de pocos amigos.

—Él es Severiano Ballesteros, el campeón del mundo de golf –le dijo Santiago tomando la iniciativa, pero al otro no pareció impresionarle lo del campeonato del mundo.

—Sí, soy Severiano Ballesteros y vengo a entrenar –añadí.

—No puede pasar –afirmó el guarda plantado delante de nosotros y moviendo negativamente la cabeza.

—¿Cómo que no? Soy profesional y creo que tengo derecho de entrar aquí –le dije, ya molesto.

—Esperen –concedió de mala gana, y se fue a hablar por teléfono.

Mientras se iba a consultar yo lo miraba y me decía para mis adentros: "ya verás la que te espera".

—Hagan ustedes el favor de dar la vuelta ahora mismo y dejen de querer tomar el pelo a la gente.

Era imposible que aquel pobre hombre, guarda de un club tan elitista y exclusivo como es el de Puerta de Hierro, pudiera reconocer al campeón del mundo en uno de esos dos reclutas que se presentaban, además, en un coche al que se le caían las puertas. En definitiva, que llegué al Masters la segunda semana de abril sin haber jugado en tres meses ni una sola vez dieciocho hoyos.

Mientras tanto, la curiosidad que había despertado en Estados Unidos era mucha en la prensa, sobre todo en la especializada. Por ejemplo, *Golf Digest,* que es la revista de golf de mayor venta en el mundo, dedicaba su edición a la presentación del Masters con una foto mía en portada y un titular que decía "*Can this teenager win the Masters?*" ("¿Podrá este jovencito ganar el Masters?"). La verdad es que poner la foto de un muchacho español desconocido en portada fue, para una revista de esa clase, una apuesta audaz que me llenó de orgullo. Pero la pregunta, que sonaba a provocación publicitaria, a mí me pareció una tontería, pues ¿cómo podía ganar el Masters, uno de los cuatro torneos más importantes de la temporada, si el "*teenager*" llevaba casi tres meses sin coger un palo y apenas había salido cuatro días al campo antes de llegar a Augusta? Total, que regresé a la base militar muy pronto, en este caso diría que volando.

De nuevo en Cuatro Vientos, los militares de las Fuerzas Aéreas, que en general se portaron bastante bien conmigo, me dejaron que practicara en el campo del Centro Deportivo Barberán, donde ellos solían jugar. Allí estaba yo entrenando cuando llegó la esposa de un general, y Valentín Hernández, que era el profesional del club, se apresuró a presentarme como soldado de la base y como Severiano Ballesteros, reciente campeón del mundo de golf.

—Severiano estará aquí los próximos meses haciendo prácticas –le dijo Hernández a la señora.

La mujer me miró y con una sonrisa que no disimulaba su altivez, contestó:

—¡Pues qué bien! ¡Estupendo! ¡Ahora ya tenemos otro caddie!

Ante una cosa así, lo único que podía hacer era reírme. Pero la risa se me congeló casi enseguida, porque en esas apareció un sargento que me llamó a la orden. El sargento Antonio Bernal, vaya si lo recuerdo.

—Ballesteros, ya que eres un enchufado, hoy mismo me vas a pintar las pistas de tenis, de baloncesto y de balonmano –me ordenó.

Y las tuve que pintar solito; y no sólo eso, sino que cuando terminé, el sargento volvió a la carga.

—Ballesteros, como eres un enchufado y no quiero que los demás –éramos unos dieciséis– tengan celos o envidia de ti, tendrás que servirles una merienda.

Y así lo hice. Sí, recuerdo muy bien al sargento Antonio Bernal. Ahora es capitán retirado. Un día de octubre de 2003, mirando la televisión, me entero de que un militar español llamado Antonio Bernal había sido asesinado en Bagdad. Resulta que era un hijo de mi antiguo sargento, que se había ofrecido voluntario, cuando el gobierno de España decidió enviar tropas a la guerra de Irak. Las declaraciones que hizo Bernal a raíz de la muerte de su hijo me impresionaron mucho por su valentía y serenidad. Dijo que su hijo había muerto cumpliendo con su deber como militar y que no guardaba ningún tipo de resentimiento a quienes habían metido a España en esa guerra, ni al gobierno del Partido Popular ni al presidente José María Aznar. Intenté localizarlo entonces, pero no fue posible. Sin embargo, casi tres años más tarde, un día de agosto de 2006 llaman a la puerta de mi casa y por el monitor de seguridad veo a un hombre muy alto. Parecía increíble, pero era el sargento Bernal quien llamaba a mi puerta. Fui a recibirle personalmente, y allí estaba él acompañado de su mujer.

—¡Hombre, mi sargento! ¿Cómo está usted? –le dije apenas abrí la puerta.

—¡Seve! ¿Te acuerdas de mí? –respondió él con una desconocida timidez.

—¡Claro, cómo no me voy a acordar de usted!

—No sabes cuánto te lo agradezco, porque no sabía cómo me ibas a recibir, pues no creo que te hayas olvidado de cómo te traté el primer día que llegaste a la base, ¡joder! Como la primera orden que te di fue mandarte a pintar las pistas, pensaba que quizás tuvieras algún resentimiento por esto.

Le dije que no sólo no le guardaba ningún resentimiento, sino que había intentado localizarle para transmitirle mis condolencias por la muerte de su hijo y mi admiración por la serenidad y entereza de sus declaraciones en esos momentos de dolor. Estuvimos varias horas tomando unas copas de vino y recordando la época del servicio.

Tengo que decir que en cierto modo el sargento Bernal tenía razón en considerarme un privilegiado, pues los militares hacían la vista gorda cuando a eso de las once de la mañana me iba de la base al campo de golf a dar clases a la señora de algún general. Del mismo modo, sin tener un permiso expreso, me dejaban salir para jugar algunos torneos del Circuito Europeo. Gracias a esta situación "especial" pude participar en el Open de Italia, donde quedé quinto, y en el Open de Francia, en Touquet, que gané con tres golpes por delante de Antonio Garrido, Manuel Piñero, Ian Stanley y John Bland.

No es que se hubiera relajado la disciplina cuartelaria, pero yo había empezado a moverme con cierta libertad hasta que, en una ocasión, después de haber estado tres semanas jugando en Inglaterra, me pararon los pies. Un día, me encontraba tranquilamente atándome los cordones de los zapatos en el vestuario del Club de Campo para jugar el Abierto de Madrid, cuando apareció un cabo que me dijo:

—¿Ballesteros? ¡Está arrestado!

—¿Qué? ¿Cómo es esto? ¿Ahora? –estaba realmente sorprendido.

—Sí, ahora mismo se viene usted conmigo, porque el general me ha encargado que lo lleve ante él.

—¡Pues, no voy! ¡Tengo que jugar!

—¡No puede ser! ¡Esta insubordinación te costará muy caro!

—¡Me costará lo que sea, pero ahora no voy; tengo el permiso del general y estoy a punto de salir a jugar!

La cara del pobre cabo era un poema. Se quedó ahí, parado, sin saber si llevarme o no a la rastra, y mientras él lo pensaba, yo salí a jugar. Como podéis imaginar, lo hice nervioso y preocupado y no conseguí clasificarme. Cuando me presenté ante el general, éste, con ese tono autoritario que tienen los militares y que te intimida un poco, me ordenó:

—A partir de ahora, se presenta usted en mi despacho cada mañana a las once, llama a la puerta, le doy permiso para entrar, entra usted y me dice: '¡A sus órdenes, mi general!', y ya se puede marchar.

De momento ya no podía volver a jugar torneos, pero me dejaban que siguiera jugando al golf en el campo de Barberán. El castigo duró poco más de un mes, y en la siguiente salida intervine en el Uniroyal International de Moor Park, al norte de Londres, donde gané venciendo a Nick Faldo en el desempate.

A la vuelta de este viaje, un día que me presenté ante el general para saludarlo a las once de la mañana, tal como me había ordenado, aproveché para pedirle permiso para jugar en Suiza, Suecia, Alemania y Holanda, las semanas siguientes al Open Británico, que se jugaba en Turnberry, y sucedió algo curioso:

—Bien –dijo moviendo afirmativamente la cabeza el general–, de acuerdo, le voy a dar el permiso –hizo una pausa como si aún tuviera dudas de lo que iba a decir–, pero a cambio tendrá que hacerme un favor...

—Desde luego, mi general –accedí encantado–; lo que usted ordene.

—Pues sé que en Alemania los *sex-shops* están a la orden del día. Bien, pues quiero que me compre una muñeca hinchable, de tamaño natural y con el pelo moreno.

Me quedé perplejo. Alucinaba, porque lo último que se me hubiera ocurrido es que un general español me encargara una muñeca hinchable. Puse cara de póquer, me cuadré y disciplinadamente le dije:

—¡A sus órdenes, mi general!

—Bien, para asegurarme de que no se va a olvidar, le pondré esta pulsera en su muñeca.

¡Y me la colocó! Luego resultó que, justo antes de jugar el Open de Alemania, me llamaron por teléfono de la Federación Española de Golf para decirme que me habían licenciado del servicio militar. ¡Qué alivio! Así que ya no tuve que volver al cuartel ni tampoco a ver al general. Tampoco sé si sigue esperando su muñeca de Hamburgo.

A mi regreso, cuando pasé por las dependencias militares de la avenida de Portugal de Madrid a recoger la cartilla militar, me vio el capitán y me dijo:

—Por cierto, Ballesteros: hace meses que no pasa por aquí y se le han acumulado las mensualidades.

—Sí, sí, no se preocupe mi capitán, que ya pasaré por caja.

—Sí, aunque no es mucho dinero –eran 350 pesetas por mes–, pero menos da una piedra.

Pero como yo no quería saber nada más de cuarteles, salí casi corriendo, cogí un taxi hasta la estación del Norte, subí a un tren y me volví a Santander.

Ahora que ha cambiado la ley, me parece fantástico que mis hijos no tengan la obligación de hacer el servicio militar. Y menos mal, que yo lo hice cuando empezaba la Transición, porque si lo tengo que hacer cinco años antes, cuando todavía vivía Franco, es seguro que me tengo que chupar los dieciocho meses y sin permisos para jugar. Esto hubiera hecho mucho mal a mi carrera.

Una vez acabado el servicio militar, me metí de lleno en los torneos internacionales. Jugué el Open de Suiza, que gané, dos torneos en Japón, uno en Nueva Zelanda y formé pareja con Antonio Garrido, para jugar la Copa del Mundo por equipos en Filipinas, que volvimos a ganar.

Finalmente, la temporada del 77 acabó bastante bien, a pesar de los problemas para entrenarme que tuve durante los meses de servicio militar. Logré ser el pegador europeo más largo. Gané ocho concursos del *drive* más largo, superando a gente como Jim Dent y Evan 'Big Cat' Williams e hice callar a aquellos que hablaban de mis "escapadas" con el *driver*. Hay que pegar muy recto para ganar exhibiciones de este tipo. Hice un *hat-trick* al ganar por tercer año consecutivo la Orden de Mérito del Circuito Europeo y gané los abiertos de Suiza, Francia, Japón y Nueva Zelanda, y los torneos Uniroyal International, en Inglaterra, Dunlop Phoenix, en Japón, Braun International, en Alemania, y la Copa del Mundo por equipos. Pero si esta temporada fue buena, la del 78 lo fue mucho más, como ya veréis.

9
El "campeón del parking"

Las temporadas de 1978 y 1979 fueron especialmente emocionantes. Ocurrieron muchas cosas, algunas felices y otras dramáticas. Para empezar diré que, en 1978, en la Hennessy Cup, ejecuté un golpe que recuerdo con especial cariño. Uno de esos golpes que te marcan y hacen historia.

En esa Hennessy Cup, torneo por equipos de Europa continental contra Gran Bretaña e Irlanda, antecesor del actual Seve Trophy, me tocó jugar contra Nick Faldo en los individuales, ganándole, aunque nuestro equipo después perdería el *match*. Ese momento mágico del que hablo ocurrió en el famoso hoyo 10 de The Belfry, un par 4 de doscientos ochenta metros, que tenía dos opciones de salida. Una, jugar con el hierro 6 para quedarse corto, a poca distancia del canal que hay delante del *green*, y otra, tirar directamente a *green*, cosa que nadie hasta aquel día se había atrevido a hacer. Pues bien, resulta que cuando vi que Faldo tiraba corto, saqué el *driver* sabiendo el riesgo que corría yendo uno arriba. La entrada al *green* era tan estrecha como ahora y aun tirando la bola perfectamente recta había que lograr que hiciera doscientos sesenta metros de vuelo para librar el agua que hay frente al *green*. Era un verdadero desafío y me preparé para afrontarlo. Me coloqué al *fade* y le quité los mocos a la bola, como quien dice. Dejé la bola a tres metros del hoyo. ¡Qué golpe! ¡Qué momento! Después, lamentablemente, fallé el *pat*, pero aun así gané el hoyo con *birdie*. Más tarde, en ediciones posteriores de la Ryder Cup que se jugaron en ese campo, aparte de mí, muchos jugadores intentaron tirar a *green*, pero entonces la distancia ya era otra. En su momento hubo una placa recordando este golpe.

El año fue extraordinario porque hasta noviembre logré seis victorias consecutivas. Sin duda, era una racha muy difícil de mantener. Después de la victoria en el Open de Japón, llegué a la primavera de 1979 sin repetir victoria. Justamente en mayo de ese año ocurrió una gran desgracia que nos afectó muchísimo a los jugadores españoles que participamos en el Circuito europeo. En vísperas del Open de Francia, que se jugaba en Lyon, Salvador Balbuena falleció repentinamente, con sólo veintinueve años recién cumplidos. El golpe fue brutal. Todos quedamos aturdidos. José María Cañizares, Antonio Garrido y Manolo Piñero, quienes esa noche habían cenado con él, se retiraron del torneo en señal de duelo. Ellos pidieron que el resto de los españoles que estábamos allí hiciéramos lo mismo, pero yo no fui de esa opinión.

—Juguemos en su memoria y demos a su familia los premios que consigamos –propuse.

Jugamos en homenaje a nuestro compañero. Durante el torneo, después de cada jornada, también iba a hacerle compañía a Marcia, la mujer de Salvador, que había ido a Lyon a recoger su cuerpo. Al final le entregué, como habíamos prometido, el cheque que recibí por mi tercer puesto. Después de esta desgracia, participé en otros torneos y me preparé para jugar el Open Británico, que se jugó en el Royal Lytham & St. Annes.

Para el entrenamiento previo al Open, conté, como en Birkdale, con la inestimable ayuda de Roberto de Vicenzo y después con Vicente Fernández, mi otro gran amigo en el Tour. Como De Vicenzo conocía muy bien los *links* o recorridos como Lytham, durante varios días estuvo aconsejándome y enseñándome a jugarlos. Quizás lo más decisivo de sus enseñanzas, visto lo que pasaría esa semana, fue su insistencia en la importancia que tenía pegar largo con el *driver*.

—Cuando estés en el *tee*, pégale fuerte, porque cuanto más largo le pegues a la bola, menos problemas tendrás en el *rough* y siempre te quedarás a una buena distancia del *green*.

Aparentemente el consejo no parecía muy perspicaz, pero la gracia estaba en que Roberto había *visto* muy bien la estrategia que mejor me iba. Le hice caso y en casi todos los pares cuatro y cinco intenté tirar la bola lo más lejos posible, para luego arreglarme según donde cayese. Empezar con 73 golpes, dos sobre el par del campo, no era muy alentador, pues cualquiera hubiera interpretado este resultado como un toque de atención sobre la estrategia que estaba siguiendo. Seguramente esto era lo más natural y sensato, pero para mí, lo lógico era mantener mi plan de juego, aunque pareciera *insensato*. Salvo yo, y acaso Roberto de Vicenzo, muchos se sorprendieron cuando en los últimos cinco hoyos de la segunda vuelta hice cuatro *birdies*, para acabar con 65 golpes. Probablemente fue este resultado el que dio un giro decisivo en el torneo y, quién sabe, si también en mi vida.

Mi oponente en aquella ocasión era Lee Treviño, quien ya había ganado dos veces el Open Británico y, sabía muy bien lo que es jugar en un *links*. Ese día hacía mucho viento y para colmo, en los últimos cinco hoyos, que en Lytham son famosos por conformar una serie final terrible, soplaba de cara. En el hoyo 13, Treviño, ajustándose su gorro se me acercó para decirme:

—Ahora es cuando tenemos que empezar a jugar con la cabeza.

No sé lo que él pensaría de mí ni lo que pretendía diciéndomelo en ese momento, pero así lo hice. En el hoyo 14 logré un *birdie* sensacional En el siguiente metí la bola desde fuera. En el hoyo 16, que es el más fácil de los cinco, incomprensiblemente fallé el *birdie* de dos metros y medio. Sin embargo, me metí de dos en el *green* del 17, consiguiendo un *pat* de seis metros para hacer *birdie* que tenía sabor de *eagle*. En el hoyo 18 hice de todo. Primero, el *drive* me dejó la bola en una muy mala situación, pero después, desde 135 metros a la bandera, pegué un golpe bajo que situó la bola a poco menos de un metro del hoyo y en condiciones de hacer otro *birdie*.

La tercera vuelta la jugué con Hale Irwin, quien el mes anterior había ganado el US Open. Hale encabezaba el torneo con dos golpes de ventaja sobre mí, que era su inmediato perseguidor. Alguien advirtió a Irwin de lo que yo acaba de realizar, es decir, sumar en los cinco últimos hoyos, con el viento de cara, dieciséis golpes.

"*¿No se le habrá olvidado alguno?*", preguntó Irwin sin acabar de creérselo. Pues no, no se me había olvidado ninguno. Enseguida comprendí que Irwin no me tenía mucho respeto como jugador, quizás porque yo no había ganado ningún título del Grand Slam y él ya llevaba dos del US Open. Incluso después de ganarle comentó que sólo había tenido suerte y que dudaba mucho de que yo pudiera repetir triunfo en un grande. Seguramente lo dijo por la manera en que gané ese Open, que no fue para nada convencional, ya que saqué unos golpes de recuperación milagrosos con bolas que parecían no tener tiro. Así se comprende que, en el *green* del hoyo 18 del último día, Irwin sacara el pañuelo de su bolsillo, para agitarlo a modo de rendición.

Tal como me había aconsejado Roberto de Vicenzo, el *desorden* de mi juego en Lytham respondía a una estrategia perfectamente planificada. Tanto que Roberto, que había fallado su clasificación en el segundo día, apareció en la cuarta y última vuelta. Me tropecé con él a la entrada de los vestuarios.

—¡Hombre, Roberto! –exclamé al verlo–. ¡Pensé que te habías vuelto a Argentina! ¿Qué haces aquí?

—No, che, no me volví –me respondió con una sonrisa–. Me he quedado para verte ganar.

Siempre le quedaré agradecido por sus sabios consejos. La verdad es que me hizo mucha ilusión y me alentó mucho que un gran maestro como él me dijera eso. Pero Roberto es así, tan grande campeón como excelentísima persona.

Antes del último día en la salida del hoyo 2 de la tercera vuelta envié la bola fuera de los límites, a la vía del tren, y desde allí me las arreglé para hacer un señor doble *bogey*, lo que era un muy mal comienzo, pero la suerte para mí fue que Irwin también sumó 75 golpes, como yo, al final del recorrido. Este resultado nos mantenía en el partido final en las mismas posiciones; es decir, yo situado a dos golpes por detrás de él. Pisándonos los talones a un golpe estaban Jack Nicklaus y Mark James; y a dos, Ben Crenshaw y Roger Davis.

Si bien no comencé muy fino la tercera vuelta, el día decisivo fue otra cosa. Ya en el primer hoyo hice *birdie* 2, mientras que en el hoyo siguiente Irwin se apuntó un doble *bogey*, lo cual me situó en cabeza muy pronto. Como es de suponer, la tensión en los siguientes diez hoyos fue brutal, pues nos íbamos cobrando y cediendo golpes frenéticamente unos a otros. Incluso Davis e Isao Aoki llegaron a ponerse en cabeza en algún momento de esa tarde, que presentaba un final enloquecido. Pero todo acabó en el hoyo 13 cuando, para sorpresa de todos, hice *birdie*. Fue asombroso porque lo logré con un *pat* de nueve metros desde el collarín del *green*, donde había dejado la bola después de haberme ido de salida a un *bunker* de calle, a sesenta y cinco metros del *green*. En ese momento recuperé la delantera y ya no la perdí, aunque no lo supe hasta después de haber pegado la salida del hoyo 16. Aquí se me acercaron Baldomero y Vicente para decirme:

—Seve, vas dos golpes por delante, ahora sólo tienes que jugar como tú sabes.

Antes de salir en el hoyo 16, tenía la impresión de que ganaba a Irwin y que empataba con Nicklaus y Crenshaw o que iba un golpe por detrás de ellos. Cuando mis hermanos me avisaron de la ventaja, lo vi tan claro que me dije: "*Llegó el momento, voy a ganar el Open Británico.*"

Me concentré más aún. Estaba a ochenta metros de la bandera y puse mi segundo golpe en el *green* con el *sandwedge*, metí un *pat* de *birdie* de seis metros y aumenté la ventaja a tres golpes. El Open era mío. Sin embargo, el hoyo 16 tuvo una historia particular con un eco fenomenal. En condiciones normales, hubiera salido de este hoyo con un hierro, pero como estaba jugando bien y me sentía muy seguro, sin ningún tipo de miedo, no lo hice así. Siguiendo el consejo de

Roberto de Vicenzo, pegué fuerte el *drive*, tanto que mandé la bola al parking que habían habilitado allí. Evidentemente, mi intención era que cayera en la calle. Al colocar la bola en el *tee* y ya con el *driver* en las manos, me dije: "*Seve, no te vayas a la izquierda*". Cuando piensas eso, es normal que orientes la bola hacia la derecha, y eso es lo que hice con la seguridad de que aquella zona no era mala. Había varias razones para que yo creyese eso, como la dirección del viento, el hecho de que el hoyo 16 tuviera un ligero *dog-leg* a la derecha y el lugar donde habían puesto la bandera, jugaba a mi favor. Estaba seguro de que ese era el sitio bueno e incluso de que un fallo por ese lado era deseable, porque el segundo golpe a *green* sería contra el viento. Cuando pegué el *drive* y la bola fue a parar al aparcamiento, pareció que había pegado una *escapada* de campeonato. Sólo pareció, porque el desvío del *drive* no fue tanto y la bola quedó a noventa metros escasos de la bandera, con lo que el *birdie* que logré después casi me aseguró el Open.

Los dos últimos hoyos fueron igualmente apasionantes y de gran tensión. En el hoyo 17 hasta salvé el par desde un *bunker* de *green*, metiendo a continuación un *pat* de algo más de tres metros para hacer cuatro. Esa semana había caído quince veces en *bunker* alrededor de *green* y de ellas había conseguido sacar y meter la bola en el hoyo, en catorce. En el hoyo 18 volví a salir con el *driver*, pero esta vez me fui a la izquierda, donde no había problemas. Fue entonces cuando le dije a Dave Musgrove, que me hacía de caddie:

—Creo que puedo permitirme acabar con *bogey* y ganar por dos golpes.

—Ya lo sé, Seve –me dijo mirándome a los ojos–, pero quiero que hagas cuatro, porque he apostado a que terminas el Open bajo par.

Así lo hice, aunque tiré el segundo golpe sin arriesgar a la entrada del *green* para acabar con dos *pats* desde unos treinta metros. Hice buena la apuesta de Dave y finalicé el torneo con uno bajo par. Al final había sacado tres golpes a Nicklaus y Crenshaw.

Irwin, quien había firmado una tarjeta de 78 golpes y quedado a seis golpes de mí, dijo con sorna y mucho despecho que yo era "el campeón del parking". Este comentario no me molestó, pues la verdadera cuestión era que mi modo de jugar estaba dando que pensar a muchos.

En realidad, no existe ninguna regla en el golf que obligue a ganar de una manera determinada, sino que el ganador es quien menos golpes suma. Esta regla yo me la tomo al pie de la letra. Para hacer menos golpes que los demás, algunos jugadores tiran a la calle, van a *green* y meten el *pat;* otros van a la calle, caen en un *bunker* y, desde aquí, también la meten. En principio, unos y otros suman tres golpes, pero el golf, como todo deporte, depende mucho de otros factores, como el talento de cada uno y el riesgo que se esté dispuesto a asumir en cada ocasión. Conmigo, si me dejan decirlo así, se da la circunstancia de que con mi juego corto puedo hacer lo que pocos podían imaginar. Éste ha sido mi fuerte. Por otra parte, disfruto mucho cuando noto que la gente que está jugando conmigo está pendiente de lo que voy a hacer. "*Uno nunca está seguro de lo que Seve va a hacer*", dicen algunos, lo cual puede resultar muy desmoralizante para tu contrincante. Muchas veces me he preguntado si es esto lo que ha hecho que haya ganado tantos *match plays.* Siempre he creído que la clave del *match play* es jugar de modo que tu juego afecte al rival. En un partido directo, lo mejor que puede pasar es que tu rival juegue pensando en ti. Probablemente Irwin, antes de sacar el pañuelo blanco en señal de rendición, pensara: "*¿Cómo diablos puedo ganarle a éste?*", y como no encontrara el modo dijera aquello de que era un "campeón del parking". Posteriormente, jugando con Irwin otro *match play,* me propuso repartir el dinero del tercer y cuarto puesto, pero yo, por supuesto, lo rechacé y le gané.

Aquella semana en Lytham gané, porque entregué el resultado más bajo tras recorrer setenta y dos hoyos. Esto es lo que al fin y al cabo se leerá en los libros de historia del golf. También dirán que fui, con veintidós años, tres meses y tres días, el campeón más joven del Open Británico del siglo XX. También en esta ocasión me convertí en el primer europeo no británico que lo ganaba desde que el francés Arnaud Massy lo hiciera en 1907.

Ganar el Open Británico representó uno de esos momentos en que el campeón lo ha de celebrar con champán. Un entrevistador de televisión me preguntó entonces cómo iba a festejar la victoria con mis hermanos.

—Yo no bebo, pero creo que esta noche lo haré –le respondí sin pensar.

La más honda satisfacción que guardo de este triunfo es haberlo celebrado con mis tres hermanos, quienes me brindaron apoyo moral en todo momento.

Aparte de esto, indudablemente ganar mi primer Open ha sido uno de los triunfos más importantes que he tenido. Sin embargo, tal como me pasó cuando gané por primera vez el Sub-25 de 1974 en Pedreña o mi primer torneo del circuito en Holanda en el 76, ganar el Open Británico no me impresionó como otros pudieran pensar. No voy a decir que me dejó frío, porque en una carrera profesional no se ganan torneos del Grand Slam todos los días, pero en mi fuero interno tenía la convicción de que era algo que, tarde o temprano, iba a conseguir.

Como me había sucedido en 1976, reconocía la importancia de la victoria, pero no podía imaginar hasta qué punto ganar el Open Británico cambiaría mi vida. Desde las cosas que tenía que hacer en cada torneo que jugaba hasta la frecuencia de los viajes y la atención a los medios de comunicación, todo cambió. Muchas cosas cambiaron para bien y otras no tanto. Lo peor de todo fue la invasión de mi intimidad, el tiempo que me reclamaban y la responsabilidad que se derivaba de todo ello. La situación continuó empeorando, pues en el siguiente torneo grande en que participé, el Masters de Augusta, también logré la victoria. Así aumentaba la presión de ganar los grandes, y de volverlos a ganar. Cuando uno sale a jugar para divertirse sin pensar en el resultado, simplemente dejando que ocurra lo que tiene que ocurrir, es mucho mejor que si sale condicionado a triunfar tratando de forzar los hechos. Créanme, porque lo he vivido, que hay una gran diferencia y los resultados no son los mismos.

Había ganado el Open Británico, pero yo quería algo más que ganar un torneo importante; quería ganarlo todo y al mismo tiempo ser un gran campeón. Para ello tenía que saber cómo hacerlo y otra vez el consejo de Roberto de Vicenzo me iluminó. Yo admiraba las manos de Roberto, que eran enormes, me recordaban a las de mi padre, quien también las tenía muy grandes de trabajar la tierra y de remar. Un día que estábamos charlando, Roberto comenzó a tamborilear con sus dedos sobre la mesa. Miré sus manos, fijándome en que llevaba un hermoso anillo de oro con un brillante engarzado.

—Lo gané en el Open de Houston –me dijo con orgullo al darse cuenta de que yo miraba su anillo.

—Roberto, ¿qué es lo que tiene que tener un jugador para ser un gran campeón? –le pregunté reconociendo en él a uno de ellos, aunque no hubiese ganado ningún torneo del Grand Slam.

—Mira, Seve, para ser campeón hay que tener lo siguiente: lo primero, saber comer cualquier tipo de comida; lo segundo, saber acostarse en cualquier cama, y lo tercero, saber querer a las mujeres, pero no tanto como para que te distraigan de tu juego –respondió De Vicenzo con un tono de campechana picardía.

Roberto de Vicenzo, que había optado por quedarse en el Open Británico para verme ganar, me enseñaba que la generosidad y el espíritu de sacrificio son virtudes que convierten a un jugador en un gran campeón. A su modo, con su actitud y con sus palabras, me estaba diciendo que él sabía por qué había ganado mi primer Grand Slam. El "campeón del parking" era simplemente un campeón.

10

Los palos en el campo del Edén

La primera vez que jugué el Masters de Augusta fue en 1977. Probablemente me cursaron la invitación gracias a la carta que Johnny Miller envió a Clifford Roberts, presidente entonces del Augusta National Golf Club. Miller escribió a Roberts diciéndole más o menos que yo era un chico español que estaba jugando muy bien, que acababa de quedar segundo, detrás de él, en el Open Británico de Royal Birkdale, y que tenía un futuro muy prometedor. Ésta era la razón principal por la que él le sugería que me invitara a jugar el Masters. Míster Roberts fue sensible a la sugerencia de Miller y me invitaron.

Augusta fue un amor a primera vista. Un flechazo. Desde el primer momento me sentí muy cómodo y, en las primeras entrevistas que me hicieron, comenté lo bien que le iba aquel campo a mi tipo de juego. Declaré también que estaba seguro de que algún día ganaría el Masters, lo que reflejaba lo mucho que me gustaba el campo y lo confiado que estaba de mis posibilidades de jugar bien en él.

La entrada en el torneo no pudo ser más fulgurante, aunque la salida no lo fue tanto. En la primera vuelta del torneo jugué nada menos que con Jack Nicklaus. Supongo que pensaron que era una buena idea emparejar al chico español, que era el número uno en Europa, con el mejor jugador del mundo. Como podrán imaginar, el hecho de jugar con Jack Nicklaus me motivó muchísimo y en el hoyo 1 arranqué pegando un buen *drive*. El segundo golpe ya no fue tan bueno, pues ataqué la bandera, que estaba en el fondo del *green*, y lo voleé. Me quedó un *chip* casi imposible para dejar la bola cerca de la bandera, pero, a pesar de esta dificultad, la metí para *birdie*.

Durante la vuelta charlé un poco en mi precario inglés con Jack. Desde el principio se mostró muy amable y caballeroso conmigo. Su trato era muy importante, para alguien tan joven que jugaba tan lejos de casa y lo hacía además con una superestrella como era él. Recuerdo que le comenté que aquel era un campo bastante difícil. "*Sí, es el tipo de campo en el que hay que jugar varias veces para saber cómo afrontarlo*", me respondió.

La observación de Jack Nicklaus tenía un lado positivo y otro negativo. Lo bueno era que con el tiempo acabas aprendiendo las caídas en los *greenes* y descubres los problemas que plantea el recorrido. Lo malo es que cuanto más juegas y compruebas lo tremendamente difícil que es el campo, acabas poniéndote a la defensiva.

El viernes hice un siete en el hoyo 18 y pasé el corte por los pelos. La alegría, sin embargo, me duró poco, porque el domingo por la tarde no acabé entre los veinticuatro primeros para que me volvieran a invitar. Este resultado, bastante lógico por otra parte para un debutante en uno de los campos más prestigiosos del mundo, me dejó muy abatido. Al verme así, una señora de la organización se me acercó y me dijo: "*No te preocupes, en Augusta solemos dar una segunda oportunidad a los jugadores que invitamos por primera vez.*"

Así fue. Al año siguiente, me volvieron a invitar. Esta vez pasé el corte holgadamente, pero acabada la tercera vuelta iba a siete golpes del primero, que era Hubert Green. Pensé que me había quedado muy atrás, a pesar de que llevaba tres bajo par, igual que Gary Player, mi compañero de partido del último día. Finalmente acabé el hoyo 18 con 74 golpes, y Gary, que ganó, lo hizo con 64. Al acabar los nueve primeros hoyos íbamos empatados, con dos bajo par en esa vuelta. Pero, en los nueve segundos hoyos, Gary estuvo fantástico. Hizo 30 golpes para firmar la tarjeta del triunfo con un golpe de ventaja sobre el segundo clasificado.

Si eres joven y tienes que jugar con alguien como Gary Player debes comprender que se trata de una gran oportunidad para aprender de semejante experiencia. Lo que yo aprendí de Gary Player el día en que ganó el Masters es que no tienes que bajar la guardia en ningún momento, que tienes que jugar siempre con la máxima concentración, porque nunca se sabe lo que puede pasar. Aquel día, cuando estábamos en la calle del hoyo 13, después de dar su segundo golpe, Gary se acercó a mí y me dijo: "*Seve, te voy a decir una cosa…* –miró a su alrededor y señaló levantando ligeramente el palo al grupo de aficionados que seguía el juego– *esa gente se imagina que yo ya no puedo ganar; pero voy a demostrarles que están equivocados.*"

Me impresionó mucho. Tenía un gran autocontrol y, a pesar de que ya no tenía nada que demostrar, estaba decidido a probarse a sí mismo y a los demás; demostrar una vez más a quienes dudaban de que fuera capaz de ganar de nuevo uno de los grandes. Ésta es la razón principal por la que considero que su triunfo del 78 fue maravilloso. Con él consiguió su tercer Masters y su novena victoria en un torneo del Grand Slam.

Mientras tanto, yo seguí sufriendo y dando palos, aunque no de ciego, en el Masters de Augusta. En 1979 volví a quedar entre los veinticuatro primeros, exactamente en el puesto doce empatado, lo cual me dio derecho a participar en el torneo del año siguiente. El de la victoria.

Al llegar 1980 en Augusta habían cambiado muchas cosas, y mi situación en el circuito era más sólida. Conocía el campo, porque ya lo había jugado en tres ocasiones, y llegaba como campeón del Open Británico. Estas circunstancias pesaron mucho, pues durante los tres primeros días o, para ser más exactos, durante los primeros 63 hoyos, jugué como un campeón. Aparte de la seguridad que da la experiencia de haber jugado ya en Augusta y de haber ganado uno de los grandes, había otras cosas importantes que contribuyeron a que me vistiera con la chaqueta verde.

El verano anterior ganando el Open Británico en Lytham había aprendido hacer ese *finish* a lo Arnold Palmer, alto y doblándome mucho sobre el lado izquierdo. También, dado que la espalda había empezado a dolerme mucho, aproveché el invierno para acortar mi *swing* y hacerme con él, cosa que me vino muy bien para ganar el Masters. Y hubo algo más todavía. La actitud y mentalidad con que jugué.

Resulta que en 1979, jugando el Open del Prat, en Barcelona, conocí a Gloria Pérez, con quien aún mantengo una buena amistad. La madre de esta chica trabajaba con el doctor Alfonso Caycedo, un profesor colombiano que había pasado bastante tiempo en la India haciendo meditación trascendental. A partir de estas experiencias, Caycedo enseñaba *sofrología*, una disciplina que permite combatir el estrés y armonizar la mente a través de ciertos ejercicios. Estos ejercicios consisten en visualizar lo que pretendes alcanzar y hacer algunas contracciones físicas, para que cuando lleguen los momentos de fuerte tensión, la mente ya esté acostumbrada. La experiencia que tuve con la sofrología me sirvió para escribir en 2006, con Mariana Territo y Ricky Rabinovich, el libro *Las claves del golf para la vida*. Bien, Gloria me sugirió la conveniencia de visitar al doctor Caycedo y le hice caso.

Creo que al dar ese paso me convertí en uno de los primeros deportistas españoles en prepararse mentalmente para afrontar los momentos más críticos de la alta competición. Durante la entrevista que mantuve con Caycedo, le expliqué lo que hacía y, aunque me confesó que entendía muy poco de golf, me dijo que creía poder ayudarme con un tratamiento adecuado para desarrollar mi actitud mental y tener un mayor autocontrol. Éste era uno de los aspectos que más deseaba después de haberme maravillado con el autocontrol de Gary Player.

Lo primero que conté al doctor Caycedo fue el modo cómo afrontaba las jugadas y que muchas veces me imaginaba los golpes antes de darlos, que los veía y sentía.

—En cierto modo, ya practicas la sofrología de un modo intuitivo. Pero tú, ¿qué es lo que quieres?

—¡Ganar el Masters de Estados Unidos! –le respondí en el acto.

La siguiente vez que le visité, ya tenía preparada una cinta con ejercicios para mí. El tratamiento consistía en aprender a relajarme físicamente y a jugar mentalmente un determinado torneo. Siguiendo estas instrucciones, me imaginé en aquella ocasión cada uno de los aspectos del Masters, el ambiente, la tensión y la manera de jugar el recorrido. Me veía allí. Fue así como gané mi primer Masters con asombrosa facilidad. También es cierto que el segundo lo gané sin practicar ningún ejercicio sofrológico, pero, no obstante, tengo que reconocer que en su momento tales ejercicios me ayudaron mucho. Soy una persona que cree firmemente en el poder de la mente, todo lo hacemos por ella. Ves, piensas, sientes y actúas. No quiero parecer presuntuoso, pero he de decir que cuando pisé Augusta aquel año ya *intuía* que iba a ganar el Masters. Por esto mismo, cuando se hizo realidad el triunfo no sentí una gran emoción. Sobre este punto consulté al doctor Caycedo y él me dijo: "*¿Sabes por qué? Porque ya te habías visto ganador, ya habías vivido dentro de ti la emoción y tú no puedes vivir emocionalmente dos veces el mismo triunfo.*"

Un mes después de jugar el torneo, la cinta de los ejercicios se rompió. Pero yo seguí jugando muy bien. Gané el Open de Madrid, disputado en Puerta de Hierro, con 63 golpes en la segunda vuelta, lo que significó un nuevo récord del campo. En 1997 intenté hacer de nuevo los ejercicios, gracias a una copia que me había conseguido Gloria, pero ya no surtió el mismo efecto. Esto me vino a demostrar que unos ejercicios te pueden ayudar, pero que al final todo depende de ti, de tu actitud, de tu voluntad y esfuerzo, y también de tu capacidad para aguantar los palos que te vengan en los momentos difíciles, sobre todo los que te caen en Augusta, el jardín del Edén del golf.

11
La miel del Paraíso

Para disfrutar de la miel del Paraíso, tienes que estar física y mentalmente preparado. Después de haber participado en tres ediciones, jugué el Masters de Augusta de 1980 con una moral muy alta y practicando un magnífico juego. Ganar el Open Británico me había puesto en una magnífica posición para afrontar los grandes torneos. Durante la semana que disputé la final del Masters jugué el mejor golf de mi vida de *tee* a *green*. Tenía un ritmo formidable. Manolo me felicitaba cada día.

—Muy bien Seve, qué bien has jugado; mañana trata de conservar la ventaja.

—No, no, mañana salgo a dejarlos fuera de combate –le respondí convencido de mi superioridad.

Y así fue. Me presenté al *tee* del hoyo 1 del último recorrido con siete golpes de ventaja. La secuencia con la que empecé fue *birdie*, par, *birdie*, par, *birdie*, jugando con Jack Newton. Al salir del hoyo 10 ya había acumulado diez golpes de ventaja y, creyendo que ya tenía ganado el torneo, me relajé demasiado. Creo que fue este error de percepción lo que influyó negativamente en la calidad de mi juego durante los segundos nueve hoyos. Sentía como si de pronto hubiese perdido la motivación y empecé a jugar sin concentración alguna.

Me hubiese bastado con dos bajo par en ese tramo para batir el récord del campo, que entonces lo compartían Jack Nicklaus y Raymond Floyd con 271 golpes, pero la verdad es que no lo sabía. Quizás, si alguien me lo hubiera comentado al salir del hoyo 10, me hubiese servido para mantener la tensión del juego y ganar sin sufrir. Claro que no siempre sucede así. Se cuenta, por ejemplo, que Arnold Palmer perdió el US Open Western de 1966, frente a Billy Casper, porque en los últimos nueve hoyos, en lugar de concentrarse en ganar, se obsesionó con la idea de superar la marca del torneo que tenía Ben Hogan. Esta "distracción" hizo que en lugar de hacer los *birdies* que necesitaba le salieran *bogeys* y así tirara la ventaja de siete golpes que llevaba. El resultado fue que Casper le alcanzó y ganó en desempate. A pesar de esto, sigo pensando que hubiera jugado mejor los últimos nueve hoyos de haber tenido la motivación extra del récord.

Cuando se encaran los últimos nueve hoyos con diez golpes de ventaja es muy difícil que un joven no crea que acabar el recorrido sea un mero trámite para que te coloquen la chaqueta verde. Por creer esto, ya en el hoyo 10 cometí un error muy tonto al hacer tres *pats* desde algo más de siete metros para acabar con *bogey*. En el hoyo siguiente hice par, pero en el hoyo 12 hice otro doble *bogey*, porque pegué un hierro 6 que se fue al agua a causa de la brisa que entró justo cuando golpeaba la bola. Newton, que en el hoyo 11 había hecho *birdie*, hizo otro también en éste, de modo que redujo mi ventaja a cinco golpes. Las cosas no mejoraron en el hoyo 13, donde di un segundo golpe pesado enviando la bola al arroyo que hay delante del *green* para acabar haciendo *bogey*, mientras que Jack conseguía el *birdie*. De golpe y porrazo me vi con sólo tres golpes de ventaja.

Era asombroso, porque de estar con diez golpes delante y sin más preocupación que mantener el juego durante nueve hoyos de trámite, había entrado en una zona crítica en la que corría el riesgo de perder el torneo. Lo peor que le puede pasar a uno en momentos como éstos es que te entre el pánico. Por fortuna, eso no me ocurrió. "*Chaval, despierta*", me dije. Cambié mi actitud y el hoyo 14 ya fue otra cosa. Todo volvía a funcionar como al principio. Si bien empecé tirando el *drive* a los árboles de la izquierda, el segundo golpe lo di perfecto poniendo la bola a cuatro metros y medio de la bandera. Hice par y eso fue suficiente para que me serenara y también para que algunos cerraran la boca. Lo digo porque recuerdo que, mientras caminaba para dar ese segundo golpe, oí que alguien desde la tribuna gritaba "¡ánimo Jack!". Como reconocí en el animador de Jack a uno que se decía amigo mío, sentí que algo se me sublevaba dentro. "¿Qué está diciendo éste?" Y le respondí con ese magnífico segundo golpe. Fue un paso muy importante, porque acabé cortando la racha de mal juego y manteniendo la ventaja de tres golpes.

En el hoyo 15, Jack dio primero su segundo golpe a *green*, pero delante de nosotros iba Gibby Gilbert, quien en el hoyo 16 hizo su cuarto *birdie* consecutivo para ponerse diez bajo par. Gilbert estaba sólo a dos golpes detrás de mí. Comprendí que no sólo ya no tenía margen para más errores, sino también que necesitaba un buen golpe para recuperarme. Lo hice. Pegué con el alma un segundo golpe formidable con el hierro 4 para dejar la bola a unos seis metros del hoyo, lo que equivalía a un *birdie* seguro con dos *pats*. Tampoco fallé esta vez y aumenté la ventaja sobre Jack a cuatro golpes. Entonces recordé las palabras que Jack Newton me dijo en el hoyo 5: "*Tranquilo, señor, tranquilo.*"

Sentí de nuevo en el fondo de mi corazón que ya lo tenía. El Masters no se me podía escapar. En los tres últimos hoyos hice pares, pero Gilbert hizo un *bogey* en el último y acabé el torneo con cuatro golpes de ventaja. Jack Newton declaró después a la prensa: "*Ya es hora de tratar a Seve como a una estrella, porque es un gran campeón.*"

Esta victoria me convirtió, junto al sudafricano Gary Player, en el segundo jugador no americano que ganaba el Masters de Augusta. Quizás por ello, al año siguiente, el club cambió la clásica hierba Bermuda que empleaban casi todos los campos de golf del sur de Estados Unidos, por la hierba *bent grass*.

Me sentía muy feliz pensando en la repercusión que tendría en España el triunfo de un español en uno de los torneos más importantes del mundo. Sin embargo, una noticia deportiva tan importante como ésta no se conoció en España hasta el día siguiente, cuando la dieron en el telediario de las tres de la tarde.

Curiosidades aparte, lo cierto era que, con despistes y otras hierbas, dicho por la bermuda, había sido capaz de saborear las mieles del Paraíso, como podría definir el éxito en el Masters de Augusta, y sentir la inmensa alegría que produce cuando el campeón del año anterior, en este caso Fuzzy Zoeller, te coloca la chaqueta verde, como era la tradición desde 1949.

Como ya he dicho, en 1983, volví a ganar el Masters de Augusta y a saborear esas mieles del éxito en Estados Unidos. El torneo se jugó la semana de mi cumpleaños y ganarlo supuso hacerme un hermoso regalo. Esta vez quien me impuso la chaqueta verde fue Craig Stadler.

Tengo que reconocer que en esta ocasión no jugué especialmente bien o todo lo bien que hubiera deseado. Eso sí, le puse mucho coraje y corazón, eso gustó mucho a los americanos, quienes compararon mi carisma con el de Arnold Palmer. Dijeron que podía tener una gran proyección si decidía jugar el Circuito americano.

La semana en que jugamos el Masters hizo un tiempo bastante irregular. Ya el primer día llovió lo suficiente como para suspender el juego durante cerca de una hora. También el segundo día llovió, pero a pesar de todo logré situarme en cabeza. A mitad del torneo seguíamos cuarenta y nueve jugadores y al finalizar la tercera vuelta Floyd y Stadler iban los primeros. Yo les seguía a un golpe, y eso que en tres *greenes* había cometido tres *pats;* Watson, que estaba en plena forma, también estaba bien colocado.

En aquellos momentos se comentaba que Stadler estaba en condiciones de ganar por segunda vez consecutiva igualando en esto a Nicklaus, quien había ganado en 1965 y 1966. Pero aquella final anticipaba una lucha muy dura, pues éramos varios los que ya habíamos ganado el torneo y que aspirábamos a vestirnos la chaqueta verde. Al comenzar a disputarla yo me había dicho: *"Seve, no estás en plenitud de juego, pero si utilizas tu corazón y la fuerza mental que tienes, podrás demostrar a los americanos que tienes madera para que sigan apostando por ti."*

Si bien no estaba totalmente en forma, estaba pletórico de euforia y adrenalina. Así me planté en el primer hoyo. Del mismo modo que un león se lanza sobre su presa, así me lancé yo a jugar. Era como me gustaba. Mi arranque fue explosivo. Mi tarjeta de los primeros cuatro hoyos ligaba *birdie-eagle*-par-*birdie*. Esto hizo mella en mis rivales, tanto que más tarde Tom Kite dijo: "*Mientras nosotros íbamos en un Chevrolet, Seve conducía un Ferrari.*"

Mantuve la agresividad hasta el hoyo 9 y entonces me puse la consigna de no continuar atacando y jugar a partir de allí con serenidad a fin de no arruinar el final de recorrido.

La última vuelta la jugué con Tom Watson, quien entonces era el campeón del US Open y del Open Británico. Se suele decir que el Masters de Augusta empieza de verdad en los segundos nueve hoyos del último día. No obstante, en ningún momento me sentí acosado por el juego de Watson, quien, como muchos saben, es licenciado en Psicología por la Universidad de Stanford de California. No sólo se aplicó en su juego, sino también intentó aplicarse al mío. En el hoyo 15 los dos debíamos jugar corto de *green* el segundo golpe y le tocaba hacerlo a él primero. Sin embargo, me invitó con la mano a que lo hiciera yo. El tercer golpe era muy delicado porque solía haber remolinos de viento que alteraban la intensidad del golpe y también porque había que tener mucho cuidado en que el retroceso que coge la bola después de botar en *green* no la haga rodar hasta el agua. Me di cuenta de que quería que jugara primero para ver qué hacía mi bola. Watson quería asegurar el golpe después. Su idea seguramente era que yo saliera del hoyo dejándole a él metido de nuevo en el partido. Pero yo ya tenía suficiente experiencia como para no caer en esa artimaña.

En el último hoyo, cuando ya tenía el torneo en el bolsillo. Watson volvió a la carga. Estaba a punto de dar mi segundo golpe, cuando se acercó y me dijo:

—¡Qué bien has jugado hoy, Seve!

—Muchas gracias –me limité a responderle con amabilidad.

Después me pasé de *green* y di un salto de rana en el tercer golpe. Luego metí el *chip* para hacer el par. Algo comentó después Watson sobre esto, porque en la rueda de prensa un periodista me dijo:

—Has tenido suerte metiéndola con el *chip* para par, porque si la bola no hubiera tocado bandera y entrado, habría rodado hacia abajo; habría cogido la cuesta e ido a parar al principio del *green*.

—Es cierto –le contesté– era una posibilidad y si desde allí hubiera hecho cinco *pats* hubiera perdido el Masters.

Fue una victoria que, además de vestir de azul, mi color mágico, el caddie fue Nick de Paul, con quien se rompió la costumbre obligatoria de utilizar caddies negros, lo cual me alegró muchísimo. César y Lola de Campuzano, Adolfo Morales, Manuel Martínez y mi padre fueron de los pocos españoles que presenciaron mi segundo Masters de Augusta.

La relación con un torneo tan importante como éste no acaba con el juego, porque de un modo u otro está ligado a la vida del campeón. En mi caso, el posterior Masters de 1986 tiene un recuerdo especialmente dramático.

12

Viajes con mi padre

El recuerdo de todo cuanto me pasó en el Masters de 1986 está ligado a la pérdida de mi padre. En el otoño de 1985, los médicos detectaron en mi padre un cáncer de pulmón. Conocida la dramática noticia, mis hermanos y yo tomamos la decisión de llevarlo a Houston, Texas, lugar reconocido por sus adelantos en el campo de la oncología. Allí fue operado y permaneció durante más de un mes de post-operatorio cuidado por mi hermano Manuel. Todos éramos conscientes de su gravedad, pero yo no creía que el desenlace fuese a ir tan rápido o quizás no quería creer que lo sería.

Con mi padre tuve siempre una relación muy especial, porque él, a diferencia de mi madre, entendió muy bien el cambio que se había producido en mi familia y lo supo disfrutar. Tenía sesenta y siete años y estaba disfrutando las mieles de mis triunfos deportivos, cuando le sobrevino su enfermedad. Cuando le permitieron salir del hospital, fui a buscarle. Regresamos a España el último día de 1985. Nochevieja.

El viaje fue muy duro para él y al llegar a Madrid se encontraba bastante mal. Quería llegar a casa cuanto antes, pero el único vuelo que teníamos a Santander lo habían suspendido por mal tiempo. En las condiciones en que se encontraba, yo no podía llevarle a un hotel. Sus dolores eran muy fuertes.

—¿No hay manera de llegar a casa? –me preguntaba con el sufrimiento reflejado en su cara–. Tengo tantas ganas de llegar a casa, Seve –me decía apurado.

—Está bien, padre, yo te llevaré como sea.

Nunca mejor dicho, moví cielo y tierra para regresar con mi padre a Santander ese último día del año. Dado que en tren sería un viaje demasiado largo e incómodo, el único modo era en avión. Así que me fui a Gest Air, una compañía de alquiler de aviones y contraté uno. Aunque en Aviaco nos informaron de que no se podía aterrizar en el aeropuerto de Parayas, nosotros lo hicimos. El día de Nochevieja llegamos a casa. Ése fue el último viaje que hice con mi padre.

Obviamente, se me vienen a la memoria algunos momentos muy especiales de mi padre durante los muchos viajes que me acompañó. En un vuelo que habíamos tomado en Akron, Ohio, mi padre se había sentado del lado de la ventanilla. Yo le veía allí, mirando hacia abajo, muy concentrado y en silencio. Al cabo de un largo rato, ya no me pude contener y le pregunté.

—Oye, padre: ¿qué estás mirando por la ventanilla tan pensativo?

Giró la cabeza hacia mí con la mirada aún puesta en el paisaje de abajo y me dijo:

—Nada, hijo; sólo que desde que salimos no veo más que casas y casas, edificios y edificios. ¿En todas esas casas y edificios vive gente? –me preguntó muy serio.

—Pues sí –le respondí.

—¡Joder! ¡Cuánta gente! ¡Cuántas patatas y cuántas alubias hay que sembrar para darles de comer a todos!

Mi padre era un campesino y por ello, comparaba su trabajo de sembrar para alimentar a tanta gente. Él sembraba con nuestro caballo para un pueblo de trescientos habitantes, Pedreña. Con el atraso que se vivía en el campo español en tiempos del franquismo, mi padre no pensaba en la maquinaria que utilizaban los campesinos norteamericanos. Éramos, entonces, dos mundos diferentes.

En cierto modo, ya en aquellos momentos en que era feliz acompañándome y disfrutando de muchas cosas que habían sido inalcanzables para él durante toda su vida, creo que mi padre añoraba algunas cosas anteriores, como el trabajo en el campo. De hecho, había pasado de trabajar muchas horas sembrando, cosechando, arando, cuidando el ganado, a no hacer nada, aparte de cuidar el jardín y plantar algunas patatas, unos tomates y cuatro cosas más en el huerto. A veces pienso que fue un error sacarlo de su medio, sobre todo porque el trabajo forma parte importante en la vida de un hombre. Bien reza el dicho: "Un hombre jubilado es un hombre acabado".

Así, para entretenerse y combatir el aburrimiento, empezó a jugar al golf. Aunque había hecho de caddie en el Club de Pedreña, como casi todo el mundo en Pedreña, él nunca había jugado. Por esta razón tenía una idea confusa sobre las dificultades que tiene este deporte.

—¿Has ganado fácil? –solía preguntarme al regreso de algún torneo, convencido de que para mí era muy sencillo.

—No, no. ¿Qué te crees que esto es llegar, jugar y ganar?

—¡Bah, el golf es muy fácil! –me decía.

Cuando empezó a jugar fue cuando se dio cuenta de que el golf no era "tan fácil". El golf requería destreza y mucho entrenamiento para dominar los golpes. Mi padre tenía mucha capacidad para adaptarse a los cambios y para disfrutar de las cosas buenas que depara la vida en cuanto éstas se presentaban. Le gustaba vivir bien.

Mi madre era totalmente distinta. Su "bola", como dicen ahora, era otra. Recuerdo que en mi casa, cuando era chico, no teníamos nevera y menos, obviamente, lavadora. Para lavar la ropa, mi madre la colocaba en una bañera y con ésta en la cabeza bajaba hasta el pozo del pueblo, que todavía existe y que está a unos ciento cincuenta metros de la casa. Allí la lavaba. Mi madre planchaba, hacía la comida, las tareas de la casa y, además, ayudaba en todas las labores del campo y la pesca. Trabajaba dieciocho horas diarias. Por esto mi madre, mirándome con resignación, me decía: "*Tú, hijo, tendrías que haber sido mujer para que me ayudases.*"

Hay que tener en cuenta que habíamos sido cinco hermanos y todos varones.

Mi madre se quedó anclada en esa vida y en esa forma de ser. Nunca conseguí que fuese al cine, aunque sí logré que fuéramos a ver un partido entre el Racing de Santander y el Real Madrid. Sin duda, estaba muy marcada por un pasado de sufrimientos y necesidades, como el que ocurrió durante la guerra civil y la posguerra. Las muchas necesidades que padeció seguramente la volvieron una mujer muy conservadora. Lo era hasta el punto de que, cuando yo le traía algún regalo, lo único que se le ocurría decirme a modo de agradecimiento era: "*¡Ay, hijo, cuánto te habrá costado esto!*"

Yo notaba entonces que, en lugar de disfrutar del regalo, sufría pensando en lo que me había costado, y que eso que me había gastado por ella, quizás debería haberlo ahorrado "para mañana, porque nunca se sabe". Después de que falleciera, mis hermanos y yo fuimos a su casa, la que yo le había construido en la misma finca donde está la mía, con dos habitaciones, dos baños, salón, cocina y comedor, todo formando un solo ambiente, como a ella le gustaba. Fuimos a recoger sus cosas y fue muy triste para nosotros ver que en los armarios tenía infinidad de vestidos y otros tantos pares de zapatos sin estrenar. Mi madre era una mujer que te agradecía cualquier regalo, pero pocas veces lo utilizaba. "*Ya lo usaré, alguna ocasión habrá*", decía siempre.

Pero ni la ocasión ni el día propicio para que lo usara llegaban nunca. Era una mujer muy sencilla, para nada presumida ni presuntuosa. Cuando yo le decía:

—Madre, ponte uno de esos vestidos tan bonitos que tienes en el armario.

—Nada, nada, que los del pueblo ya me conocen –me respondía.

Mi madre era también una mujer muy prudente, incapaz de hablar mal de nadie y de meterse en la vida de los otros, sobre todo en la de sus nueras. Alguna vez iba a misa, pero no era muy religiosa. Quiero decir que, por lo que fuera, era bastante escéptica y creía en muy pocas cosas. Por no creer, ni siquiera creía que los americanos hubiesen llegado a la Luna. Por eso, medio en broma me decía:

"Calla, calla, Seve; seguro que han aterrizado en alguna playa y nos cuentan que eso que vemos es la Luna."

También la televisión y el teléfono eran un misterio para ella y, a pesar de que no era analfabeta, pues escribía muy bien y leía con suma facilidad, pero sí muy ingenua, siempre se preguntaba admirada de los avances tecnológicos que se sucedían: *"¿Cómo es posible que estén jugando un partido de fútbol en Valencia y nosotros lo estemos viendo en casa, en una pantalla? ¿Cómo es posible? ¿Y cuando estás tan lejos, cómo podemos hablar por teléfono?"*

A mi madre, en realidad, lo único que le preocupaba era el bienestar de sus hijos, en particular de aquel que, según ella, estaba en una situación difícil o pasando una mala racha.

—¡Ay, hijo! ¡Fíjate como ha de estar Manolo, con los gastos que debe de tener con cuatro hijos! Con lo que cuesta ahora comer, vestir y el colegio de sus hijos. ¿Tú crees que le estás pagando bien? –me preguntaba, aludiendo a la remuneración que recibía Manuel de una de mis empresas.

—¡Sí, madre, sí, tranquila! Manuel lo gana bien, y si no –le añadía en broma–, no te preocupes, que tiene un suegro con bastante dinero y seguro que le da algo.

— ¡Ay, qué tonto eres, hijo! ¿Qué te crees que le va a dar su suegro? ¡No le va a dar nada! Como no les des tú lo que necesita…

Lo que no sabía es que Manuel tenía y tiene resuelta su vida y la de su familia. Pero a mi madre la dominaba ese sentido protector con sus hijos. Siempre defendía al que, según ella, era el más débil o el más necesitado. Para mí fue muy triste que se fuera sin aprovechar bien las nuevas condiciones que se nos habían presentado. Pero, a pesar de este sentimiento, también pienso que ella fue feliz a su manera y, sobre todo, por verme triunfar en lo que era mi pasión, el golf. A mí me conmovía mucho, por ejemplo, que le hiciera tanta ilusión guardar los recortes de prensa donde yo salía. *"Tengo muchas ganas de que vengas, hijo, para enseñarte los recortes de periódicos nacionales. Ya verás qué cosas más buenas dicen de ti."*

Con mi madre hice algunos viajes, aunque no todos los que me hubiera gustado, porque prefería quedarse en casa, proteger lo suyo, cuidar del jardín. Aunque ya fuésemos adultos, nos seguía viendo como a niños que necesitaban de su protección y, como bien se sabe, el lugar donde una madre se siente verdaderamente dueña de la situación es en su hogar.

El primer viaje que realizó mi madre fuera de España fue a Londres. Allí ella me vio ganar dos mundiales Match Play y el Open Británico del 84, que considero el momento más brillante de mi carrera. Recuerdo que la organización la recibió con un enorme ramo de flores y que mi madre vivía todo aquello como en una nube, con tanta gente pendiente de ella y brindándole tantas atenciones. Pero costaba mucho sacarla de su casa y entorno.

—No, déjame en casa, eso está muy lejos –solía decir.

Además, para ella, volar era una experiencia más bien traumática.

—¡Ay, hijo mío! ¡Qué agobio! ¿Esto no se caerá?

—No, madre, que esto no se cae nunca –le respondía sin darle importancia.

—¿Y los accidentes que veo en la televisión? ¿Cómo puede volar este trozo de chatarra? –me decía en el avión, incrédula, moviendo la cabeza de un lado a otro.

Cuando escuchaba a todo el mundo hablar en inglés, mi madre se quedaba muy sorprendida.

—¡Todos parecen muy amables, pero no les entiendo nada de lo que dicen! Fíjate qué palabras más raras utilizan –mirándome extrañada–. ¿Tú te entiendes con ellos?

—Sí, claro, madre.

—Es increíble y ¿cómo has podido aprender tú esto que para mí es imposible?

Aparte de Londres, mi madre fue a verme a Madrid, a Málaga y a alguna otra ciudad del sur, pero apenas viajó. Con lo que ella disfrutaba mucho era yendo a comer o cenar, cuando los domingos, mis hermanos y yo, la invitábamos.

Mi padre, como ya he dicho, tenía un espíritu totalmente diferente. Buscaba disfrutar de todas las cosas. Cuando era joven, él se divertía con las traineras, con los viajes que hacía con los remeros o a las ferias de ganado, donde iba a vender alguna vaca. Le gustaba comer con los amigos, jugar a las cartas, ir al fútbol y, algunas veces, al cine. Pero, como todo el dinero que ganaba se lo entregaba a mi madre, que era quien llevaba la administración de la casa, a menudo andaba corto de dinero para sus gastos personales. Por esto, de tanto en tanto, yo le pasaba un sobre para sus gastos.

A mi padre le gustaba tentar la suerte, porque decía que a la suerte había que buscarla. En cambio, a mi madre esto no le parecía bien, pero siempre se quejaba de que nunca le tocara la lotería.

—Pero, madre –le decía mi hermano Merín–, ¿cómo te va a tocar si nunca compras ni un décimo?

La suerte o la mala suerte, o lo que sea, en cierto modo siempre está presente en tu vida. Es cierto que nosotros forjamos nuestro destino, hacemos nuestra vida, pero también hay algo que nos influye y que no depende de nosotros. Recuerdo que acabado el torneo de Sun City, mi hermano Vicente y yo pensamos en quedarnos un par de días a tomar el sol y descansar. El plan de vuelo que teníamos previsto desde Sudáfrica, incluía Lisboa y Madrid antes de llegar a Santander. Sin embargo, como no estábamos acostumbrados al ocio de las vacaciones, nos aburrimos enseguida y decidimos adelantar el viaje. Ya de vuelta en Santander, estaba en casa mirando la televisión con mi padre, cuando dieron imágenes de un terrible accidente de dos aviones en el aeropuerto de Barajas. Debido a la niebla, chocaron. Un miembro de la tripulación de Iberia y cinco de Aviaco y ochenta y siete pasajeros de los dos aviones murieron. En este avión debíamos haber volado Vicente y yo si hubiésemos seguido el plan de quedarnos a disfrutar dos días de vacaciones en Sudáfrica. Incluso una radio, al dar la lista de pasajeros, incluyó nuestros nombres. Al oírlos, mi padre se puso a llorar. Le abracé.

—Padre, no sufras, no te pongas así, ya ves que no es verdad lo que dicen. Todavía la suerte está de mi lado.

—¡Cómo pueden dar una noticia así, sin contrastarla siquiera! ¿Estos desalmados no piensan en las familias?

En el 83, cuando gané el Masters de Augusta, mi padre fue a verme. El regreso lo hicimos volando de Atlanta a Nueva York y de allí a Madrid en un avión de Iberia. Como había siete horas de espera en el aeropuerto Kennedy, decidí que diéramos una vuelta por la ciudad.

—Padre, vamos a ir a dar una vuelta por Nueva York. ¿Qué te parece?"

Tal como esperaba, le gustó la idea. Entonces se me ocurrió: "Como mi padre ha venido a Augusta y me ha visto ganar, le haré un regalo. Para pasear por Nueva York, alquilaré una limusina con chófer, de ésas que a veces vemos en la televisión y que a él tanto le llaman la atención". Después de hacer una llamada por teléfono, le dije:

—Mira, padre, cuando veas llegar el coche más largo y espectacular que hayas visto, ése es el coche en el que vamos a ir a pasear por la ciudad.

Él no dijo nada. Al rato, se detuvo ante nosotros la limusina, que medía como ocho metros, con bar y televisión y en la que cabían ocho o diez personas. De este enorme y lujoso trasto se bajó un chófer que se dirigió a mí, obviamente, en inglés.

—¡Coño, qué coche tan grande! –exclamó mi padre después de unos instantes–. ¡Es como los que vemos en las películas! ¿Es para nosotros?

—Pues sí, padre, es para nosotros.

Después, el chófer le abrió la puerta. Le vi entrar admirado.

—¡Joder con el coche grande! –volvió a exclamar–. ¡Si aquí se puede vivir! ¿Y este bar, con todas esas bebidas y ese whisky, quién lo paga? –preguntó señalándolo con la cabeza.

—No te preocupes por eso, padre; tú disfruta. Vamos a dar una vuelta por la ciudad.

—Bueno, bueno, entonces dame un whisky –me dijo poniéndose cómodo.

Se lo serví y miré a mi padre contento, tomándose un whisky en Nueva York a las once de la mañana.

—Lo que daría para que me vieran los de Pedreña tomando un whisky en este coche. Y con chófer...

—¿Dónde te gustaría ir ahora?

—Siempre he pensado que me gustaría conocer ese famoso barrio que sale en las películas.

—¡Ah, ya! ¡Tú quieres ir a Harlem!

Se lo dije al chófer y, después de dar una vuelta algo larga por Manhattan, llegamos al barrio de Harlem. Pero, claro, como no era habitual que un coche tan lujoso como en el que íbamos entrara en Harlem, era la gente del barrio la que nos miraba a nosotros. Algunos, quizás extrañados, hasta se ponían de pie según pasaba el coche. Mi padre, para ver mejor las calles y la gente, hizo que le bajara el cristal oscuro de la ventanilla y, apenas vio el paisaje, se dio la vuelta hacia mí y comentó.

—¡Coño, Seve, este lugar mete miedo, creo que será mejor que nos larguemos, no vaya a ser que ocurra algo!

Como el paseo había sido largo, nos fuimos directamente al aeropuerto. Creo que, para mi padre, aquel fue uno de sus momentos especiales, porque cuando llegamos a casa, se lo contaba a todos los amigos del pueblo.

En otro viaje a Estados Unidos, también en Nueva York, nos hospedamos en un hotel que tenía veintisiete pisos, y nos tocó el veintitrés. Por una cara del edificio, el ascensor llegaba hasta el piso quince y por la otra hasta el último. Debido a la diferencia horaria, mi padre se levantó de madrugada y se fijó en que, justo debajo del hotel, estaban construyendo otro edificio.

—No me extraña que los americanos estén tan adelantados; –comentó con admiración– fíjate que son las tres de la madrugada y ya están trabajando.

—Sí, padre, aquí trabajan las veinticuatro horas.

—¡Es increíble! –exclamó–. Me voy abajo a ver cómo trabajan y qué tipo de herramientas usan.

Bajó y yo seguí durmiendo. Cuando desperté me fijé que habían pasado unas dos horas y que mi padre aún no había regresado. Me preocupé y bajé enseguida a buscarlo. Para mi alivio lo encontré sentado en el vestíbulo.

—¡Ya era hora de que vinieras! –me reprochó–. Llevo aquí más de dos horas y media sentado y ya no sabía qué hacer.

—¿Y por qué no has subido?

—He intentado subir varias veces, pero este ascensor no tiene número veintitrés. ¡¿Cómo coño se sube al piso veintitrés?!

—Padre, este ascensor sólo sube hasta el piso quince; al piso veintitrés se sube por el ascensor de la otra cara.

—¡Joder, Seve! Si no llegas a bajar, no hubiera subido nunca.

Mi padre tenía estas cosas de hombre sencillo; un hombre que sabía apreciar el trabajo y los logros de los demás. En otra ocasión, en Sudáfrica, donde yo había ido a hacer una exhibición con Lee Treviño, Jack Nicklaus y Gary Player, mi padre me acompañó a una cena en el rancho de Gary. Fue una comida muy agradable y el ambiente muy distendido. Sin embargo, al regresar al hotel, advertí que mi padre estaba muy callado y pensativo.

—¿Qué te pasa, padre? ¿Te encuentras mal? ¿No te ha gustado la cena? ¿No lo has pasado bien?

—No, nada de eso; he comido y me lo he pasado muy bien, pero –hizo una pausa que me pareció demasiado larga antes de continuar– ¿sabes que estoy pensando, hijo mío…? –hizo otra pausa y yo lo miré esperando que continuara–. Que creía que nuestra casa era la mejor del mundo, pero, después de ver la de este señor, me doy cuenta de que no es nada…

Hacía poco, mis padres habían estrenado una casa sencilla, pero muy bonita, que yo les había regalado y de la que se sentían muy orgullosos. Por esto me sorprendió su comentario.

—Bueno, pero es mejor que la que teníamos antes –le dije sorprendido.

—Sí, sí, pero es que yo creía que teníamos la mejor de todas…

Indudablemente, el rancho de Gary Player, donde se veían muchos caballos con una casa que era una verdadera mansión y un ejército de criados, había impresionado muchísimo a mi padre. Él era muy sensible a este tipo de cosas. También le impresionó mucho el servicio de camas que tenía el avión de la British Airways en el que viajamos de Londres a Tokio. Cuando mi padre se acostó, no paraba de decirme:

—¡Coño! ¡Esto es vida, Seve, esto es vida! Tendrían que verme los del pueblo, porque si lo cuento no me creerán. Me atienden dos estupendas señoras, me dan todo lo que les pida… me he tomado como cuatro whiskys, estoy medio aturdido, duermo en una cama a no sé cuánto de altura... ¡Es increíble! ¡Esto es vida, hijo, esto es vida!"

Sí, la vida que pronto empezaría a írsele, aunque yo no quisiera verlo. Una noche, cuando ya le habían operado en Estados Unidos y estaba reponiéndose en casa, le dije:

—Padre, veo que te estás recuperando muy bien, así que voy a ir a América para jugar unos torneos de preparación antes de Augusta; luego volveré a buscarte, así me acompañas al Masters, que este año creo que podré dedicártelo.

Mi padre me miró profundamente a los ojos, movió la cabeza como diciendo: "Como tú quieras, hijo", y yo me fui.

En Estados Unidos, donde había perdido mi tarjeta del Circuito americano por no haber jugado el año anterior un mínimo de quince torneos, sólo podía jugar en un minicircuito. Por este motivo me apunté en un torneo llamado Florida Cup Classic, que formaba parte del circuito de la Tournament Players' Association, en el que acabé empatado en el segundo puesto, ganando un premio de 1.375 dólares. Estoy casi seguro de que ese torneo ningún día tuvo más de trescientos espectadores.

Aunque mantenía una buena actitud en el campo, me era muy difícil concentrarme en el juego. Pensaba constantemente en mi padre. Sabía por mis hermanos que las cosas no iban bien y, finalmente, llegó la noticia que tanto temía. El miércoles anterior al siguiente torneo que iba a jugar, me llamó Baldomero.

—Seve, creo que tendrías que venir a casa.

Regresé inmediatamente, y una semana más tarde, el 4 de marzo, nuestro padre falleció.

13
Los golpes del dolor

La enfermedad de mi padre me condicionó totalmente la preparación para el Masters de Augusta de 1986. Atenderlo y mimarlo se convirtió para mí y mis hermanos en la principal prioridad. Esto hizo que no pudiera entrenarme como debía. En los tres primeros meses del año sólo jugué tres vueltas en Florida, cuatro en el Campeonato de España de la APG y dos en Nueva Orleáns, donde el Circuito americano me permitió defender mi título del torneo USF&G Classic, pero en el que no pude pasar del corte.

A pesar de la falta de preparación y de que me sentía profundamente afectado por la muerte de mi padre, en abril viajé a Augusta con mi hermano Vicente, quien me hizo de caddie. Jugué este Masters más con el corazón que con técnica o estrategia. Sin embargo, llegué al hoyo 15 encabezando el torneo. Pero, la vida y el deporte me tenían preparada otra desagradable sorpresa. Faltando cuatro hoyos perdí el que hubiera sido mi tercer Masters de Augusta.

Lo más triste del Masters del 86 fue que finalmente no pude llevar a mi padre para que me viera jugar. Tampoco lo pude ganar para dedicárselo. Muchos vieron cómo el domingo, en el hoyo 15 de la última vuelta dejé escapar el título, cuando cometí un error garrafal que permitió que Jack Nicklaus me alcanzara y ganara.

Sorprendentemente, a pesar de la falta de entrenamiento, de la reciente muerte de mi padre y de la disputa con Deane Beman, jefe del Circuito americano, que me había suspendido la licencia, se me consideraba uno de los favoritos para ganar el torneo. Preguntado por los periodistas sobre el asunto Beman, quise cortar por lo sano y declaré: "*¡Olvídense de Beman, este torneo es mucho más importante que Deane Beman!*"

No estoy muy seguro de cómo sentó en los medios de comunicación esta opinión tan vehemente sobre un importante dirigente del golf americano, pero sí sé que impactó a los corredores de apuestas. En el ecuador del torneo llevaba 139 golpes, que significaban cinco bajo par, con vueltas de 71 y 68 que me daban una ventaja de un golpe sobre el segundo, que era Bill Kratzert.

Como ya dije, mi juego era emocional, porque quería ganar este Masters para dedicárselo a mi padre. El sábado hice par (72), que, si bien no era precisamente lo que quería, me dejó a un golpe de la cabeza del torneo, liderado en ese momento por Greg Norman. También estaban a un golpe Nick Price, que acababa de batir el récord del campo con 63 golpes, Bernhard Langer y Donnie Hammod. Por detrás venían Tom Kite, Tom Watson y Tommy Nakajima, y, algo más retrasados, Sandy Lyle y Jack Nicklaus.

Con Tom Kite jugué el antepenúltimo partido y, como suponía, él lo tomó como una revancha. Tom y yo nos habíamos enfrentado en los individuales de la Ryder Cup, siete meses atrás en The Belfry, donde yo le había empatado el partido haciendo tres *birdies* en los cinco últimos hoyos. Ya en el *green* del hoyo 1, Kite empezó por reprobar a Vicente, que me hacía de caddie, porque, según él, mi hermano se movió cuando estaba tratando de patear. Es posible que Vicente se moviera en ese momento, pero la cosa no tenía ninguna importancia, porque el *pat* era de palmo y medio, y menos, con mala intención. Sin embargo, Kite empezó a gesticular como si mi hermano hubiese intentado perjudicarle intencionadamente. Ya situados en el *tee* del hoyo 2, Vicente se acercó a mí para preguntarme: "*¿Qué le pasa a este tío? ¡Esto no es normal!*"

Por toda respuesta me encogí de hombros y seguí jugando sin perder la concentración. Cuando llegamos al hoyo 8, yo había ganado un golpe al par del campo y Kite perdido uno, pero metió un *pitch* de setenta y cinco metros haciendo un *eagle*. En ese momento, alcancé a ver que Tom Watson, que bajaba la cuesta del hoyo 9, le dirigía a Kite un gesto como diciéndole: "¡Vamos Tom, que puedes ganarle!". A pesar de las dificultades del *pitch* que yo tenía, golpeé con seguridad y acerté con el hoyo. Entonces, me volví para ver qué cara ponía Watson, pero ya se había alejado calle abajo. El clamor del público seguramente le hizo saber, para su decepción, que mi bola también había entrado y caído, justamente, encima de la bola de Kite. Todo un espectáculo.

Este hoyo me dio el liderato con un golpe de ventaja sobre Greg, aunque no por mucho tiempo. Lamentablemente, mi *drive* del hoyo siguiente se fue a la izquierda, la bola cayó entre los árboles y me quedó muy mal. Parecía tan increíble que la bola hubiese ido a parar allí que hasta llegué a pensar que alguien del público le había dado una patada, pues había un verdadero gentío alrededor de mi bola. Al final hice *bogey*.

El *eagle* en el hoyo 13 me situó en nueve bajo par y mandando en la clasificación con dos golpes de ventaja. Hasta aquí todo iba muy bien. Ejecuté perfectamente todos los golpes, en especial el segundo con el hierro 6, lo cual hizo que Vicente, contento por cómo rodaban las cosas, me felicitara dándome la mano. "*¡Fantástico, Seve!*", exclamó.

Era tanta la tensión que había en el campo, que algunos creyeron que este gesto espontáneo de mi hermano era una felicitación anticipada del triunfo final, lo cual no es muy caballeroso, pero ni él ni yo pensábamos que la cosa estuviera hecha ni mucho menos. No podía darme el lujo de desconcentrarme pensando en otra cosa que no fuese meter el *pat* y lograr el *eagle*, como finalmente hice.

El hoyo 14 marcó el principio del desastre, el punto donde de un modo extraño empezó a torcerse todo. Arranqué haciendo una salida perfecta con la madera 3. Fue un golpe de derecha a izquierda que voló mucho como para que pudiera intentar hacer *birdie*. Sin embargo, un cámara de televisión se metió imprudentemente en medio de la calle y la bola rebotó en él retrocediendo unos veinticinco metros, por lo que el segundo golpe a *green* fue sensiblemente más largo. Allí se me escapó la posibilidad de hacer *birdie*. Tuve, incluso, que esmerarme para mantener el par del hoyo. Cada vez que pienso en aquel momento, más me convenzo de que ese "obstáculo" imprevisto señaló el principio del fin, pues a partir de aquí todo empezó a salir al revés.

La historia del hoyo 15 refleja con claridad el radical cambio de rumbo hacia el desastre. Mi *drive* de salida no pudo ser mejor, ya que fue largo y partió la calle por el centro. Sin embargo, para dar el siguiente golpe, tanto Kite como yo tuvimos que esperar un largo rato, porque Nakajima y Watson estaban pateando en el mismo hoyo. El retraso se había producido a causa de que Watson le había propuesto al japonés esperar hasta que Nicklaus tirara su *pat* en el hoyo 16. El estallido jubiloso del público nos indicó que Jack había metido su bola.

El problema para mí no fue que él se me pusiera a un golpe, sino que la espera para dar el segundo golpe hizo que Vicente y yo tuviéramos tiempo para dudar sobre la elección del palo. Los casi ocho minutos de espera fueron una eternidad ante un golpe tan vital. El caso es que, en lugar de utilizar el hierro 5 que intuitivamente ya tenía en mi mano, escogimos el hierro 4.

—Venga, Vicente –le dije a mi hermano–, tiraré con el cuatro suave y fácil.

En ese hoyo siempre es mejor jugar un golpe sobrado que uno justo, porque lo más importante es volar sobre el agua que hay delante del *green*, quiero decir que es mejor ir largo que corto. Ahora sé que me equivoqué y, aunque la opción del hierro 4 no era intrínsecamente mala, la elección más sensata hubiera sido la del hierro 5, pues es lo que habitualmente se hace cuando la presión del juego aprieta. En estos casos, uno debe pegar un golpe fuerte y no uno suave, como finalmente hice, porque quería hacer un golpe fino. El resultado fue que pegué al suelo antes que a la bola y la envié al obstáculo de agua. Fue tan malo el impacto que ni siquiera pudo salvar el obstáculo. Nada, que la bola se fue al agua y con ella mis posibilidades de ganar, aunque no me diera por vencido. A Vicente le entró el pánico y exclamó:

—¡Mierda, se nos va el torneo!

—¡Calma, tranquilo! ¡Verás que todo irá bien! ¡Todavía podemos ganar! –le animé.

El caso es que, después de *dropar* la bola, quedé con ocho bajo par y empatado con Nicklaus, pero todavía con posibilidades. Se ha especulado mucho sobre las razones por las que di este mal golpe. Se ha dicho que estaba condicionado por mi exclusión del Circuito americano y obcecado en pasarle mi victoria por la cara a Deane Beman; que Jack Nicklaus con el público a su favor me había intimidado, y también que me obsesionaba la idea de ganar para rendirle un homenaje póstumo a mi padre. En principio, yo sabía que si ganaba el Masters daría una buena respuesta a la gente que me criticaba, aplaudiendo que no me dejaran jugar en el primer Circuito americano. Pero con veintinueve años de edad, diez de ellos jugando en la más alta competición, y con cuatro torneos grandes en el palmarés, esto no interfería para nada en mi juego. En cualquier caso, el placer de la "venganza" bien podía esperar hasta la noche. En cuanto a padecer una supuesta *intimidación* escénica por parte de Jack Nicklaus y su público, he de decir que, aún respetándolo como le respetan todos los jugadores, en esos momentos él ya no intimidaba en el campo como quizás lo hiciera diez años atrás. Tampoco me sentí influido por el público, porque todos los jugadores tenemos grupos de aficionados que nos apoyan. Además, si en el campo un jugador trata de intimidarme, lo único que consigue es que me sienta más fuerte. Por último, lo único cierto es que quería ganar a toda costa por mi padre, pero, mientras jugaba, ese sentimiento lo guardaba muy dentro de mí. Las causas clave por las que di ese mal golpe, que a la postre me haría perder el torneo, fueron la larga espera, la mala elección del hierro y la memoria de mi padre.

En los últimos hoyos, todo se conjugó para que Jack Nicklaus ganara y para que mi suerte quedara definitivamente sellada en el hoyo 17, cuando hice tres *pats* desde el borde del *green*, porque con el primero me pasé unos cuatro metros de la bandera. Por su parte, Jack hizo otro *birdie* con el que se puso en cabeza. Finalmente, Jack me ganó por dos golpes. Greg Norman y Tom Kite me superaron por uno.

El público de Augusta se portó muy bien conmigo en aquellos momentos. Mientras subía por la calle del hoyo 18, la gente me aplaudía con fuerza. Yo les correspondí, saludando con la visera y tirando besos, aunque la procesión iba por dentro. Esa tarde, Dios estuvo del lado de Jack Nicklaus. El golpe más duro para mí no fue tanto perder ese torneo, sino no poderlo ganar como homenaje a mi padre, tal cual había prometido. Probablemente, el destino era éste.

14
La *forza* del destino

Muchas veces cuando pienso en el Masters del 86 no puedo evitar que se me caigan las lágrimas en silencio. Con el tiempo he aceptado el hecho, pero me sigue doliendo no haber podido brindar ese triunfo a mi padre, que bien se merecía un homenaje así. Por eso hay una gran verdad cuando se dice que lo malo de saber perder es haber perdido. Quizás fue el destino, el mismo destino cuya fuerza se puso de manifiesto en el último hoyo del Trofeo de la USPGA del año 2000 dándole el tercer título grande consecutivo a Tiger Woods.

Lo que sucedió en ese hoyo 18 fue increíble. Woods tenía que meter un *pat* de tres metros para empatar con Bob May y lo metió. Cuando se tira un *pat* de tres metros, uno puede ver la caída perfectamente, tocar la bola de maravilla, darle la fuerza precisa y hacerlo todo genialmente, pero una simple brizna de hierba puede desviar la bola. Y se acabó. Otras veces, uno puede tirar mal y por esa misma brizna o una racha de viento, la bola entra. En eso consiste la *forza* del destino. La bola que Tiger Woods metió en aquel último hoyo, cuando más necesidad tenía de hacerlo, eso no puede ser otra cosa que obra del destino. Como ya he dicho, es uno quien se labra su suerte, pero no puedo negar que en ciertas ocasiones suceden cosas que me hacen sospechar que nuestro guión ya está escrito.

La pérdida del Masters de Augusta del 86 fue para mí tan increíble como lo fue la victoria para Jack Nicklaus, quien a sus 46 años se convirtió en el ganador de más edad. Muchas veces tengo la impresión de que, a mi pesar, la derrota que sufrí en ese torneo ayudó a escribir un capítulo muy especial en la historia del golf. Aparte de los inconvenientes y las causas directas que ya he apuntado, también pagué la factura de mi falta de entrenamiento. El mismo Nicklaus dijo que el golpe que di en el hoyo 15 fue el típico golpe del jugador a quien le falta competición. Pero aún así, no tengo disculpas, pues si pudiera repetirlo hubiese utilizado el hierro 5.

Al año siguiente también estuve a punto de ganar, pero perdí en el desempate. Cuando uno sufre la serie de reveses como los que yo padecí en Augusta en esos años, algo muy dentro de ti queda herido. Tom Watson, después de que yo le venciera en St. Andrew en 1984, nunca más volvió a ganar uno de los grandes, y eso que fui yo quien le ganó y no él quien lo perdió, como me sucedió en Augusta en el 86.

Pero no soy el único a quien le ha tocado padecer situaciones como ésta, y ahí están también para testimoniarlo los casos de Doug Sanders, que falló un *pat* cortísimo en el hoyo 18 de St. Andrews y le costó el Open Británico en 1970; de Tony Jacklin, que sucumbió en el Open Británico jugado en Muirfield en 1972, cuando Lee Treviño metió una serie fantástica de *chips* y le arrebató el título que él creía en sus manos, y de Ed Sneed, quien perdió el Masters de 1979 por los *bogeys* que hizo en los tres últimos hoyos.

Es muy difícil superar una gran decepción, pero puedes conseguirlo. El tenista Goran Ivanisevic lo consiguió ganando Wimbledon en 2001, después de haber perdido tres veces la final. Yo lo conseguí en Lytham en 1988 cuando gané el Open Británico. Por eso comprendí las lágrimas de Ivanisevic. Estas victorias son realmente importantes porque te devuelven al camino y a la meta que te has fijado.

Puedes lamentarte, como Doug Sanders, que siempre dice que no pasa ni un día que no recuerde el *pat* que falló, pero no vale la pena lamentarse, porque, si te detienes a pensar, todos tenemos oportunidades fallidas, y lo que debes hacer es concentrarte en no volver a fallar y en no dejarte vencer por la angustia de los tropiezos. Si bien yo hablo especialmente del Masters del 86 es por la forma en que lo perdí y, sobre todo, porque era una promesa y un homenaje a mi padre. En realidad, si consideramos que esa vez estuve *a punto de ganar*, también debemos considerar que igualmente lo estuve en 1982, cuando acabé a un golpe del desempate que jugaron Craig Stadler y Dan Pohl; en 1985, cuando ganó Bernhard Langer; en 1987, cuando lo perdí en el desempate con Larry Mize y Greg Norman. En esta ocasión también fue decepcionante, pues lo que hace especial una derrota o un triunfo es la carga emocional que uno lleve y el modo como se produzca una u otro.

Este desempate del 87 fue, como dije, decepcionante, pero no me afectó más que cualquier otra derrota. Es cierto que en esa ocasión los favoritos éramos Greg y yo, pero cuando juegas un hoyo has de pensar que siempre puede pasar cualquier cosa, porque el golf no es un juego matemático. Recuerdo que aquella vez acudí al *tee* del 10, el primer hoyo de desempate, con gran moral y salí muy bien, al igual que Greg y Mize, que tiró el *drive* más largo de los tres. Mi segundo golpe con un hierro 5 también fue muy bueno, algo a la derecha de la bandera, que estaba un poco larga. Lamentablemente, la bola se fue al fondo del *green* que estaba seco y duro, a unos nueve metros del hoyo. Norman la dejó a más de cuatro metros y Mize a tres, que era una buena distancia. Mi *pat*, si bien no era muy largo, era muy rápido. No estoy de acuerdo con quienes dicen que fue una osadía por mi parte pretender meter ese *pat*, porque no tiré a meter, sino a aproximarme lo más posible, porque supuse que tampoco Mize, que era la primera vez que se acercaba a un grande, ni Norman, que deseaba el Masters desesperadamente, la meterían, tal como ocurrió.

El problema no estuvo en que mi primer *pat* se quedara aproximadamente a un metro del hoyo, sino que fallara el siguiente. Generalmente, cuando uno falla un *pat* corto tiene la sensación de que ha metido la mano o ha despachado la bola hacia fuera. Pero en el vídeo del torneo se ve perfectamente que me quedo atónito al ver que la bola no entra. Las imágenes también revelan que no hago nada raro con las manos o con la cara del palo. El golpe lo fallé porque no apunté bien. Había que apuntar al centro, porque era un *pat* recto, pero lo hice a la izquierda. La causa de este error fue que las sombras y claros que proyectan los hermosos árboles que rodean el *green* al atardecer no me dejaron ver bien la línea y precisar la rodadura. Y ahí acabó el Masters para mí. Finalmente, en el hoyo de desempate el destino jugó a favor de Larry Mize, quien se hizo sorprendentemente con el torneo. Ganó con un golpe impresionante, de esos en que la bola entra una de cada mil veces.

Es evidente que me llevé una gran decepción, pues mientras subíamos con mi hermano Vicente la calle del hoyo 10 íbamos sin hablarnos, destrozados, llorando de rabia. Cómo podía haber fallado ese *pat*, después de haber entrenado ese golpe diciéndome: "Tengo que ganar, por lo que sucedió el año pasado". Pero, analizando fríamente mi juego, veo que si bien en la última vuelta había hecho tres *pats* desde cuatro y seis metros, en toda la semana no había conseguido meter ninguno desde más de dos metros y medio. Además, aunque había cometido sólo ocho *bogeys* en las cuatro vueltas, cosa poco frecuente en Augusta, los once *birdies* que logré no fueron suficientes. Es aquí donde se me escapó verdaderamente el torneo.

Como podemos ver, la *forza* del destino, para evocar la famosa ópera de Verdi, a veces se manifiesta en forma de cosas o hechos inexplicables, que llamamos milagros si te ayudan, e infortunios si te hunden, y en otras se presenta como fenómenos atmosféricos, pequeños accidentes o comportamientos personales.

Con mi madre, Carmen, frente a la casa familiar.

Con mi padre, Baldomero, en Japón.

Mi tío Vicente (*izquierda*) en un partido de fútbol con fines benéficos entre "gordos y flacos" disputado en el estadio El Sardinero.

Mis padres, en una celebración familiar.

Mi padre con un amigo japonés, en un carro tirado por un borrico en las cercanías de nuestra casa.

Mi padre jugando en una cancha de prácticas en Londres.

En Japón, con mi padre y la familia Tezuka.

Con mi padre en una cena en Japón.

Mi madre con mis tres hijos, Miguel, Javier y Carmen en Puente San Miguel, Cantabria.

Mis padres delante de la puerta del garaje de su casa.

Mi madre con mi hijo Javier el día de su Primera Comunión.

Con mis hijos Carmen y Miguel en la playa (*arriba*) y celebrando el cumpleaños de Miguel.

En Puerto Chico, Santander, con mis tres hijos, Javier, Carmen y Miguel.

Disfrutando de un día de piscina con los niños.

Con mis hijos Miguel y Javier en el *putting green*.

Los cuatro hermanos en el parking de la Casa Club de Royal Lytham.

Con mis hermanos
y David Musgrove
(*izquierda*) en el Open
Británico de 1979.

Los cuatro hermanos Ballesteros Sota en La Zapateira, La Coruña.

Con mis hermanos y un jugador japonés durante una exhibición en Pedreña.

Mis dos victorias en la Copa del Mundo por equipos, con Manuel Piñero en 1976, en California (*arriba*), y con Antonio Garrido en 1977, en Filipinas (*abajo*).

Chema (José María Olazábal) y yo hemos formado una de las mejores parejas en la historia del golf.

Con Chema, compartiendo confidencias (*arriba*) y en un torneo benéfico en Pedreña, contestando a preguntas de Matías Prats (*abajo*).

15
Mi segundo de gloria

La hora de salida y el clima tienen una importancia fundamental para jugar un partido de golf. A lo largo de mi carrera deportiva, como es de suponer, he tenido en los grandes torneos horas de salida buenas y malas. En el Open Británico, que se disputa a orillas del mar, jugar en un *links*, la hora de salida y la variabilidad de las condiciones climáticas son sus señas de identidad. En este torneo, tan ligado a mis mejores momentos deportivos, suele pasar que el día en que uno sale a las 7,30 es totalmente diferente al que tiene cuando inicia su recorrido a las 3,30 de la tarde.

Sé, porque nací junto al mar, la gran influencia que tienen las mareas sobre el clima y sobre el viento. A veces, si juegas por la tarde, caso de que ocurra en una de las dos primeras vueltas, puedes observar los efectos climáticos y cómo afectan éstos al juego de los competidores. En el Open Británico lo peor es que el primer día te toque salir tarde y el tiempo sea malo. En estos casos, te puedes encontrar con que los jugadores que te preceden hayan firmado tarjetas con sesenta y tantos golpes, al tiempo que empieza a llover y soplar viento fuerte. Cuando eso sucede, antes de ejecutar tu primer golpe, ya sabes que has perdido toda opción de ganar el Open.

Pero al margen de ello, existen otras tormentas que también pueden hacerte perder el torneo. Está claro que ningún torneo de golf se puede ganar en la primera vuelta, pero sí perderlo. Y sucede con más frecuencia en el Open Británico que en cualquier otro. No creo que haya que echarle la culpa de esto al Royal & Ancient Golf Club of St. Andrews, organizador del torneo. Aunque hay que reconocer que a veces no es flexible en sus posturas o no pueda serlo.

El Royal Birkdale y Muirfield son los dos *links* de la rotación del Open, donde se podrían organizar las salidas por dos *tees* a la vez. Sin embargo, al participar más de ciento cincuenta jugadores, esto es imposible. Con esta cantidad de participantes habría partidos que acabarían los nueve primeros hoyos antes de despejar las salidas del 1 y 10 respectivamente, lo que supondría unos parones de juego tremendos. Pero a pesar de eso, y aunque sospecho que nunca se hará, sería interesante que el R&A probara algún día las salidas por dos *tees*, como lo hizo la United States Golf Association en 2002 para el US Open.

Pero, a pesar de todo y aunque no es perfecto, el Open Británico sigue siendo el torneo más importante del mundo. En la cuna del golf, el Old Course of St Andrews, disputando el Open de 1984 experimenté la mayor emoción que he tenido en este deporte. Fue en la última vuelta, en la que salí al campo con Bernhard Langer, mientras Tom Watson e Ian Baker-Finch disputaban el último partido que jugaba detrás de nosotros. Los dos estaban en once bajo par y Bernhard y yo en nueve bajo par. Pero esto no me preocupaba. A lo largo del torneo me había sentido tan confiado, que ya la tarde anterior había finalizado la conferencia de prensa diciendo a los periodistas: "*Mañana les veré a todos ustedes en esta misma sala.*"

Estaba claro que no me refería a presentarme ante ellos como derrotado. A Watson ya le había vencido ganando el Masters del año anterior; a Langer, si bien le consideraba muy bueno, dudaba de que estuviera preparado para ganar un torneo de los grandes, aunque en el siguiente abril me ganó y se enfundó la chaqueta verde de Augusta. Baker-Finch me parecía simplemente que no tenía experiencia suficiente para aguantar, como la que tuvo siete años más tarde cuando se hizo con este torneo.

Al revés que en Lytham cinco años antes, esta vez miraba las pizarras para saber en todo momento lo que estaba pasando a lo largo de la tarde. En el hoyo 5 hice *birdie* con el que alcancé a Watson y en el hoyo 8 logré otro *birdie* con el que me puse líder en solitario. Así encabezaba el Open después de haberlo ganado en Lytham en 1979.

Yo seguía avanzando con seguridad mientras Watson parecía tener problemas de *pat*, dado que había *tripateado* tres veces en los cinco primeros hoyos. Aunque por mi parte hice *bogey* en el hoyo 11, con lo que, aunque pareciera lo contrario, no tenía ningún interés en ayudar a Watson en su empeño de igualar el récord de seis Opens logrado por Harry Vardon. En los hoyos siguientes se dieron interesantes alternativas; Watson hizo *birdie* en el hoyo 13, pero en el hoyo siguiente yo también conseguí otro. En esos momentos, los dos intuíamos que ganar el torneo estaba en nuestras manos.

Cuando Bernhard y yo llegamos al *tee* del hoyo 15, el tiempo había refrescado bastante. Entonces, como un torero, me vestí para entrar a matar. Saqué de la bolsa el suéter azul marino que había vestido en Lytham cinco años antes y me lo puse sobre el polo blanco que llevaba. Pero, como decimos en España, no hay que vender la piel del oso antes de cazarlo. En golf lo más importante es dominar las emociones. Nunca uno puede verse con el trofeo en las manos antes de haber acabado el juego, porque el golf es demasiado impredecible. Yo, aun sabiéndolo, después del *birdie* del hoyo 14 me dije: "ahora si puedes ganar". Pero en cuanto te dices esto, te asalta la angustia al pensar lo mucho que falta para finalizar y nosotros aún teníamos que jugar el *Road hole*, el célebre "Hoyo de la carretera".

Watson y yo mantuvimos nuestras posiciones en los hoyos 15 y 16, llegando empatados al temido *Road hole*, que es el hoyo 17. Era el par 4 más exigente y a mi parecer el hoyo más difícil del mundo. Hasta aquel momento sólo había hecho cinco *bogeys* en 70 hoyos y tres de ellos en este terrible *Road hole*. Ahora sabía que tenía que hacer el par obligadamente.

Así es que me preparé y, como en días anteriores, apunté a la izquierda, decididamente a la izquierda. Golpeé y, también como en días anteriores, la bola se fue al *rough*. No estaba tan mal. La bandera, colocada a poco menos de ciento noventa metros, no me dejaba más opción que apuntar a la derecha. El golpe era difícil y si fallaba estaba muerto. Por un lado, si me iba a la izquierda podía caer en el *road bunker* o dejarme un *chip* imposible, y por otro, si me pasaba, tenía que jugar el tercer golpe desde la carretera. Además necesitaba que la bola botara un poco corto de *green*, entre el temible *bunker* y la esquina derecha del *green*.

Cogí con decisión el hierro 6 y pegué a la bola con toda la fuerza que pude. La bola salió bien, un poco suelta, tal como había previsto que saldría de la hierba del *rough*. Seguí la bola con la mirada y nada de lo que temía sucedió. Cayó en pleno *green*, por la derecha, justo donde quería dejarla para hacer dos *pats* desde unos quince metros. Los hice y el par que conseguí tuvo sabor de *birdie*. Volví la vista hacia atrás para observar, camino del último hoyo, como Watson se disponía a jugar su segundo golpe, desde el sitio ideal, en la parte derecha de la calle. Fue cuando le dije a Nick de Paul, mi caddie, que para asegurarnos el triunfo necesitábamos hacer *birdie* en el hoyo 18.

—Tenemos que hacer un *birdie*, Nick.

—¡Demonios, vamos, vamos! –exclamó Nick animándome.

Con este propósito me situé en el *tee*. Pegué una madera 3 bastante buena, al que siguió otro buen *sandwedge* que me situó la bola a casi cinco metros del hoyo y en subida. El *pat* tenía una caída muy clara hacia la izquierda, pero al golpear la bola tuve la sensación de que lo había exagerado. Pero no fue así. Con la línea que llevaba, acabó rodando hacia el hoyo en cuyo borde pareció que se paraba y, con suspense, acaso empujada con mi fuerza mental –tanto era mi deseo de que entrara– acabó dentro de él.

Éste fue el momento más feliz de mi vida deportiva. Mi segundo de gloria. Mi golpe más maravilloso. Tan es así, que el gesto que hice lo adopté como logotipo de marca de mis empresas. Mucha razón tiene mi hermano Baldomero cuando dice: "*En el mundo del golf hay dos clases de jugadores. Unos que hacen de sí mismos un producto tratando de lograr éxitos comerciales, y otros que dedican su juventud a conseguir logros deportivos y sociales, entregándose generosamente a este cometido y al público. A estos últimos pertenece Seve, por eso él no es un producto sino una marca*".

Cuando la bola entró, supe que era el campeón. Ya no me importó lo que pudiera estar haciendo Watson en el hoyo 17. Pero a pesar de saber que con mi último *pat* había ganado, después de firmar y entregar la tarjeta con los resultados, fui a verle. Ignoraba que, antes de que yo pateara, él había hecho un *bogey*, lo que le obligaba a hacer un *eagle* en el hoyo 18 para forzar el desempate, cosa que no consiguió.

Más tarde, viendo en vídeo lo que había hecho Watson con su segundo golpe en magníficas condiciones, supe cuál había sido su error. Mientras yo pude hacer un recorrido de casi ciento noventa metros con el hierro 6, él escogió el hierro 2, con lo que desperdició la perfecta posición en la que había quedado la bola de su *drive*. A ciencia cierta no sé lo que le pasó, pues Watson nunca lo dijo, pero muchas veces he pensado que quizás se equivocó al contar los metros que distaban hasta la bandera o, simplemente que la adrenalina le hizo pecar de fuerza. Pero fuese una cosa u otra, lo cierto es que no eligió bien su palo. Después jugó un espléndido tercer golpe y a punto estuvo de salvar el par del hoyo.

Watson, posteriormente me felicitó, un tanto abatido. Lo entendí. Comprendí cómo se sentía, pues aquel Open era muy importante para él. De haberlo ganado hubiera igualado la marca de seis títulos que posee Harry Vardon desde 1914. Pero entonces ésa era mi hora, y el viento, que siempre cambia a orillas del mar, soplaba a mi favor.

Tom Watson es uno de los más grandes de la historia del golf, consiguiendo desde 1975 hasta 1983, además de los triunfos mencionados en The Open, el Masters y el US Open.

Con ese palmarés pocos más calificativos se pueden decir; para mí es una gran persona, un buen amigo que siempre he admirado y al que tengo un profundo respeto, que además pienso que es mutuo, pues he podido leer que llegó a declarar: "*Seve no es sólo un gran golfista, sino un milagro de capacidad de comunicación con el público. Nunca me hubiera imaginado que tuviera esta repercusión popular, en Estados Unidos y Gran Bretaña, un golfista español.*"

16
La vuelta de mi vida

Ganar el Open Británico en St. Andrews es la cosa más grande que te puede ocurrir como jugador profesional de golf. Como ya dije, el Old Course es la cuna de este deporte. Es el campo más famoso y con más tradición del mundo, y el torneo Británico el más antiguo de los *opens*, es decir, de los campeonatos abiertos para todos. Esto es historia y no hay otra más rica que la del Open Británico. Es, además y según mi parecer, el torneo más difícil de ganar, porque se juega en *links*, bajo condiciones climáticas muy cambiantes, y porque en él intervienen los mejores jugadores del mundo del momento.

Mi mejor vuelta en este torneo, y acaso la mejor de toda mi carrera, no la hice en 1984, sino en 1988. Fue aquella fantástica tarjeta de 65 con que acabé para ganar de nuevo en Royal Lytham. Por los *birdies* que hice y por la emoción que tuvo, aquel fue un torneo memorable. Ese año, a causa del tiempo espantoso que hizo el sábado, la final se jugó el lunes y, excepcionalmente en un torneo grande, salimos de tres en tres. Nick Price, Nick Faldo y yo jugamos el último partido.

Desde que empezó el torneo, con nubes de tormenta a partir del jueves por la mañana, yo estuve en la *pomada* de la acción. Empecé muy fuerte, con cinco *birdies* en los siete primeros hoyos, pero en los nueve segundos las cosas se pusieron más difíciles, como suele pasar en Lytham. Cometí dos *bogeys* en los hoyos 14 y 18, después de haber tenido que dropar dos bolas injugables. No obstante, firmé una tarjeta con 67 golpes que me dio el liderato en la primera vuelta.

El juego prosiguió muy disputado y con muchas alternativas, al punto de que al llegar a la última vuelta el liderato era de Price, con 206 golpes, siete bajo par. Faldo y yo le seguíamos a dos golpes y Sandy Lyle con uno más. El resto estaba bastante más alejado.

Habitualmente todo el mundo prefiere jugar de dos en dos, porque de tres en tres el juego es más lento y resulta más difícil concentrarse. Pero aquella tarde, a Price y a mí nada nos alteró lo más mínimo. Confieso que me sorprendió bastante verme tan tranquilo durante toda la vuelta y lo bien que controlaba mis nervios y emociones. No recuerdo, en situación de ganar un grande, haber estado tan relajado como lo estuve en el Open Británico del 88.

Al final del hoyo 6, Faldo y yo llevábamos un muy buen ritmo y nos habíamos acercado colocándonos a un golpe de la cabeza. Ambos pisábamos los talones a Price. Sin embargo, en el siguiente hoyo, Faldo empezó a descolgarse, cuando hizo tres *pats*, y Price y yo embocamos para *eagle*. Ya en el hoyo 8, la situación del juego se tensó cuando logré meter un *pat* de seis metros para *birdie*, con el que di alcance a Price, que aguantó muy bien los dos hoyos siguientes. La emoción subió más aún cuando en el hoyo 11 metí otro *pat* de seis metros para sumar otro *birdie*. Era increíble, había jugado los seis últimos hoyos seis bajo par y sólo ganaba por un golpe. Aquello me indicaba que Nick Price también lo estaba haciendo muy bien. Para colmo, en el siguiente hoyo pegué mal a la bola y me costó el primer *bogey* del día para que Price me alcanzara.

El juego de ambos era espectacular. En el hoyo 13, Price pegó un segundo golpe magnífico que de milagro no metió directamente, pero que le sirvió para apuntarse el *birdie*. La situación era para mí muy delicada. No podía dejar que se me escapara. Así que di igualmente un segundo golpe muy bueno que me dejó un *pat* para *birdie* de unos cinco metros y medio, con una caída muy clara de derecha a izquierda, ligeramente en bajada. Es el tipo de *pat* que uno siempre cree que puede meter, pero que a veces la presión, como la tremenda que tenía en ese momento, hace que yerres. Pero no fallé, toqué bien la bola y entró.

Al llegar el hoyo 16, escenario, nueve años atrás, de mi famoso "*birdie* del aparcamiento", la cosa seguía igual de disputada. Price y yo habíamos cometido los mismos aciertos y los mismos errores, siempre con un nivel de juego muy alto. Continuábamos empatados en cabeza. Fue en ese momento cuando me dije que tenía que hacer algo especial. Arriesgar y dar un golpe formidable. Así fue como decidí "partir la calle en dos" con un buen golpe de salida para utilizar después el hierro 9. Faltó muy poquito para que no la metiera de dos, pero el *birdie* me dio otra vez un golpe de ventaja. Y así llegamos al *tee* del último hoyo.

Como se pueden imaginar, la expectación estaba en su grado más alto, porque un golpe no es definitorio. Muchos factores son los que entran en juego entonces, y no todos, entre ellos el viento, son favorables a tus propósitos. Pensé que en aquellas condiciones lo mejor era salir con la madera 3, pero en toda la semana no había utilizado ese palo y no era cuestión de hacer experimentos precisamente en el hoyo 18 y con sólo un golpe de ventaja. De modo que cogí el *driver*, apunté a la izquierda de la calle y tiré con *fade*, a fin de que al final el efecto la desviara hacia el centro. Pero el viento me jugó una mala pasada y se llevó la bola mucho más a la derecha de lo que yo quería. Como en ese lado había un *bunker*, temí que hubiese caído allí. Por suerte no fue así, pero el peligro de los *bunkers* seguía presente. En toda la semana sólo había caído cuatro veces en un *bunker*, y ahora no era cuestión de que cayera una quinta en alguno de los que rodean el *green* por la derecha.

Antes de salir a jugar la final, había observado que la bandera del hoyo 18 estaba puesta en la mitad derecha del *green*, así que me dije: "Seve, como necesitas el par para ganar, no pasa nada si fallas el *green* por la izquierda, porque desde allí tienes mucho espacio para jugar a la bandera". Así que para este segundo golpe utilicé un hierro 6 y, como la bola estaba en el *semirough* bastante bien puesta, me coloqué apuntando hacia al izquierda del *green* con la esperanza de que el viento la desviara hacia la derecha. Sin embargo, la bola salió tan sólida, que el viento no la movió y se fue a la izquierda. En un primer momento pensé que me había quedado un *chip* fácil, pero al llegar a la bola vi que había quedado mal y en bajada. El golpe era bastante delicado y complicado. Primero pensé en coger el hierro 9, pero comprendí que era demasiado peligroso. Al final me decidí por el *sandwedge* para elevar la bola dos o tres metros antes de que botara en el *green* y luego rodara hasta la bandera. Cuando di el golpe, supe que había hecho lo que quería, e incluso que la bola iba al hoyo. Hasta hoy todavía me pregunto por qué no entró, pues iba con la velocidad precisa cuando rozó el borde del hoyo. Quienes hayan visto las imágenes de ese golpe, seguramente se preguntarán lo mismo.

Pero, si bien la bola no entró, hice el par que me había propuesto para ganar el torneo, aunque, en realidad, éste aún no estaba decidido. A Nick Price le quedaba un *pat* largo con el que podía hacer *birdie* y empatar. Ian Wright, mi caddie, comenzó a celebrar como si yo ya hubiese ganado.

—Espera un minuto, Ian –le dije calmándole–; Nick todavía tiene que patear.

—¡No lo mete! ¡Seguro que no lo mete! –respondió Ian, eufórico.

—¡Si supieras las cosas que yo he visto! –le advertí conteniéndome.

En aquel momento recordaba cómo Greg Norman había perdido ante Bob Tway el Campeonato de la USPGA de 1986 y con Larry Mize el Masters de 1987. Price tiró su *pat*. Lo hizo desviado, demasiado largo y también falló el de vuelta. Pero al margen de estos golpes, el juego de Nick Price ese día fue brillante, y esto hizo que nuestra final fuera inolvidable. Para mí, con ese 65 que firmé, fue la vuelta más grande de mi carrera. La vuelta de mi vida es un Grande. Creo que esta final que disputé con Price no tiene nada que envidiar a aquel maravilloso "duelo al sol" que por el Open Británico protagonizaron en 1977, en Turnberry, Tom Watson y Jack Nicklaus. Por eso, al final me acerqué a Nick Price y le dije: *"Nick, has jugado tan bien como yo; la diferencia es que he tenido más fortuna, así que sólo puedo decirte que sigas así, porque tarde o temprano ganarás el Open."*

Y así fue, porque tres años después lo ganó. Nick es un gran campeón, un amigo y un caballero.

Este Open era el quinto torneo del Grand Slam que ganaba, pero para mí significa muchísimo más. Venía de una situación difícil, desde Augusta, el Masters de 1986, pues al año siguiente había perdido otra oportunidad de ganarlo con tres *pats* en el desempate y también de ganar el US Open y el Campeonato de la USPGA. Desde mi último triunfo en un torneo grande, el Open Británico de 1984, otras figuras se habían encaramado en la cumbre del golf. Sandy Lyle, ganador del Open Británico en el Royal St. Georges y el Masters de Augusta; Bernhard Langer, que se había hecho con el Masters, y Nick Faldo, que había ganado el Open Británico. No era que fueran a olvidarme en el golf europeo, porque las victorias de la Ryder Cup de 1985 y 1987 habían sido gloriosas, pero era consciente de que tenía que hacer algo para recuperarme y ocupar el lugar que me correspondía entre los grandes. Tenía que conseguir un éxito individual del más alto nivel.

La semana del Open de 1988 fue maravillosa para mí también en lo privado, pues fue la primera vez, desde que éramos novios, que me acompañó Carmen. Yo la había conocido muchos años atrás, cuando mi hermano Vicente se fue a hacer el servicio militar a Zaragoza y tuve que sustituirlo como profesor de golf de su familia. Recuerdo que les daba clases los lunes, miércoles y viernes en Santander, a donde me trasladaba cruzando la bahía en barca, y los sábados y domingos en el Golf de Pedreña. A todos ellos les trataba de usted, incluida Carmen, que entonces era una niña de ocho años.

Pasado el tiempo y cuando la niña ya había doblado su edad volví a encontrarla. Me sorprendió porque, como viajaba, no había tenido oportunidad de verla crecer hasta que, a sus dieciséis años, en 1981, fue a verme jugar el Campeonato del Mundo Match Play que se disputaba en Inglaterra. Por entonces ella estudiaba en el Saint Mary School de Ascot, cerca de Londres, colegio al que tiempo después iría nuestra hija. Como gané, mi hermano Vicente y yo organizamos una fiesta, a la cual la invité. Eso fue todo, al principio.

Al verano siguiente, como sus padres veraneaban en Pedreña y tenían una casa cerca de la nuestra, un día ella se acercó a pedirnos pimentón que, según ella, necesitaba su madre. Obviamente, mi madre atendió su petición. Cuando salía de casa aproveché para invitarla al cine. Yo pensaba que me diría que no, pero aceptó. Al final, no fuimos al cine, pero su respuesta afirmativa me hizo pensar que le gustaba. Desde entonces, poco a poco, empezamos a vernos durante dos años, sin que nadie lo supiera, aunque la cosa era más bien de amigos. Después intimamos, pero nuestro noviazgo nunca tuvo un compromiso formal, pues nos veíamos esporádicamente. La causa principal eran mis viajes y el hecho de que Carmen estudiara primero en Inglaterra y después en Estados Unidos.

Pasados ocho años de relación, el hecho de que fuera a verme jugar al Open Británico y de que estuviera presente en ese momento crucial de mi carrera deportiva me llenaba de entusiasmo. Se abría una nueva perspectiva en mi vida personal. Yo admiraba la familia que había formado mi hermano Baldomero, quien tenía dos hijos preciosos, Iván y Raúl, y, como él, yo también quería tener una familia. Esta poderosa razón hizo que planteara a Carmen casarnos o romper con el largo noviazgo. Yo la veía a ella como a una chica normal. No pensaba en que yo tenía treinta y un años y ella veintitrés, ni que era bastante insegura, sino que era para mí la persona adecuada para formar una familia.

También es cierto que el propósito de casarme y de tener una familia me causaba inquietudes sobre el futuro de mi carrera, que se sumaban a esa fase crítica que se había abierto desde la muerte de mi padre y la pérdida del Masters de Augusta del 86. Había comenzado a preguntarme si mi posición en la cumbre estaba en peligro hasta que el triunfo en el Open Británico y el modo de conseguirlo despejaron mis miedos. El recuerdo de cómo perdí el Masters unos meses atrás empezó a ceder. En noviembre de ese mismo año me casé. Aunque en este caso, pasado el tiempo, ya puedo saber que mis temores sobre los efectos del matrimonio en mi carrera profesional no eran infundados. El Open Británico de 1988 fue mi último gran triunfo en un torneo de Grand Slam.

17
La princesa y el vagabundo

El 27 de noviembre de 1988, meses después de haber ganado el Open Británico y tres después de regresar de Japón, donde había ganado el séptimo torneo del año, el Taiheiyo Club Masters, Carmen Botín y yo decidimos casarnos. Después de ocho años de un noviazgo marcado por sus estudios y mis viajes, creímos que había llegado la hora de separarnos o de formalizar nuestra relación. En aquellos momentos veía en ella a una mujer joven –tenía veintitrés años–, con la que podía crear una familia. A pesar de que era una chica aún sin madurar en muchos aspectos, estaba convencido de que juntos lo superaríamos y llegaríamos a entendernos y ser felices.

Mi obsesión siempre ha sido tener una familia; creo en ella, porque es a la familia a la que debo lo que soy. En esto soy como cualquier español, para quien su vida está centrada en la familia, mucho más que para los habitantes de otros países. En España, los hijos suelen vivir con sus padres hasta que se casan. Ya en el siglo XXI esto no ha cambiado, porque, por dificultades para conseguir vivienda, trabajo o por comodidad, aguantan en casa todo lo más que pueden. Lo contrario de lo que sucede en Estados Unidos, donde se van de casa a los 18 años, recién cumplida la mayoría de edad. Así padres e hijos apenas se ven las caras un par de veces al año. Entre nosotros, tanto el hijo que trabaja como el que no lo hace se queda en casa de los padres, pues tiene aseguradas comodidades que no tendría si viviera por su cuenta. Yo mismo viví en casa de mis padres hasta los treinta y un años.

A mi familia le debo mucho. Tanto mis padres como mis hermanos me apoyaron y protegieron desde pequeño. Incluso ahora el cariño y apoyo de mis hermanos me es imprescindible para sentirme seguro y feliz. Cuando en 1979 gané mi primer dinero jugando al golf, no pensé en mí; quiero decir que no lo hice pensando como un individuo solo, sino como parte de mi familia. Ella era la que me sostenía para ganar. Por esto, casi lo primero que hice fue construir una casa para mis padres, donde viví hasta que me casé. En la primera casa paterna ahora vive Manuel y su familia. Mis otros hermanos no viven en Pedreña. Baldomero reside en Santander, desde donde controla nuestras compañías. Y Vicente se dedica a realizar exhibiciones por toda Europa. Con esto quiero decir que me casé muy ilusionado con la idea de formar una familia con Carmen.

Siempre he pensado que éste es un proyecto de vida muy privado y que no debe estar expuesto a la mirada pública. Sin embargo, la prensa española, especialmente la rosa, llevaba mucho tiempo especulando con la boda de la hija del banquero y el campeón de golf. Un día publicaba que nos habíamos casado y al día siguiente que habíamos roto. Aun así, nosotros nos manteníamos firmes en nuestro propósito, pues no estábamos dispuestos a convertir nuestra vida particular en un circo mediático. Por este motivo celebramos la boda en la más estricta intimidad.

La nuestra fue una boda tan discreta que a la fiesta sólo acudieron los familiares más directos invitados, aunque podrían haber sido centenares por ambas familias. Para evitar filtraciones, *confiamos* a algunos que la ceremonia sería en casa de los abuelos de Carmen, cuando en realidad planeamos desde el principio hacerla en casa de sus padres, en Santander.

A algunos medios de comunicación les pareció mal que no informáramos de nuestra boda, pero es así como conseguimos que fuera algo privado. Lo único que nos falló fue que, durante nuestro viaje de luna de miel, revelamos las fotos de la fiesta que había hecho un familiar de Carmen. Alguien en el laboratorio, enterado de quiénes éramos, sacó copias y, para nuestro disgusto, las vendió a una agencia de noticias.

Durante mucho tiempo, los *paparazzi* estuvieron detrás de mí y de Carmen hasta que se dieron cuenta de que no estábamos dispuestos a exponer nuestra vida privada al público. Como parte de esa estrategia y para evitar situaciones equívocas con los medios de comunicación, había decidido desde el principio no cobrar por las entrevistas que concediera, cosa frecuente entre la gente que centra el interés de la prensa. Si algo tenía que publicarse de mí tenía que ser como jugador de golf, pues a esto debía mi fama. Esta actitud, contra lo que algunos pueden opinar, hizo que los periodistas me respetaran y apreciaran. En más de una ocasión cuando, siendo novios, Carmen iba a verme a algún torneo, yo solía pedir a los fotógrafos que no le hicieran fotos y me hacían caso. Les debo mi agradecimiento.

Recuerdo que en 1985, cuando Carmen estudiaba en la Brown University de Rhode Island (Estados Unidos), fue a verme a The Belfry, donde jugábamos la Ryder Cup, yo pedí a los fotógrafos que no la fotografiasen porque temía que tuviese algún problema con la universidad; en Brown sabían que estaba de viaje, pero no que estuviese en Inglaterra para verme jugar. Pues bien, no hubo ningún problema, porque todos aceptaron de buen grado mi petición.

Está claro que Carmen tenía mucho interés para la prensa como miembro de una familia española muy rica que salía con un jugador de golf de origen humilde. Por este motivo y redundando en la idea de “la princesa y el vagabundo”, alguna prensa dijo entonces y todavía de vez en cuando suele repetirlo, que yo había hecho un buen negocio casándome con la hija del banquero más rico de España. Nada más lejos de la realidad.

Es cierto que Carmen pertenece a una de las familias más poderosas del país. Su padre dirige el Banco Santander. Sin embargo, esta circunstancia no pesó para nada en mi decisión de casarme con ella, sino el hecho de conocernos y frecuentarnos desde hacía ocho años y mi idea de formar una familia. Pero, como a mí me gustan las cosas claras y no dar pie a la maledicencia, una de las condiciones que puse para el matrimonio fue que lo hiciéramos mediante el sistema de separación de bienes, cosa que Carmen aceptó...

La casa a la cual fuimos a vivir Carmen y yo era y es mía. Es una casa que para mí es el mejor lugar de la Tierra. Como ya he dicho, soy un hombre muy familiar y no me gusta salir en vacaciones, sobre todo porque viajo bastante el resto del año y es en casa donde encuentro todo a mi gusto. La mía es una casa con amplios espacios abiertos y nada ostentosa, que se levanta en un punto de Pedreña desde el cual veo desde la bahía de Santander hasta el mar Cantábrico, y desde el campo de golf hasta las montañas de Cantabria. El jardín es grande y tiene centenares de árboles. A esta casa que hice construir yo y que es mi paraíso, se mudó Carmen a vivir cuando se convirtió en mi esposa y donde residió mientras lo fue.

Hoy pienso en mis hijos y me siento muy orgulloso de ellos. Javier, el mayor, nació en agosto de 1990; Miguel, dos años más tarde, y Carmen, en 1994. Una de las cosas en que estuvimos de acuerdo con Carmen es que nuestros hijos crecieran como chicos normales, y por esto hemos procurado evitar que sus fotos salgan en la prensa, para que no los señalasen en la calle como hijos de un personaje famoso.

Desde que ellos nacieron empezó a costarme viajar y estar fuera de casa mucho tiempo, porque me perdía verlos estudiar, crecer y conocer a sus amigos. Pero no tuve más remedio que aceptarlo, porque entendía que no había otra salida. El ser jugador profesional me ha dado muchas y grandes satisfacciones deportivas, pero uno de los precios que he debido pagar por éstas desde que me casé y tuve hijos, fue el perderme muchas cosas de ellos mientras crecían.

Mis hijos también han padecido mis ausencias. El matrimonio y los hijos cambian radicalmente el modo de vida de un deportista, y esto afecta a su comportamiento en el campo. En mi caso, sobre todo por mi incapacidad para concentrarme en lo que hacía. Primero, al casarme, ya no podía seguir pensando sólo en mí y disponer del tiempo como si fuese sólo mío y, después, mucho menos cuando nacieron mis hijos. Pero aunque ya no volviera a ganar ningún grande más, como sucedió desde que me casé, la felicidad que te proporcionan los hijos te recompensa con creces, pues ningún triunfo deportivo es mayor que el haberlos tenido.

A pesar de comprender todo esto, fue muy duro al principio, pues tuve que aprender a comportarme de un modo más solidario y generoso con mi esposa primero y con mis hijos después. Cuando uno se compromete a formar una familia, ha de saber que debe dedicar mucho tiempo a la mujer y a los hijos, pues de ello depende mucho su felicidad.

18

La espina del US Open

En 1991, al año siguiente de nacer Javier, el Open Británico volvió a Birkdale, el lugar donde estuve a punto de ganarlo por primera vez. Lo perdí frente a Johnny Miller. En esta ocasión, por capricho o por casualidad, el caso es que la gente del R&A dispuso que saliera emparejado precisamente con Miller. Mi respuesta fue realizar una vuelta muy buena, incluyendo un *eagle* con un *drive* de 370 metros con ligero viento a favor.

Este comportamiento me dejó la sensación de que mi juego volvía a ser el de siempre. La tarjeta que presenté al final de la primera vuelta, fue de 66, cuatro bajo par, pues en los últimos 15 años se había reducido el par del campo de 72 a 70. No obstante, a la última vuelta llegué con dos golpes por detrás de Ian Baker-Finch y Mark O'Meara.

A priori, en esa posición yo tenía cierta ventaja psicológica, pues de los once primeros que figurábamos en la pizarra, era el único que había ganado un torneo del Grand Slam. Esto me hizo pensar que tenía oportunidad de repetir triunfo en el Open, aunque era consciente de que estaba muy lejos de mi mejor forma. Siempre he confiado en mis posibilidades y, en este caso además, imaginaba que a los otros les intimidaría la perspectiva de hacerse con la jarra de plata. Estaba equivocado. Por mucha confianza que tengas en ti mismo, nada puedes hacer cuando el que va delante de ti sólo suma veintinueve golpes en los nueve primeros hoyos. El juego de Baker-Finch fue extraordinario. Firmó al final una tarjeta con sesenta y seis golpes, que le dieron una ventaja de dos golpes y el Open de 1991. Desde entonces, el Open Británico ha sido muy decepcionante para mí.

En 1993, en el Royal St. George's, cuando ganó Greg Norman con una brillante tarjeta de 64 golpes, mi juego distó de ser lo suficientemente bueno como para complicarle el triunfo. En 1999 ni siquiera pasé el corte. Ese año el Open se jugó en Carnoustie y lo ganó Paul Lawrie después de un desempate con Jean Van de Velde y Justin Leonard. Fue una final verdaderamente sorprendente por los despropósitos.

Afortunadamente, nunca he pasado por una fatalidad como la que sufrió Van de Velde en esta ocasión. Aunque esto no quiere decir que no tenga recuerdos ingratos de torneos del Grand Slam. Por ejemplo, una de mis espinas es no haber ganado nunca el US Open. Es cierto que ganar tres Opens Británicos y dos Masters no es ninguna tontería, pero si hubiera podido añadir un US Open habría sido maravilloso.

Lo que resume la naturaleza del US Open es la pura negación. Para justificar esto bastaría con mencionar que, cuando debuté en este torneo en 1978, en Cherry Hills, lo ganó Andy North con *bogey* en el último hoyo. Éste es un campeonato en el que nunca me he sentido cómodo, porque no recompensa ni el talento ni la imaginación de los jugadores. No lo digo porque no lo haya ganado nunca, aunque he estado muy cerca un par de veces, sino porque nadie, ni siquiera los espectadores van allí a divertirse. El US Open es un torneo frío, que carece de pasión, no sólo comparándolo con el Británico o el Masters, sino con cualquier otro torneo. Quizás, la única vez que resultó emocionante fue en 1982, en Pebble Beach, cuando, en el penúltimo hoyo, Tom Watson metió la bola desde fuera con un *chip* y le arrebató el triunfo a Jack Nicklaus.

Al evocar mi trayectoria en el US Open no puedo olvidar el de 1980, pues me pasó algo increíble. Durante el viaje en el avión había tenido el presentimiento de que algo poco feliz me iba a pasar. Así que cuando, una semana antes del torneo, me presenté en Baltusrol, Nueva Jersey, donde se jugaba, para entrenarme, tenía en el cuerpo una sensación extraña. Ya en el campo esta sensación desapareció. Jugué la primera vuelta, pero no jugué más, porque al empezar la segunda fui descalificado por llegar tarde a causa de un error imperdonable. Una estúpida confusión hizo que creyera que el horario de salida fuera a las 10,45 h., cuando en realidad era a las 9,45. Evidentemente, el presentimiento era correcto, aunque no estaba relacionado con el juego propiamente dicho.

Todo se había dado para que yo no jugara ese torneo. Aquella mañana, a pesar de la confusión horaria, mi hermano Baldomero y yo habíamos salido con tiempo suficiente, para que pudiera tirar algunas bolas de entrenamiento. La cosa se complicó porque nos encontramos con un atasco monumental que nos demoró bastante. Cuando al fin llegamos, yo me lamentaba porque iba a tener muy poco tiempo para tirar las bolas que había pensado. Sin embargo, al bajar del coche de cortesía, alguien me llamó a gritos: "*¡Seve! ¿Dónde te has metido? ¡Te han estado llamando desde el tee 1!*"

Me fui a ver los horarios de salida. Tenían razón, era tarde. Corrí hasta el *tee*, pero cuando llegué mis compañeros de partido ya habían ejecutado sus respectivos segundos golpes. En cualquier caso, el reglamento era claro y debía ser descalificado. Me sentí muy mal y Baldomero se sintió peor, pues consideraba que la culpa era suya. Pero ya era inútil lamentarse, y sólo nos quedaba regresar a casa. La descalificación era la consecuencia lógica de un error que habíamos cometido Baldomero, que me hacía de caddie, y yo. Al año siguiente, también estuvo a punto de pasarme lo mismo en el USPGA que se jugó en Atlanta. Era la primera vez que jugaba este torneo que cierra la temporada de los torneos del Grand Slam de golf.

En 1981 decidí acudir a Atlanta y, como en Baltusrol, mi caddie era Baldomero. El viernes en que comenzó el torneo, a raíz de una fuerte tormenta, muchos partidos –entre los que no estaba el mío–

tuvieron que suspenderse y acabar a primera hora del sábado. Por este motivo, la organización dispuso que las salidas de la tercera vuelta se hicieran más tarde, de tres en tres y por dos *tees*. A mí nadie me avisó de esta circunstancia, pero por suerte, como quería estar temprano en el campo, pedí en el hotel que me despertaran a las 8,30. Acababan de hacerlo, cuando me llaman del club, que estaba a media hora de coche, para avisarme de que mi salida era a las 9,10 por el hoyo 10. Baldomero y yo saltamos de la cama, nos vestimos a toda prisa y, sin siquiera desayunar, salimos volando hacia el club. "*¿Qué demonios crees que pensarán en España si volvemos a llegar tarde?* –mascullaba Baldomero–, *van a decir que somos un atajo de inútiles.*"

Por suerte llegamos a tiempo. Pero por si acaso, ya había pensado una excusa, pues no estaba dispuesto a figurar en la historia del golf con un palmarés único. Ganador en dos años de dos Grand Slam y descalificado por llegar tarde en otros dos. De todos modos, supongo que siempre hay despistes de este tipo y si no basta recordar el de Perico Delgado en el Tour de Francia en 1989, que al final le costó el triunfo.

Volviendo al US Open, en 1983 se jugó en Oakmont, a las afueras de Pittsburg, Pennsylvania. Empecé muy bien jugando de salida con el hierro 1 porque no necesitaba el *driver*. Acabé la primera vuelta con dos golpes bajo par y compartiendo el liderato. En la tercera vuelta, si bien había perdido la cabeza y estaba a dos golpes de ella, lo más interesante es que le llevaba cinco de ventaja al hombre que iba a ganar, Larry Nelson, que en las dos últimas vueltas hizo 65 y 67 golpes. Extrañamente, en estos mismos 36 hoyos yo hice 69 y 74. Pero en la última jornada, interrumpida a raíz de una terrible tormenta, me di cuenta de que la USGA había colocado las marcas de salida de los *tees* bastante más atrás y ensanchado las calles apartándolas casi dos metros por cada lado del primer corte de *rough*. Indudablemente estas modificaciones beneficiaban claramente a quienes venían utilizando el *driver* y me perjudicaban a mí, que empleaba el hierro 1.

Entre este torneo y yo, nunca ha habido *feeling*. Cuando he participado en el US Open es porque me clasificaba y no porque la organización me cursara invitación a pesar de mi palmarés. La única vez que lo hizo fue en el año de la controversia con Arnold Palmer, que había sido invitado al US Open. Resulta que, al ver que no me invitaban, declaré que la USGA debía administrar mejor sus invitaciones discrecionales a favor de los jugadores más competitivos. Este comentario provocó un gran revuelo, porque mucha gente interpretó que yo me refería a Palmer. Pero de ninguna manera fue así. Ni se me pasó por la cabeza la idea de que Arnold Palmer sobrara en el torneo. Al contrario, Palmer es una leyenda, un jugador de golf extraordinario a quien siempre he admirado. Lo único que pretendí con mi comentario fue llamar la atención de la USGA para que me invitara, pues interpretaba que no era justo que me excluyera. Sinceramente, creo que he merecido que me invitaran en más ocasiones.

En 1985, el US Open se jugó en Oakland Hill, Michigan. En la última vuelta iba al par y con un juego en progresión. El problema era que T. C. Chen me llevaba siete golpes de ventaja y cuatro sobre el segundo hasta el hoyo 5, donde golpeó dos veces a la bola en un golpe de *approach*, entre otros fallos garrafales, que le llevaron a perder el liderato. De todos modos, estos fallos no parecían servirme de mucho. Pero, a pesar de esto, jugué bastante bien los nueve últimos hoyos con un *birdie* en el penúltimo que me dejó uno sobre par. Esto significaba que si hacía otro *birdie* podía forzar el desempate. Pero no fue así, porque hice par y nuevamente, aprovechándose de la situación, ganó Andy North y lo hizo del mismo modo que en 1978, con *bogey* en el último hoyo. ¡Increíble!

En 1987, en el Olympic Club de San Francisco, acabé tercero, que es la mejor clasificación que he conseguido en el US Open, a cinco golpes del campeón, Scott Simpson. Dos meses más tarde volví a fallar en el Campeonato de la USPGA, que se jugó en Palm Beach, también quedando a cinco golpes del ganador, Larry Nelson.

Mi relación con este torneo no funcionaba. Éramos verdaderamente incompatibles. Era desalentador. En el US Open de 1990, que se jugó en Medinah, a las afueras de Chicago, hice, por ejemplo, algo totalmente insólito en mí. En la última vuelta iba con tres golpes bajo par, cuatro por detrás de Mike Donald y Billy Ray Brown, los colíderes, y empatado con Hale Irwin, que sería finalmente el que lo ganara por tercera vez. El caso es que en el hoyo 2, par tres, fallé y la bola se me fue al agua. La situación era problemática, mas no muy grave, pero en vez de poner lo que había que poner, carácter y voluntad de ganar, me vine abajo. Ésa fue la única vez en toda mi carrera profesional que no luché como debía por la victoria.

Después de esto, en 1992 y en 1993 renuncié a participar en el Campeonato de la USPGA. La espalda me estaba martirizando cada vez más y no estaba dispuesto a no pasar ni siquiera el corte. Prefería descansar y entrenarme para la Ryder Cup. La cuestión es que nunca más he vuelto a jugar el USPGA. La espina de ganar el US Open ha quedado clavada en mi orgullo profesional.

19
Los guerreros de la tribu

El golf, a pesar de todos los intereses que mueve, es un mundo relativamente pequeño. Una gran tribu con unos pocos y bien entrenados guerreros, que son quienes salen al campo, acompañados de sus escuderos, los caddies, a presentar batalla armados con sus palos y bolas. No son muchos los que llegan a formar el grupo de los mejores y, entre éstos, son excepciones los que superan las diez temporadas rindiendo al máximo nivel.

El golf es muy exigente, y mantenerse en lo más alto es extremadamente difícil para cualquier jugador. Se dice que el período más brillante de un golfista de primera línea está definido por el primero y el último triunfo en un torneo de Grand Slam. En mi caso, mi época dorada se dio entre 1979 y 1988. Sobre esto, mi hermano Baldomero piensa otra cosa y retrotrae mi estado de gracia hasta mucho antes de ganar mi primer Open Británico: "*Es muy posible que nadie lo crea, pero puedo asegurar que el mejor golf desarrollado por Seve lo desplegó entre los trece y los diecisiete años. En esas edades era realmente magnífico. No solamente no fallaba un solo golpe, sino que también la visión que tenía del juego era casi sobrenatural. Siempre sabía qué palo elegir en fun-*

ción del golpe a dar. Hasta desde el bunker, *los golpes remitidos al hoyo con las manos mágicas de Seve eran incuestionables. Era el jugador que mejor paraba las bolas en el* green, *pues hacía que éstas caracoleasen, es decir, que girasen sobre sí mismas apoyándose en el segundo bote. Además, con el* pat *era mortal, debido a que su pulso era perfecto y a que veía muy bien las caídas. Por esto creo que su época dorada empezó mucho antes de ganar su primer Grand Slam. Con los años adquirió personalidad, experiencia y determinación. Los trucos ya los dominaba desde niño.*"

Unas diez temporadas también estuvieron rindiendo al más alto nivel Bobby Jones, Ben Hogan, Tom Watson y Nick Faldo, entre otros. En toda la historia de este deporte se puede decir que sólo Jack Nicklaus, Palmer y Gary Player, acaso también Lee Treviño, han estado en la cumbre más de diez años.

A la gente en general se le hace difícil imaginar los sacrificios que los jugadores han de hacer para llegar a la cima y luego mantenerse en ella. No es infrecuente oír: "*Estos chicos llegan, tiran bolas, juegan, se llevan buenos cheques, tienen casas por todo el mundo y, además, son famosos*". Dicho así, la vida del jugador de golf parece un camino de rosas. Pero la verdad es muy diferente.

Cuando se sabe realmente el nivel de exigencia y esfuerzos que demanda estar en lo más alto es cuando algunas figuras nos resultan únicas. En este sentido, para mí, Jack Nicklaus es impresionante. Lo que más admiro de Jack es su capacidad para jugar al máximo nivel durante tanto tiempo y para obtener tantas satisfacciones de su juego. Es admirable también su profesionalidad, su exquisito comportamiento con sus rivales y el modo como siempre ha sabido administrar su tiempo para atender no sólo el golf, sino también sus muchos intereses económicos y su familia. Es extraordinario.

Otra cosa que destaco de Jack Nicklaus como jugador es su criterio y autocontrol en el campo. Su forma de entender el juego y, como suelen decir los periodistas deportivos, "leer" los partidos es para mí la mejor. Por esto no me resulta extraño que sea una de las referencias de todos los jugadores que han venido después de él. Estoy convencido de que si hoy se hiciera una encuesta acerca de quién es el mejor jugador de golf de todos los tiempos, Jack Nicklaus figuraría en primer lugar. Claro que muchos podrían optar por Sam Snead, que se mantuvo en activo durante cincuenta años y que murió con noventa, en 2002. Snead era un atleta formidable, que tenía sin duda el mejor *swing* que se ha visto en un campo de golf.

Pero con lo grande que era Sam Snead, y que es Jack Nicklaus, en mi lista de jugadores admirables también figura en un destacadísimo lugar Gary Player. De él tengo la impresión de que ha alcanzado cotas más altas que Jack, si consideramos las dificultades a las que siempre ha tenido que enfrentarse. Gary, como sudafricano, tenía que desplazarse constantemente muy largas distancias para desarrollar su carrera, y los viajes en avión en la época en que Gary estaba en su mejor forma eran mucho más complicados que ahora. Nicklaus, en cambio, apenas hacía viajes transoceánicos dos veces al año, una para jugar el Open Británico y otra, si le apetecía, para jugar el Open de Australia. Aunque había varios Campeonatos del Mundo Match Play, lo cierto es que casi siempre jugaba en su país.

Quiero decir que para los jugadores no americanos, como Player, Nick Faldo y yo, entre otros, el tener que pasar mucho tiempo fuera de casa suponía un esfuerzo extra, a veces muy difícil de sobrellevar. Como dice mi hermano Baldomero, para mí, "*América significaba lejanía, palabra que tiene connotaciones más negativas que positivas*". Es cierto, pues siempre me he sentido muy arraigado a mi tierra y apegado a mi familia.

En este sentido, el caso de Gary Player es ejemplar, pues los éxitos que ha obtenido resultan tan asombrosos como los de Jack Nicklaus. Es cierto que éste ha ganado el doble de torneos grandes, exactamente dieciocho contra nueve, pero en el caso de Gary hay que considerar que ha debido trabajar muchísimo más para coronar su carrera y mantenerse en la cumbre.

También, y sé que no soy el único, profeso profunda admiración y respeto a Arnold Palmer. Su aportación a la difusión del golf ha sido muy importante. No sólo ha contribuido a elevar el interés por el golf de alta competición, donde ha desempeñado un papel clave en el alto prestigio alcanzado por el Open Británico en los años sesenta, sino también por el golf *amateur*.

Arnold Palmer, con quien he jugado menos que con Jack o Gary, es muy carismático y un jugador apasionante que emocionaba a las tribunas incluso cuando no jugaba bien. También es cierto que ha contado con el respaldo de un *marketing* formidable y que IMG ha hecho con él un excelente trabajo. Me parece que no ha habido ni hay otro jugador de golf en el mundo, ni Greg Norman ni Tiger Woods, que haya tenido un mejor respaldo comercial a su carrera como Arnold.

Después de Jack Nicklaus, el mejor jugador actual es Tiger Woods. Su juego es muy completo y tiene la habilidad de saber jugar todos los golpes. Cuando ganó los cuatro grandes uno detrás de otro, entre el US Open 2000 y el Masters 2001, fue quizás el mejor jugador del mundo en todas y cada una de las facetas del juego. En ese período para mí lo más impresionante fue el modo como *pateó*, ya que no falló ni un solo *pat*. Verlo jugar es tan apasionante como ver a Nicklaus, aunque Woods lleva la bola larguísima, pues alcanza más distancia que cualquier otro jugador.

Tiger, sin embargo, no tiene la virtud que tenía Nicklaus. Jack fue de esos jugadores que nunca se derrotan a sí mismos. En este aspecto Jack Nicklaus es superior a Tiger Woods. Vaya como ejemplo la última vuelta del torneo de Dubai 2001, cuando Tiger se metió en problemas con el *drive*, tiró la bola al agua y perdió ante Thomas Björn. En veinticinco años, nunca vi a Jack hacer algo semejante. Éste es un aspecto del juego que Woods debe mejorar. De cualquier forma, pienso que Tiger superará el historial de Nicklaus.

—Tiger juega de una manera tan agresiva, que siempre va a por la bandera –me comentó un día José María Olazábal.

—Sí –le respondí–, cuando me compré el BMW yo también me sentía muy seguro, hasta que tuve un accidente…

Otro gran miembro de la tribu es Nick Faldo. Es el único jugador europeo que ha ganado más torneos grandes que yo. Hay quienes dicen que los errores que cometieron los otros le ayudaron a ganar algunos de esos torneos tan importantes. Por ejemplo, en el Open Británico de 1987, que se jugó en Muirfield, Paul Azinger acabó con dos *bogeys;* en el Masters de Augusta de 1989, Scott Hoch falló un *pat* sencillísimo en el hoyo de desempate; en el siguiente y también en el desempate, Raymond Floyd mandó la bola al agua, y en el Masters de 1996, lo favoreció el colapso de Greg Norman. Es evidente que a la suerte hay que buscarla y que para aprovechar esas oportunidades había que estar allí, y Nick Faldo estaba. Aun así no puedo dejar de envidiarle ¡Cuánto me hubiera gustado a mí que alguna vez me hubiesen hecho regalos de ésos en momentos cruciales de los torneos del Grand Slam!

Nick y yo hemos sido más compañeros que rivales al formar parte del equipo de la Ryder Cup. La victoria que conseguimos para Europa en Oak Hill en 1995 nos acercó muchísimo. Pocas semanas después de este magnífico triunfo, Nick me escribió una carta muy afectuosa y entrañable, en la que me reconocía como fuente de inspiración tanto para él como para el golf europeo. Considero a Nick Faldo un amigo a quien tengo mucho respeto como jugador y como persona.

Al hablar de amistad, he de decir que a lo largo de los años he conocido muy bien a la tribu, desde caddies hasta jugadores y directivos. Sin embargo, no puedo afirmar que haya hecho muchos amigos íntimos. Si bien en el Circuito europeo hay una gran camaradería, mucho más que en el Circuito americano, es muy difícil hacerte amigo de alguien con quien compartes la ambición de ser el mejor del mundo. Esto no significa que no puedas tener una relación correcta y amable con todos tus rivales, porque, como reza el dicho, lo cortés no quita lo valiente. En este capítulo incluyo a mis principales rivales, entre ellos Tom Watson, Greg Norman y Bernhard Langer, por ejemplo.

En mis enfrentamientos con Watson, él siempre demostró ser un competidor tenaz, con una extraordinaria confianza en sí mismo, cuya principal virtud era repetir maravillosamente su *swing* y, en su época, ser el mejor pateador. Una combinación muy potente, que le ha dado muy buenos resultados.

Greg, por su parte, es un jugador que, a pesar de su enorme talento, sólo ha ganado dos torneos grandes, cuando podría haber triunfado en algunos más. Ha perdido desempates de los cuatro grandes torneos, lo cual ha llevado a pensar a más de uno que encara mejor los negocios del golf que el juego. Es un gran tipo.

En cuanto a Bernhard, supongo que todo el mundo estará de acuerdo en que es un verdadero caballero dentro y fuera del campo. Siempre ha sabido sacar lo mejor de su juego. Ha demostrado su fortaleza mental superando los *yips* que le impedían patear bien. Es muy religioso y buena persona.

Como es de suponer, la experiencia acumulada me permite también observar y opinar sobre las cualidades de algunos otros guerreros de la tribu que están compitiendo. De ellos, creo que José María Olazábal es uno de los grandes competidores. Aparte de ser una persona excepcional y excelente compañero de juego en la Ryder Cup, Olazábal es un trabajador formidable y uno de los mejores jugadores de hierros largos y medios del mundo. Tiene sobradas condiciones para sumar, a los dos Masters que ya ha ganado, más torneos del Grand Slam.

Otro jugador interesante es Ernie Els, que tiene uno de los *swings* más fáciles del mundo, con un ritmo excelente, aunque le falta algo de agresividad y mayor fortaleza mental. Por su parte, Sergio García tiene un inmenso talento natural, una enorme habilidad y un instinto innato para jugar al golf. Creo que él y Tiger son los dos jugadores más interesantes de ver ahora mismo, junto a A. Scott y Stenson.

Atención especial merece otro jugador sobre el que mucha gente me pregunta, sobre todo porque en 1999 obtuvo su séptima Orden de Mérito de Europa, con la que batió el récord que yo tenía hasta entonces. Obviamente me refiero a Colin Montgomerie, que, a pesar de no haber ganado hasta ahora ninguno de los grandes torneos, es en mi opinión uno de los mejores jugadores en activo. Al lograr ser el número uno de Europa durante siete años consecutivos, Monty ha demostrado que su juego está por encima de otros jugadores considerados grandes. El problema radica en que si no gana uno de los torneos del Grand Slam no le será reconocida la categoría de gran campeón que yo le veo. Quiero decir que ganarse el puesto número uno de Europa durante siete años consecutivos es un logro reservado a unos pocos. Para mí es un grande, como jugador y como persona.

Prefiero mucho más la carrera de Monty que la de Paul Lawrie, por ejemplo. Lawrie, después de ganar el Open Británico de 1999, que se jugó en Carnoustie, sólo ha sido capaz de ganar un torneo, el Dunhill Links en 2001. Con este triunfo se mostró más satisfecho de lo que hubiera estado cualquier otro jugador de los que allí participaban. Cuando un jugador gana sólo un grande y no va a más, la gente suele pensar que su triunfo más importante ha sido un golpe de suerte. Esto dijeron de Orville Moody, que no hizo otra cosa que ganar una vez el US Open, e incluso de Andy North, aunque éste ganó dos veces dicho torneo además de otro. Quizás, al hacerse con el Dunhill Links, Lawrie creyó que ya podía librarse del sambenito de haber ganado un grande de pura suerte. Pero lo cierto es que su carrera no tiene el atractivo ni el nivel que la de Colin Montgomerie. No obstante, Lawrie merece todo mi respeto como jugador y persona.

Respecto de Lee Westwood, Darren Clarke, Thomas Björn y Luke Donald, entre otros, digamos que son notables jugadores. Cualquiera de ellos está en condiciones de ganar un torneo del Grand Slam. Jeff Sluman, por ejemplo, lo ganó y no es mejor que ellos y, desde luego, que Montgomerie. Pero ya se sabe, el golf es un juego apasionante, divertido, pero en el que muchas veces el azar domina a la razón. No siempre ganan los mejores de la tribu.

20
Territorio comanche

Los periodistas, generalmente los corresponsales de guerra, llaman "territorio comanche" a las zonas de conflicto del planeta. En mi mundo particular, durante mucho tiempo el "territorio comanche" fue el Real Club de Golf de Pedreña. Siendo niño, era para mí la zona prohibida a la que hacía excursiones nocturnas para jugar y practicar, con el hierro 3 que me regaló mi hermano Manolo. Después, lo ha sido por las mismas razones de fondo, aunque los conflictos, por llamarlos de alguna manera, parecieran ser distintos. En realidad, algunos de los que siempre han manipulado el club nunca han podido digerir que aquel caddie se convirtiera en figura mundial.

Digo esto porque, cuando empecé a ganar torneos importantes, pocos directivos del club tuvieron el detalle de felicitarme y, como es de suponer, tampoco fueron a verme jugar a ningún lugar. Ya no digo a Italia, Francia u otro país, sino a Madrid o cualquier otra ciudad española. Entre las excepciones, debo mencionar a una gran persona, José Ramón de la Sierra, que fue Presidente del Club durante años; igualmente, la gran mayoría de los socios eran personas de trato correcto y afable.

Pero, en llamativo contraste, sí que estaba la gente del pueblo de Pedreña; esa gente con la que siempre me he sentido identificado y con la que mantengo un vínculo muy fuerte y entrañable. Cuando a mi hermano Baldomero le preguntan cómo soy, él, por ser el mayor y haber estado siempre muy próximo a mí y conocerme como nadie, suele decir: "*Por naturaleza, Seve es una persona que siente su lugar de nacimiento, y muy apegada a su familia. Este arraigo a la tierra y a los suyos ha marcado su carácter y su carrera, y también le ayudó a forjar su leyenda en la historia del golf. Es una persona de raíces contrastadas.*"

Baldomero tiene mucha razón: por este vínculo es por lo que mis vecinos, casi nada más empezar a jugar profesionalmente, crearon una peña que me seguía allí donde podía. Estaban siempre dándome la bienvenida cuando regresaba después de algún gran triunfo.

Pero así como para la gente del pueblo yo era uno de ellos, para los otros, los del club, no. Ni siquiera se presentaron al homenaje nacional que una vez organizó para mí la Federación. Allí asistieron personalidades del Gobierno y la propia infanta Elena.

Para la camarilla más recalcitrante del Club de Pedreña siempre seré el caddie que, además, tuvo el *descaro* de levantar una bonita casa frente al club. Un lugar que elegí simplemente porque está en una colina desde la que hay unas hermosas vistas de la bahía de Santander y, sobre todo, porque linda a unos cien metros con mi casa natal. Para esa gente era inadmisible que un chaval, un caddie, que no tenía ni para ir al cine, y que había empezado de cero, triunfara en los cinco continentes.

El modo *especial* que tenían de verme lo ponían de manifiesto con inequívocos gestos. Por ello existe una anécdota digna de relatar. Resulta que muchas tardes se reunían en el Club de Pedreña Ramón Rozadilla, Jaime Botín, hermano de Emilio, y mi hermano Baldomero para jugar un partido a dieciocho hoyos por un premio que ellos mismos fijaban. Los tres tenían por costumbre, cuando finalizaba el partido, sentarse un rato, tomar un refresco y charlar. En una de aquellas charlas empezaron a hablar de Eduardo de la Riva, originario de Cantabria y afincado en Cataluña. Durante los veranos, Eduardo jugaba como *amateur* en el Golf de Pedreña. Yo tenía 13 ó 14 años y Eduardo algunos años más. Él era un excelente jugador, prueba de ello es que poco después ganó el Campeonato de España absoluto, triunfo que repitió nada menos que en siete ocasiones.

—Eduardo está en condiciones de ganar a cualquiera con suma facilidad –comentó Jaime.

—A todos menos a mi hermano pequeño, que está pateando allí –le respondió Baldomero señalándome.

—¡No seas atrevido! –dijo Jaime–. ¿Qué estás diciendo?

—Nada, don Jaime –terció Rozadilla–, que esto se arregla enseguida con una apuesta... ¡Treinta mil pesetas pueden ser que decidan quién es el mejor!

Jaime aceptó, y mi hermano, sin dudarlo, confirmó el reto, lo cual le supuso poner también treinta mil pesetas.

—Yo apuesto por Eduardo –dijo un "famoso directivo del Club", que escuchó la apuesta y no quiso quedarse fuera.

El padre de Eduardo, posteriormente se sumó apostando, como es lógico, por su hijo. Así que, una vez concretada la apuesta, Baldomero se me acercó y me preguntó:

—Seve, ¿estás dispuesto a jugar contra Eduardo? –asentí y él añadió–: Sí, pero para ganarle.

—¡Claro que le puedo ganar! –le contesté con total seguridad–. El único problema es que no tengo palos.

—No te preocupes, juega con los míos.

Sin esperar ni un segundo corrí a buscar los palos y a ponerme los viejos zapatos que me había regalado Casimiro, el encargado del vestuario. En el momento en que me los estaba calzando entró Rozadilla, me miró muy serio y me dijo para presionarme:

—Que sepas que existe una apuesta de mucho dinero y que si no ganas te quitaremos el permiso para entrenar en el campo.

Treinta mil pesetas eran, en efecto, mucha cantidad en los años setenta.

Por lo visto aquello parecía cosa de vida o muerte, aunque yo no tenía ni idea de la cantidad que se estaban jugando. Lo supe después. Para mí ya era una cosa muy grande poder jugar a esa hora en el campo de Pedreña, donde sólo tenía permiso para hacerlo hasta las once de la mañana.

La cuestión es que Eduardo y yo salimos a jugar a eso de las cuatro de la tarde seguidos por nuestros respectivos bandos. El de Eduardo estaba formado por su padre, Jaime y otros. El mío, por mi hermano Baldomero, Rozadilla y varios caddies. La verdad es que no sé si en algún momento me importó lo que los míos se jugaban, porque yo salí como siempre a ganar. Lo hice con tanta decisión que al acabar el hoyo 9 ya le llevaba una ventaja de cinco golpes, pues él había sumado treinta y siete golpes y yo treinta y dos. En el *tee* del hoyo 10, que es un par 3 de 180 m, elegí el hierro 3, para dejar la bola a 2 m del hoyo. Eduardo por su parte envió la suya fuera del *green*. Como la ventaja que le había sacado ya era casi definitiva, Jaime dijo:

—¡Se acabó! Ya nos podemos marchar. Ya hemos visto lo que queríamos ver. Reconozcamos que el chaval es mejor.

Ahí se acabó el partido. Desde el *tee* del 10 hasta la casa-club, que dista unos 400 m, me llevaron entre apretujones, abrazos y gritos de alegría.

—Bueno, don Jaime, a ver cuándo nos invita a ver el Masters de Augusta –le dijo Baldomero.

—Cuando participe tu hermano –respondió con una cierta dosis de ironía.

Baldomero seguía y sigue teniendo un gran aprecio por Jaime. Los dos encajaban muy bien, pues no en balde jugaron muchos partidos juntos durante años. El hecho de que Eduardo perdiera no les molestó tanto como que yo le hubiera ganado. Creo que en el fondo pensaban que por ser hijo de uno de ellos le hacía superior a un chico humilde y casi sin estudios que les llevaba los palos para ganarse un dinero. Después, a algunos se les hizo insoportable que ganara títulos, medallas y fama, y el hecho de que me casara con la hija del banquero más poderoso de España fue el colmo para ellos.

Otra anécdota más que puedo resaltar, sucedió avanzados los años 60.

Corría el mes de junio cuando, por primera vez, al Club se le ocurrió organizar un campeonato para los socios e invitados, en él el alcohol suplía el *handicap* habitual que tienen los *amateurs*. Los participantes, cuando finalizaban cada hoyo, podían restar cuanta puntuación creyesen conveniente en función de las copas de vino que tomaban, antes de iniciar el siguiente hoyo. Por ejemplo, si un jugador hacía el par del hoyo, catalogado como 4, si bebía cuatro copas, el resultado era de 0 golpes. Y así sucesivamente hasta finalizar el recorrido, que en aquella ocasión se había fijado en 9 hoyos y no en 18 como es habitual en cualquier competición. El vino en cuestión juzgaba al ganador. Y curiosamente, quien ganó fue una señora ayudada por su caddie. Entre ambos, bebiendo las copas al cincuenta por ciento, lograron un resultado final de 19 golpes en 9 hoyos.

Ni que decir tiene que el espectáculo fue digno de poder grabarse, dado que la gran mayoría de los jugadores llegaron al Club en un estado fácil de imaginar. Directivos, socios e invitados dieron un gran ejemplo a los jóvenes que presenciaron aquella prueba.

Hay que destacar, que un directivo, el mismo que tanto intentó hacer la vida imposible durante muchos años a los caddies, en mitad de la calle del último hoyo se puso a miccionar, riéndole la gracia cuantos presenciaron aquella escena.

Hoy, esa vieja guardia de *comanches* es la que sigue dominando el Club a través de sus descendientes. Por ejemplo, el "famoso directivo del Club" no tuvo a su favor otra cosa que el haber sido capitán de campo para hacer lo que le daba la gana y ningunear a los profesionales. Recuerdo que, ejerciendo su poder, prohibió a quienes estábamos empezando que entrenáramos en el campo de prácticas, permitiendo sólo que lo hiciéramos en el hoyo 6, que está en el punto más lejano del campo. Pues bien, a esa persona le premiaron con la Medalla al Mérito en Golf.

La gestión de su primogénito, Nacho para sus amigos, en la actualidad presidente del Club, no es mejor, pues se comporta mezquinamente, hasta tal punto de que no se ha realizado ninguna mejora en el recorrido en los últimos años, con lo que esto supone de negativo, ya que en el 2005 el Club cumplió su 75 aniversario. No recuerdo que el campo de golf haya estado en peores condiciones como durante su mandato. Sin embargo, cuando reforma el almacén de maquinaria y cuarto de palos, aprovecha la conmemoración de dicha efemérides colocando una placa en la que se agradece la aportación económica de don Emilio Botín, figurando él en la misma como presidente vigente para de esta forma dejar constancia de su mandato. Hecho sin precedentes en el Club. También es un hecho cierto que los socios se rebelaron pidiendo la dimisión de él y de su Junta (en la que hay gente que ni siquiera sabe de qué va este deporte), como consecuencia del proceso electoral por el que accedió a la presidencia. Tan lamentable es el estado del campo de golf que mis entrenamientos los he realizado en Maeztegi (Bilbao), y en Golf Santa Marina (Cantabria), cuyos diseños tengo el placer de haber realizado.

El conflicto de fondo, lo que hace para mí que el Club de Golf de Pedreña sea "territorio comanche", es que esa vieja guardia y sus herederos son casi todos unos subordinados de Emilio, que a su vez tiene la suficiente habilidad y sentido del orden como para saber rodearse por personas de su "confianza", a fin de que hagan el trabajo que él les ordena. Quizá yo haría lo mismo en caso de pertenecer a ese círculo, pues lógicamente algún privilegio tiene que tener quien más aporta. No en vano, las inversiones extras que únicamente él sufraga, evitan importantes derramas a los socios. Por esta simple razón y, otras muchas, los gobernantes suelen rodearse, así lo definen en la calle, de gente inteligente, palmeros y "tontos útiles". En este sentido, entiendo y aplaudo a Emilio.

El gran problema de esta gente, que es minoría, es que se comporta como una pandilla de mediocres. Son a los que denominan "los del tuvo". Mi bisabuelo tuvo, mi abuelo tuvo, mi padre tuvo, mi madre, mi tía, todos tuvieron, pero ellos no han hecho ni hacen nada que les realice como personas. Lo único esperanzador es que, debido a los problemas financieros que hace unos años tuvo el Club, esa vieja guardia se vio obligada a dar entrada a gente nueva, profesionales liberales y jóvenes empresarios. Estos nuevos socios son gente transparente y sana. Y cabe pensar que con el tiempo la situación actual cambiará. Quiero dejar constancia de la veracidad de los hechos que narro, y que he procurado suavizar, pues no siento ningún ánimo de revancha hacia quienes han venido siendo unos resentidos contra mi persona.

Sólo he querido relatar a grandes rasgos la situación vivida en el club que se encuentra junto a mi casa, y que, lógicamente, su recorrido fue mi primera referencia. Algunos todavía en la actualidad pretenden mantener el ambiente que se palpaba hace 40 años. Lo digo con sinceridad y hasta con pena.

Incluso los profesionales, entre los que me incluyo, no podemos practicar, como quisiéramos, con nuestras bolas (aspecto fundamental en el juego de alta competición), viéndonos obligados a utilizar las disponibles para los socios a través de la máquina expendedora. Realmente el trato que recibimos es bastante elocuente. Por ello, me he visto obligado a hacerles saber que nunca aceptaré las desconsideraciones que en el pasado recibió Ramón Sota.

Ellos continúan encantados con que Ramón les rinda pleitesía, incluso a los más jóvenes, pero para mí, igual que para otros que vivimos en el siglo XXI, pensamos que ya es hora de cambiar y promover la convivencia con otro estilo. Comprendo que los llamados palmeros y "tontos útiles" aún se crean sus propias convicciones, porque es la herencia que han tomado, pero jamás entenderé que éstos no se den cuenta de que los demás somos, afortunadamente, diferentes a ellos y podamos tener otra visión mucho más acorde con los tiempos actuales.

Que nadie piense que digo esto por resentimiento hacia los "ricos". Siempre he creído que la riqueza es una bendición y que la pobreza, la miseria, una desgracia que causa tristeza, hambre, enfermedades e ignorancia. Es habitual creer que una persona rica es sólo la que tiene mucho dinero, pero en realidad también lo es la que tiene una buena formación, que es culta, elegante, que tiene ilusiones en la vida y, sobre todo, respeto por los demás y por todo lo que le rodea. Hay ricos materiales y ricos espirituales. Creo que las riquezas espirituales son más importantes que las materiales, pero éstas no son despreciables, porque ayudan al bienestar y a la felicidad de las personas. También creo que el hecho de tener dinero no hace mejor a las personas.

Yo nunca he jugado para hacer dinero y ser multimillonario, sino para divertirme y triunfar como deportista en un deporte que es mi pasión. Pero esta pasión por el golf no me hace olvidar que soy una persona y que vivo en un mundo donde hay mucha gente que necesita y a la que puedo ayudar en la medida de mis posibilidades. No se trata de hacer caridad, sino de ser generoso y solidario, como la vida y algunas personas lo han sido conmigo. Eso es lo que creo.

Entre las cosas de las que me siento orgulloso es de tener muy buena relación con los vecinos de mi pueblo, porque Pedreña es mucho más que el Club de Golf. Desde los años 80, celebro un torneo anual para los niños. Y también ayudo en muchos temas de caridad, sin pregonarlo. A fin de cuentas, hemos de tener presente que los éxitos se olvidan, porque tienen fecha de caducidad; pero no las personas que sienten sus raíces, porque ellas siempre dejan huella. Valga sólo un ejemplo.

Un día, un chico de Pedreña tuvo un accidente de moto y quedó paralítico. Pensé en él, en su sufrimiento y en el de su familia, pero la verdad es que ante cosas así uno se siente impotente, porque nada puede hacer. Sin embargo, tiempo después, una mañana, me entero leyendo el periódico de que había salido un coche especial para minusválidos. Recordé al muchacho paralítico y de inmediato llamé a Rosario, mi secretaria. Le pedí que se enterara dónde lo vendían y cuánto costaba. Rosario, persona muy eficaz, no tardó en averiguar lo que necesitaba. El coche lo hacían bajo pedido, y tardaban unos meses en entregarlo. Hice que lo encargara y cuando lo tuve me presenté en la casa del muchacho con el coche. Ni él ni su madre podían creerlo. Era tanta la emoción de los dos, que nunca olvidaré sus caras. Todo quedó allí, pero al cabo de un tiempo me enteré de que la señora estaba sirviendo todos los días leche a mi madre, así que me fui a verla para que no lo siguiera haciendo.

—Es que no sé cómo agradecérselo –me dijo.

—Señora, ni usted ni su hijo tienen nada que agradecerme; me basta con haberles podido ayudar, aunque hubiese preferido que fuera por otro motivo.

En otra ocasión, una señora me pidió que visitara a su hijo de doce años, afectado por una leucemia aparentemente terminal, cuya mayor ilusión era conocer a su ídolo deportivo, que era yo. Cualquier enfermedad conmueve siempre, pero la de un niño es algo que me provoca una profunda compasión. Daría lo necesario en cada caso para remediarla, pero, desgraciadamente, pretender que uno puede hacer algo para que todos sanen es un acto de soberbia.

Acordamos una cita con la mujer y me preparé durante los días previos como si fuera a jugar un torneo. Me preguntaba a mí mismo por qué este caso me causaba tanta expectativa; no era la primera vez que me tocaba una misión humanitaria y no sería la última. Pero, ¿por qué se me antojaba tan especial? Acostumbrado a confiar en mi intuición, y a usarla como herramienta para mi juego, me dejé llevar y me preparé a conciencia. Imaginé a este chico, que llamaré Martín, dado que ambos queremos guardar en la intimidad su identidad, de una y mil maneras; me imaginé a mí mismo conversando con él, llevándole algún regalo. Pero no podía imaginar su rostro, creo que interiormente no quería tener una imagen muy definida de él, me causaba un dolor anticipado.

Sin embargo, el encuentro superó con creces cualquier expectativa. Martín estaba, menudo y calvo, esperándome en una gran cama de hospital, mirándome con unos inmensos ojos celestes, expresivos como una poesía. Mi primera sensación fue que, a pesar de la enfermedad contra la que combatía, Martín estaba lleno de vida. Había en su mirada una determinación para ver muchas más cosas que las que había visto hasta entonces. Parecía que en cualquier momento iba a dar por terminada su hospitalización e iba a marcharse de allí; sin embargo, la enfermedad estaba avanzada y los pronósticos no resultaban halagüeños.

Inmediatamente hice buenas migas con el pequeño. Él experimentaba la emoción de tener a su alcance a quien sólo conocía de la televisión, y yo, podéis creerme, me sentía junto a quien, por alguna misteriosa razón, me había sido predeterminado encontrarme. Esa mutua sensación de reconocimiento, de habernos estado esperando, provocó una corriente de simpatía espontánea. En esa primera visita nos pusimos al día con nuestras vidas: él me habló de su familia y su ciudad, y yo le conté algunos recuerdos de mi niñez.

En los siguientes encuentros –le visité en varias ocasiones más– hablamos de cualquier cosa: el deporte, los juegos, su escuela, pero jamás de su enfermedad. Ésta parecía desarrollarse en un cuerpo que no estaba dispuesto a prestarle atención, como si consistiera su ensañamiento por un tiempo, hasta que alguno de los dos se agotase.

Un día descubrimos juntos un recurso que nos causó un gran placer y que, seguramente, sería de gran utilidad de ahí en adelante. Martín me pidió una mañana en la que estaba muy cansado para hablar, que le describiera, con todo lujo de detalles, el desarrollo de un torneo. Me impuse tratar de describir cada segundo, desde mi llegada al campo de golf hasta la ceremonia de entrega de premios, todas las fases de un torneo. No era una tarea fácil, porque tardaría mucho en hacer una narración detallada y debía forzar mucho mi memoria y mi capacidad de expresión, para tratar de hacer el recuerdo tan vívido como para que Martín pudiera experimentarlo realmente. No sé por qué, pero elegí para esa primera ocasión el Masters de Augusta. Mis dotes de narrador son limitadas, porque soy por naturaleza y por oficio una persona silenciosa, pero en aquella oportunidad pude satisfacer el deseo de Martín. Él me miraba con sus increíbles ojos, sonriendo, mientras yo describía cada movimiento, el diálogo interior conmigo mismo a la hora de elegir un palo, la celebración moderada en cada hoyo y, por supuesto, una gran victoria final. Mi historia fue tan extensa y detallada que aún creo que parecía narrada por alguien a través de mí, más que por mi recuerdo o ingenio. Cuando ya habían transcurrido un par de horas, Martín cerró los ojos por un momento, pero al callarme, pensando que dormía, me tomó de la mano instándome a seguir. Cuando terminé, el niño abrió los ojos y me abrazó, agradeciéndome haberlo llevado conmigo al gran torneo de Augusta.

He disfrutado en mi vida de los abrazos con gente querida, pero aquél de Martín tenía características peculiares, era sanador, para él y para mí.

Como imaginarán, aquél fue el primero de una serie de torneos que visualicé y narré para que Martín pudiera verlos en su mente. Yo llegaba, me sentaba a su lado y él me preguntaba: "*¿Dónde jugaremos hoy, Seve?*". Después de un tiempo, el chaval se había convertido en un experto, y me interrumpía a veces para discutir mi elección de un palo o un golpe; y no había capricho en lo que decía: parecía estar viendo lo que yo veía, y sus observaciones eran atinadas.

Finalmente, un día me tocó viajar a un gran torneo en Japón. Temía que pudiera ser la última ocasión que le iba a ver. La despedida fue breve y casi distraída, como se separan dos amigos que se verán al día siguiente. Él me aseguró que me acompañaría viendo mi juego tal como se lo había descrito en una ocasión y hasta se permitió darme algunos consejos acerca de cómo jugar varios hoyos, que siempre se me complicaban.

Al volver, algo más tarde de lo que se deseaba, porque tras aquel torneo vino otro y otras obligaciones, dudé en dirigirme directamente al hospital. Hablé antes con su madre, que me alentó a verlo. En su voz había presagios de buenas noticias, lo cual me entusiasmó. Al llegar encontré a Martín en otra habitación, esta vez con su pelo rubio ya crecido y despeinado y mejor color en su rostro. Me reprochó haber tardado tanto, pero se alegró de que le trajera algunos gorros con logotipos de torneos y un juego de golf en miniatura para entretenerse en la habitación. Su madre, feliz, me comentó que la recuperación de Martín era rápida y parecía ser definitiva. El niño había agotado a su enemigo y el hecho de imaginarse caminando por los *fairways* en un futuro cercano había sido uno de los estímulos que volcaron el juego a su favor.

Martín hoy se ha recuperado y es un muchacho que juega al golf y ha finalizado sus estudios de Derecho. Va a verme cada vez que juego en Inglaterra, y en alguna ocasión hemos cenado juntos para recordar otros tiempos.

No crean que puedo sanar a nadie, ésa no sería la conclusión acertada. Pero sí destaco la importancia de la visualización a la hora de acometer una empresa, incluso la difícil lucha que tenemos que sostener a veces con la enfermedad. Vernos triunfar y desearlo profundamente parece ser un primer paso hacia la victoria.

Del mismo modo que me siento muy seguro con mis hermanos, quienes me ayudan, cuidan y protegen, también me siento muy querido y protegido por los vecinos de Pedreña. Mi relación con ellos es la normal. Es frecuente que, por ejemplo, al entrar a un bar nos saludemos y que me inviten o les invite a un café y que, cuando me es posible, juegue con ellos a las cartas o al billar.

Mi casa, además, se alza en el lado sur de la bahía, y no al norte, donde viven o vivieron antiguos socios del Club de Golf de Pedreña. La *pelusa* que sienten por los éxitos logrados de un chaval que partió de cero les ciega.

El año 1985 fue para mí muy exitoso en lo deportivo –gané entre otros torneos el Campeonato de Profesionales de España y el Campeonato del Mundo Match Play y, en equipo, la Ryder Cup–, y muy dramático en lo personal, pues tuvimos que llevar a mi padre a Houston para que le operaran de cáncer. Un día de ese año me encontré con el entonces presidente del Club de Golf de Pedreña, coincidiendo en los lavabos del club y, mientras se lavaba las manos, me dijo:

—¡Enhorabuena Severiano! He sabido que el Presidente [de Cantabria, Díaz de Entresotos] te va a otorgar la Medalla de Plata del Gobierno de Cantabria.

—Mira –hice una pausa para medir las palabras–, dile de mi parte al Presidente que no se le ocurra ofrecerme la medalla de plata...

—Pero Severiano, ¿por qué?

—Es muy sencillo..., he sido oro en ciertas partes del mundo y no puedo aceptar ser plata en mi tierra.

—¡Hombre, Seve! ¿Cómo puedes hacer esto?

—Pues díselo, porque no la aceptaré. Estoy harto de ser políticamente correcto.

Y efectivamente no me dieron ni esa ni otra medalla. Tampoco me concedieron en Santander el Trofeo al Mejor Deportista Montañés del año, y eso que tuvieron muchas oportunidades para hacerlo. En varias ocasiones fui nominado el mejor, pero... compartiendo el honor con otros deportistas.

En Cantabria, tengo la sensación de que el golf no merece ser considerado, y bien que lo siento. Pero no lo entiendo.

Como ya he dicho, una de las cosas que aprendí de mi padre es a rebelarme contra decisiones injustas, y aquellas lo fueron. Incluso, alguno de los integrantes del jurado que votaba al deportista montañés del año era socio del Golf de Pedreña.

Claro que este tipo de desplantes o de ninguneos no es privativo de lugares determinados. También en otras partes se cuecen habas, como suele decirse. Recuerdo que cuando Barcelona presentó su candidatura olímpica, Pascual Maragall, que entonces era alcalde, me pidió, a mediados de los ochenta, que llevase la gorra de "Barcelona 92" como promoción. Acepté encantado y la enseñé por todo el mundo durante dos años sin cobrar absolutamente nada. Total, que salió Barcelona, celebraron las Olimpiadas, las mejor organizadas del siglo XX, según dijeron entonces, y a mí nadie me dio las gracias.

Esta falta de cortesía y elegancia me molestó mucho, pero años más tarde tuve oportunidad de hacérselo notar al responsable. Con ocasión de un partido entre el Racing de Santander y el Barcelona, apareció por el estadio el Presidente de Cantabria, Miguel Ángel Revilla, junto a Maragall y su séquito. Al verme, Revilla se acercó a saludarme.

—¿Qué tal, Seve? Mira, te voy a presentar al Presidente de la Generalitat –y dándose vuelta hacia él–: Pascual, ¿conoces a Seve?

—Sí, claro que le conozco... –le respondió Maragall mientras extendía la mano hacia mí.

—¿Y tú, Seve...?

—Sí, por supuesto que le conozco –le clavé los ojos y añadí con intención–... le conozco de Barcelona 92.

—Bueno –titubeó Maragall y, cortado, miró el reloj–, creo que el partido está a punto de comenzar, mejor que vayamos subiendo al palco.

Barcelona logró las Olimpiadas porque el proyecto que presentó era excelente, pero fundamentalmente por el peso político de un grande como Juan Antonio Samaranch, Presidente en aquellos años del C.O.I., y el aporte menor pero desinteresado de muchos otros personajes relevantes, entre quienes modestamente me incluyo. No sé si los demás habrán recibido una nota de agradecimiento, pero en lo que a mí respecta fui ignorado olímpicamente. Creo que por mi contribución a la difusión mundial de la candidatura de Barcelona 92 y mi condición de deportista internacional merecí que me invitaran, como mínimo, a presenciar la ceremonia inaugural. Sólo me dolió que no tuvieran ese detalle, o simplemente enviarme una nota diciendo: "*Muchas gracias, Seve*". Mi aporte al olimpismo y mis esfuerzos por hacer del golf un deporte olímpico están seguramente en el origen de la Orden Olímpica con que me distinguió el señor Samaranch en 1998.

Con la Federación Española de Golf pasa lo mismo, aunque este es otro capítulo. Ahora sólo quería hablar de algunos de esos *comanches* con los que siempre te tropiezas y, sobre todo, de aquellos que han dado por verdadero el dicho que reza: "Nadie es profeta en su tierra". Un dicho que, en mi caso, no es cierto, porque yo lo soy entre mi gente. Al final, éstos son los que me importan.

NOTA DEL AUTOR: Coincidiendo con las fechas en que esta edición se encuentra en fase de impresión, recibo, como cualquier otro socio de Pedreña, una carta firmada por el Presidente del Club, en la que se nos informa que tiene previsto iniciar los trabajos de reconstrucción de 9 *greenes* en el mes de febrero de 2008, y los restantes durante el 2009.

Me sorprende cómo de una forma repentina ha cambiado la situación, y lo que fue respuesta de que "los *greenes* no necesitan ninguna reforma, sino sólo pinchados profundos y aportes de arena", ahora que el Club va camino de su 80 Aniversario es cuando se reconoce la crítica situación. Es decir, se ha perdido el tiempo, el dinero y el prestigio.

Incluso, parece ser que se va a perder una oportunidad histórica de actualizar aquellos *greenes* que no se encuentran al mismo nivel de diseño que otros, tras el paso del tiempo, pues en el escrito se dice textualmente: "no se va a modificar en absoluto el diseño actual de *greenes* y *bunkers*".

En el escrito, el Presidente también añade: "he buscado personalmente a uno de los mejores especialistas en construcción de campos antiguos. Se trata de George R. Shiels de McMillan - Shiels Associates de Surrey, Inglaterra".

Todo ello un compendio de cómo no se deben hacer las cosas: tarde, mal, sin conocimiento, sin profesionalidad, pero siempre muy personalmente y con un toque "snob". Y la vida continúa...

21
El Arnold Palmer europeo

En 1976, cuatro semanas después de jugar el Open Británico en Royal Birkdale, gané mi primer torneo del Circuito europeo, el Open de Holanda, y dos años después el primero del Circuito americano, el Greater Greensboro Open. La secuencia continuó con el primer Open Británico en 1979 y el primer Masters en 1980. Estos pasos importantes de mi carrera también lo fueron para el golf en España y en Europa.

Jugaba al golf porque me gustaba y porque tenía la ambición de ganar torneos y de llegar a ser el mejor jugador del mundo. Cuando uno empieza con ese espíritu y no conoce la amarga experiencia de la derrota, no se plantea la posibilidad de perder. Sólo piensa en positivo. Dicho así, y sabiendo de donde provenía, en aquel momento sonaba a quimera y más cuando hay gente profesional que trata de convencerte de que estás equivocado. Mi tío Ramón Sota, Valentín Barrios y Ángel Gallardo, entre otros profesionales, no paraban de decirme que, por ejemplo, ganar a los americanos era imposible, porque ellos tenían una técnica muy superior a la nuestra y por lo tanto eran mucho mejores que nosotros. Yo, por mi parte, tenía la sensación de que podía ganar a cualquiera, y por eso cuando gané el Greater Greensboro Open en 1978 dije: "*Pues no es tan difícil.*"

Objetivamente y sin querer ser presuntuoso, creo que ese triunfo fue crucial para el golf europeo, porque otros jugadores del continente vieron la puerta de América abierta para ellos. Seguramente varios de estos jugadores que ya me habían ganado en el Circuito se dijeron: "*Bueno, si Seve puede hacerlo, también puedo hacerlo yo*". Y comenzó el desfile europeo hacia Estados Unidos con Bernhard Langer, Sandy Lyle, Nick Faldo y Ian Woosnam y, tras ellos, José María Olazábal y Paul Lawrie, que son de una generación más joven.

Me imagino que fue el hecho de que sirviera de inspiración a muchos jugadores lo que indujo a la prensa a llamarme "el Arnold Palmer europeo". Esta comparación es para mí, sin duda, un cumplido maravilloso. Entendía que me comparasen con Arnold, porque ambos dábamos la impresión de querer derrotar, no a nuestros rivales, sino al campo de golf, sometiéndolo a nuestra ley; veían que, por la naturaleza apasionada de nuestro juego, atraíamos a aficionados entusiastas que disfrutaban con un golf impredecible. Está de más decir que por esto mismo también atraíamos a los patrocinadores y a las televisiones a nuestros respectivos circuitos de Estados Unidos y Europa.

Sin embargo, dada la distribución internacional de mis victorias –más de ochenta en diecisiete países diferentes, además de otras diez en competiciones nacionales–, con quien me siento más identificado es con la figura y la carrera de Gary Player. Muy pocos han logrado tantos triunfos. Como ya he contado, a Player lo conocí en un *pro-am* que se organizó en La Manga en 1972, al cual yo había ido como caddie. Recuerdo que Sean Connery jugaba como *amateur*. Desde el primer momento fue Gary Player el que más me impresionó. *Manitas de plata*, me impactó con su juego, pero después fue su actitud y el modo cómo desde su Sudáfrica natal era capaz de viajar y plantar cara a europeos y americanos en cualquier parte del mundo.

Gary Player nunca se sintió menos que nadie y tampoco tenía miedo a nadie, y en esto yo me he identificado plenamente con él.

Por esto, siempre he querido creer que mis triunfos consecutivos en dos grandes, el Open Británico de 1979 y el Masters de 1980, contribuyeron a que los jugadores europeos se quitasen de encima el complejo de inferioridad que siempre habían tenido respecto a sus colegas estadounidenses.

Hasta aquí todo bien, salvo que me faltaba algo tan importante como ganar un torneo del Circuito europeo en España. Dos semanas después de ganar el Masters sentí que colmaba mi ambición personal al hacerme con el Open de Madrid. Fue algo maravilloso, porque mi familia, que había ido a la capital también a celebrar la victoria de Augusta, y el rey don Juan Carlos, me vieron jugar en Puerta de Hierro y ganar por tres golpes a Manolo Piñero. Aquella temporada, en la que Sandy Lyle encabezó por segundo año consecutivo la Orden de Mérito, gané también el Martini Internacional y el Open de Holanda.

La temporada siguiente fue deportivamente muy buena, aunque, como James Bond en medio de la "guerra fría", me vi metido en el conflicto por "los fijos de salida" a raíz del cual el Circuito europeo me excluyó del equipo de la Ryder Cup de 1981. Para mí esto fue muy doloroso, porque en esa época yo me sentía más cómodo jugando en Europa que en Estados Unidos. Ahora en cambio podría acomodarme allí, porque han sido muchas las cosas que han cambiado mi vida.

Desde un punto de vista cultural esta predisposición era lógica. Además, mis seguidores europeos, especialmente los del Reino Unido, han sido y son muy cariñosos conmigo. Siempre me han animado. Mis hermanos lo percibieron desde el principio, y por eso me siento muy halagado cuando Baldomero dice: *"En América, Seve hubiese ganado muchos torneos, pero quizás su figura y su liderato no tendría en Europa la dimensión que tiene. La forma de jugar de Seve, sus características, encajaban mejor en Europa que en Estados Unidos. En Europa estaba en su salsa, terrenos embarrados, lluvia, frío y viento eran sus elementos, pues son los que determinan el golf de altura. Con buen tiempo, la mayoría de los jugadores dejan de ser mediocres. A Seve siempre le ha fascinado esto, jugar con los grandes y con el campo en las más diversas con-*

diciones. Por suerte, el arraigo a su tierra y a los suyos jugó en él un papel decisivo. Se quedó en Europa fraguando una leyenda difícil de superar. Sobre todo en las islas Británicas, donde supo llegar a la gente, tanto por su juego como por su carácter y pasión. Seve se entregaba al público, y el público se lo agradecía. Es así como Seve hizo crecer el Circuito en un momento en que estaba prácticamente parado. Abrió fronteras y los jugadores crecieron a su lado, lo mismo que el propio golf. Hasta la Ryder se hizo grande, y por esto hoy el golf europeo es tan poderoso como el americano; pero, ¿hubiese sido igual sin Severiano? Cualquiera que sea la respuesta a esta pregunta, lo cierto es que él abrió nuevas perspectivas en Europa para los profesionales y para el golf. Siglos han pasado desde que el golf nació como deporte, pero ha sido Severiano quien cambió la dinámica del mismo. Todos los deportes tienen como referentes a sus respectivos ídolos o campeones, pero posiblemente ninguno de éstos haya sido capaz de encender su propio fuego, con la misma magia que Seve desarrolló el suyo. Afortunadamente, detrás de Seve vinieron jugadores brillantes como Faldo, Woosnam, Lyle, Langer, Olazábal, Montgomerie y otros que, como Sergio García, se unirán al grupo de los elegidos."

Aparte de estos factores propios y ambientales, también fue muy importante para mí que muchos patrocinadores que financiaban el Circuito europeo, como Joe Flanagan en Irlanda, Len Owen en Inglaterra y Sven Tumba en Suecia, admirasen mi juego desde el principio. Por ello fueron también mis grandes defensores.

Tal como puede verse, mi arraigo a Europa y la estrecha relación entre mi juego y los campos del Circuito europeo no me garantizaron de ningún modo un clima apacible. Los "conflictos políticos", por llamarlos de algún modo, redujeron buena parte de mi agenda deportiva de 1981. Basta consignar que al llegar septiembre no había jugado en Europa nada más que tres torneos, de los cuales gané el Escandinavian Enterprises Open.

Después de pasar el mal trago con los directivos del Circuito, jugué el Open Europeo en el Royal Liverpool. Aquí, la falta de entrenamiento me pasó factura el último día cuando, llevando cuatro golpes de ventaja, acabé cediendo ante Graham Marsh. Una semana más tarde, en Dalmahoy, tuve una buena actuación en la última vuelta que me situó a un golpe del desempate en el Players Championship. Allí Brian Barnes se impuso a Brian Waites. Volví a España y, tal como había sucedido el año anterior, cumplí otro propósito personal ganando por primera vez el Abierto de España, que se jugó en el campo de El Prat, Barcelona.

Con este aliciente decidí superar algunas *tachuelas* y, armado con el espíritu combativo de Gary Player, viajé a Wentworth, Inglaterra, para jugar el Mundial Match Play. El hecho de ser el último participante invitado y además porque Jack Nicklaus y Tom Watson habían declinado sus invitaciones, me hacía sentir mal, incómodo. Dado que yo era el único jugador europeo en activo que había ganado un Grand Slam y el torneo se jugaba en Europa, consideraba, con el debido respeto a Tony Jacklin, que me correspondía un mejor puesto en el orden de preferencias. En ese momento pensé que la actuación de IMG (International Management Group), al margen de que como entidad organizadora pudiera invitar a quien quisiera, tenía mucho que ver con sus estrechas relaciones con los directivos del Circuito europeo a los que yo había osado enfrentarme y con el hecho de que me hubiese negado a estar en su cartera de clientes. Por otra parte, yo era consciente de que incluso después de que Nicklaus y Watson decidieran no jugar, el primer candidato de IMG era Sandy Lyle, que hacía poco había firmado con ellos. Sin embargo, gracias al eficaz trabajo persuasivo de mi *manager*, acabaron invitándome a mí y no a Lyle. También creo que pesó en esta decisión el hecho de que, si prescindían de mí, el público vería mi ausencia como una venganza que prolongaba mi exclusión del equipo de la Ryder.

Por supuesto, las condiciones no fueron para mí las mejores y no me sorprendió que no me pusieran como cabeza de serie, lo que me obligó a jugar los cuatro días. Por todos estos condicionantes y por el resultado final, este torneo resultó inolvidable para mí. Empecé ganando a mi viejo rival Hale Irwin por 6-4, y proseguí venciendo a Greg Norman, el defensor del título, por 8-6. Después de ganar mi semifinal a Bernhard Langer, que esa temporada era el número uno europeo, por 5-4, me impuse en la final a Ben Crenshaw con *birdie* en el último *green.* En este torneo Carmen fue a verme jugar, con lo cual redondeé una semana fantástica.

Es así como llegó el otoño, aunque a mi temporada aún le faltaba mucho. Después de jugar dos torneos en España, en los que quedé segundo y tercero, fui a Australia a jugar el campeonato de la PGA australiana. Gané por tres golpes. Después viajé a Japón, ganando también por tres golpes, el Dunlop Phoenix, y el 31 de diciembre me planté en Sun City, Sudáfrica, para jugar el torneo del Millón de Dólares. Éste era un torneo en el que sólo participábamos cinco jugadores: aparte de mí, Jack Nicklaus, Lee Treviño, Johnny Miller y Gary Player, que era el organizador y anfitrión. Perdí la final con Miller en un emocionante desempate en el noveno hoyo, pero la compañía de Baldomero, que me hizo de caddie en esa ocasión, y la hospitalidad de Gary Player fueron un premio inolvidable para mí.

22
Fuera de juego

La temporada de 1982 tuvo para mí una pobre cosecha, pues sólo conseguí tres victorias en Europa –los Opens de Madrid, Francia y el Masters de San Remo–, aparte de retener el título del Mundial Match Play, mientras que la siguiente fue más fructífera. En 1983 sumé el Masters de Augusta y el Westchester Classic, en Estados Unidos, el Sun City Challenge, en Sudáfrica, y además tres títulos en Europa.

Ese año supuso para mí un tardío aunque triunfante regreso a los *links* del Royal St. George's, Sandwich, donde en 1975 había tenido una floja actuación en el PGA, que ganó Arnold Palmer. En esta ocasión empecé jugando las dos primeras vueltas con Ian Woosnan y Brian Waites. Recuerdo que el primer día estábamos los tres en el *green* del hoyo 6, que es un par 3. Yo había dejado mi bola a unos siete metros del hoyo, Brian algo más cerca que yo. Ian había dejado la suya a un metro con un golpe fantástico. El caso es que cuando me tocó patear, al mirar la caída de mi *pat* por el lado del hoyo, vi que había un marcador de guante cerca del mismo. En ese momento recordé que el día anterior se había disputado allí un *pro-am* y me dije: "*¡Joder con estos amateurs nunca recogen sus marcas!*". Como muchos sabrán, los *amateurs* tienen por costumbre señalar las bolas con una marca que viene insertada en los guantes. Yo pensé que aquella la había dejado uno de ellos. El caso es que cogí el marcador y lo tiré al *bunker*. Cuando me di la vuelta para mirar la caída de mi *pat* por el otro lado, vi que Woosnam me estaba mirando un tanto desconcertado.

—¿Qué pasa, Ian? –le pregunté.

—Ocurre que acabas de tirar mi marca al *bunker* –me respondió.

—Perdona, pero no me he dado cuenta, pensé que era de un *amateur*; pues, ya sabes, ellos utilizan un marcador de guante.

—Sí, pero has tirado mi marca...

Fuimos al *bunker* a buscar su marca y como no la encontramos, pusimos otra donde los dos creímos que estaba y seguimos jugando.

Es increíble, pero en el golf suelen pasar estas cosas. Un año antes, por ejemplo, jugando el *pro-am* del Abierto de España en el Club de Campo de Madrid, iba en mi vuelta individual 7 bajo par después del hoyo 11. En el siguiente, mis compañeros *amateurs* tuvieron algunos problemas y demoraron el juego hasta el punto que olvidé golpear el último *pat*, pues debí darlo por hecho mentalmente. Me fui al *tee* del hoyo 13 y ¡salí! En ese momento los *amateurs* me advirtieron de que no había acabado el hoyo anterior. Como es lógico, el hoyo no me sirvió para contar. Esto ilustra lo difícil que resulta mantener la concentración en golf, y lo mucho que puedes perder por una tontería. Ésta no fue la única vez que fui descalificado por errores que podría llamar *tontos*.

Como le ocurrió a Padraig Harrington en el Benson & Hedges Internacional del 2000, jugado en The Belfry, que fue descalificado por olvidarse de firmar la tarjeta, lo cual favoreció el triunfo de José María Olazábal. Parecido me pasó a mí en 1983, en el Dunlop Masters jugado en St. Pierre. En realidad, no me olvidé de firmar la tarjeta, sino que lo hice sumando erróneamente un golpe menos de los que realmente había hecho. La descalificación posterior por esta equivocación fue correcta, pero el problema fue que los jueces la advirtieron cuando acabé de jugar el torneo el domingo y no antes.

Es más, esperaron a que entregara la tarjeta de mi cuarta vuelta para avisarme. Se me acercó el árbitro Tony Gray y me dijo:

—Tengo malas noticias para ti, estás descalificado.

—¿Por qué? –le pregunté muy sorprendido.

—Esto pasó el jueves –me dijo mostrándome la tarjeta con el error.

—¿Y por qué no lo dijisteis entonces? –le pregunté más sorprendido aún.

—Porque acabamos de darnos cuenta ahora –dijo por decir algo.

Mi convicción entonces y ahora es que no me lo dijeron en cuanto revisaron las tarjetas ese mismo día, porque les convenía tenerme jugando todo el torneo. Lamentablemente, a lo largo de mi carrera he tenido muchas fricciones de esta naturaleza, que en más de una ocasión me han dejado fuera de juego.

Estas tensiones con el Circuito acabaron de un modo u otro repercutiendo en mi carrera. En 1984 gané el Open Británico, el Mundial Match Play y el Sun City Challenge. Al año siguiente logré el cuarto Mundial Match Play en cinco años, cuatro torneos *stroke-play* en Europa y el USF and G Classic, jugado en Nueva Orleáns, Estados Unidos.

Pese a las tensiones con el Circuito, continué poniendo todo mi empeño en estar en lo más alto y, salvo en los años 1981 y 1982, me mantuve entre los cinco primeros del *ranking* europeo. En 1986, volví a encaramarme en el primer puesto, pero entonces, el fracaso en el Masters de ese año hirió mi confianza y perjudicó bastante mi juego. Es cierto que gané seis torneos, pero podía y debía haber ganado algunos más.

Mi primera victoria se produjo en el Dunhill British Masters, que se jugó en Woburn. Pero, entre Augusta y Woburn desperdicié una ventaja de dos golpes en los últimos dieciocho hoyos del Open de Cannes. "Regalé" el triunfo a John Bland, que me sacó además cuatro golpes. Nunca hasta entonces me había pasado eso, pero volvió a ocurrirme en el Open de Italia ante David Feherty, en el Open de Madrid y el Abierto de España, en ambos casos ante Howard Clark.

Clark era de esos jugadores que siempre son muy meticulosos con sus rivales. Con él he jugado en el equipo de la Ryder y, en las cuatro veces que hemos coincidido, Europa ganó tres y logró el empate de 1989, año que supuso retener la Copa. Como compañero de equipo fue muy bueno, pero como rival se transformaba. Por ejemplo, en el Open de Madrid de 1986 salimos juntos en la última vuelta y en uno de los primeros hoyos la bola de Howard se fue al agua. Me preguntó entonces si podía dropar sin penalización, porque consideraba que era "agua accidental". Como a mí no me pareció que fuera así, le dije que no podía mover la bola. Al oír mi negativa, se alteró y comenzó a pisar el suelo para que aflorara el agua. Viendo su reacción y para evitar una situación molesta, le sugerí que llamara al árbitro.

—No entiendo qué problemas ves para que no pueda dropar –me dijo alterado.

—El problema que veo es que estás muy nervioso –le dije con calma.

El árbitro no le dio la razón. Conseguí sacarle una ventaja de dos golpes, pero el incidente me descentró de tal modo que a partir del hoyo 12, Howard Clark combinó sus aciertos con mis errores y ganó el Open. Tres años más tarde, en el mismo torneo, el triunfo fue mío por un golpe. El resultado había cambiado, pero no el carácter de Howard Clark, quien al acabar el juego se quejó acusándome de que todo el día había estado molestándole. Según él, miraba mis *pats* cuando a él le tocaba jugar. En realidad, lo único que yo hacía para aprovechar el tiempo era estudiar mis caídas mientras él hacía lo mismo. Está de más decir que, cuando él colocaba la bola, yo me paraba. Pero Howard Clark es de esa clase de gente que necesita echar la culpa a alguien para justificar sus propios errores. Son esos jugadores que, si no estás mentalmente fuerte, acaban por sacarte de quicio y ponerte fuera de juego. De cualquier forma, Clark fue un jugador muy competitivo.

Después de Woburn gané cuatro de los cinco torneos que disputé a continuación, los Opens de Irlanda, Francia, Holanda y Montecarlo. Aquí, recuerdo que estábamos en el hotel, Adolfo Morales mi abogado de entonces, mi hermano Vicente y yo, que estaba entreteniéndome con mis palos en la habitación. No recuerdo quién me incitó a que lanzara una bola a través de la ventana hasta el jardín de la rotonda del Casino. El caso es que la bola se pasó de vuelo y rompió el cristal de una ventana del Casino. Mi hermano Vicente, que había bajado a buscar la bola sin saber lo que había pasado, se encontró con cinco policías. Lo que ocurrió es que mi hermano tuvo que calmar a los policías, explicarles que había sido un "accidente" y, en fin, prometerles que me diría que nunca más se repetiría ese suceso.

El torneo que no gané, y es el que más ilusión me hacía, fue el Open Británico que se jugó en Turnberry. Pero la verdad es que en ningún momento estuve en condiciones de disputar el título. Necesité finalizar con 64 golpes para acabar el sexto empatado. Ganó Greg Norman, que desplegó un juego sensacional aquella semana de tiempo horrible.

Algunos de los triunfos que conseguí esa temporada supusieron para mí una satisfacción personal extra. Por ejemplo, mi victoria en el Open de Holanda, que se jugó en Noordwijk, coincidió con el décimo aniversario de mi primera victoria en el Circuito europeo y precisamente en el mismo torneo. Como la primera vez, volví a ganarlo por ocho golpes, esta vez ante Pepín Rivero. Aparte de ese valor sentimental, este triunfo me convirtió en el primer jugador que alcanzaba a lo largo de su carrera el millón de libras en premios del Circuito europeo. También fui el primero en alcanzar esa cota y superar el millón de dólares en el Circuito de la PGA. Da que pensar que hubiera necesitado diez temporadas y treinta seis victorias en Europa, para acumular estas ganancias, cuando ahora son frecuentes los cheques de un millón de dólares para un primer puesto. Pero para mí, más importante que el dinero ganado era que en esa temporada volvía a ocupar el primer puesto del *ranking* europeo.

La temporada siguiente volvió a ser pobre. Sólo gané el Suisse Open de Cannes, tras vencer en el desempate a Ian Woosnam, siete días después de perder otro con Larry Mize y Greg Norman en Augusta; el APG Larios y el Campeonato de España para Profesionales. Mi mayor alegría fue participar de la victoria europea en la Ryder Cup.

El nuevo fracaso en Augusta volvió a pasarme factura y dejarme fuera de juego esa temporada. No dejaba de darme vueltas en la cabeza la razón por la que había fallado aquel *pat* en el desempate. Este *pat* fallido me hizo perder seguridad y tardé bastante en recuperarla. A pesar del triunfo a la semana siguiente en Cannes, lo cierto es que había empezado a fallar los *pats* cortos, sobre todo los importantes. Éste es un juego muy mental, pues cuando haces algo mal y se te mete en la cabeza, cuesta mucho sacártelo de ahí.

El golpe fallado en el Masters resultó ser muy caro, no tanto por el juego que desplegué, sino porque perdí ese *punch* final, ese toque de seguridad que te da la victoria. Quiero decir que no gané en todas las ocasiones en que pude hacerlo. En veintitrés torneos acabé seis veces entre los diez primeros; once veces segundo o tercero y no fallé el corte en ningún campo. Además, aporté a Europa cuatro puntos de los cinco posibles cuando conseguimos el histórico triunfo en la Ryder jugado en Muirfield Village. Todo esto me demostraba y también a los demás que no estaba dispuesto a que me dejaran fuera de juego. Iba a seguir dando lo mejor de mi golf.

23
El circuito de la ETPD

Hay quienes han afirmado que en los años setenta y ochenta elegí jugar más en Europa que en Estados Unidos porque en el Circuito europeo me pagaban fijos de salida. Lo cual no es cierto. La razón de fondo era que en Europa me sentía más cómodo por ser mi entorno natural. Aquí estaban mi familia, mis amigos y un público, sobre todo el británico, que siempre me ha hecho sentir su simpatía y calidez.

Es obvio que los fijos de salida constituían un valor añadido para quedarme, pero si hubiese sido por dinero, como siempre dice mi hermano Baldomero, el Circuito americano me "ofrecía más posibilidades deportivas y suculentas ganancias", pero yo nunca he jugado pensando en el dinero, sino en el golf. Los negocios y el *marketing* seguramente me hubiesen convertido en multimillonario, pero nunca he querido doblar mis facetas. En este sentido, no tienen razón aquellos que dicen que no he sabido manejar el *marketing*. No la tienen simplemente porque siempre he preferido ser un ganador deportivo antes que un ganador de dinero. No lo digo porque me parezca mal ganarlo, sino porque estoy convencido de que simultanear deporte y negocios hubiese sido negativo para el desarrollo de mi carrera. Además, tengo en mi haber no ser un envoltorio de nada. He ganado mucho más de lo que pude imaginar y puedo dar las gracias por ello, pero tales ganancias son fruto del trabajo, el sacrificio y el apoyo incondicional de mi entorno familiar.

Durante más de tres décadas he jugado en Europa sintiéndome responsable con los aficionados, los patrocinadores y los promotores, y eso ha sido así independientemente de los fijos de salida. Éstos son cantidades estipuladas que se pagan por participar a jugadores que por su talento o su carisma atraen al público y a los medios de comunicación. En aquellos años, yo era el Tiger Woods de ahora. Como se reflejan en mis estadísticas, en Europa fallé muy pocos cortes, apenas unos pocos en ciento noventa torneos jugados en quince años a partir de 1976. Para un patrocinador es un desastre que un jugador en quien deposita su confianza se marche a casa al cabo de dos vueltas. Tal cosa fue excepcional en mí, que en el período mencionado gané en cuarenta y una ocasiones y generalmente quedé siempre entre los cinco o diez primeros. Si doy cuenta de estos datos es para dejar constancia de que ya entonces era muy consciente de mi contribución al desarrollo del Circuito europeo cuando tuvo lugar mi controversia con su organización.

El origen de la polémica fue la pretensión de Kenneth Schofield, director ejecutivo del Circuito, de quitar los fijos de salida. Mi reacción fue negarme a jugar, lo cual me costó perderme la mitad de la temporada y la exclusión del equipo de la Ryder Cup de 1981, que se jugó en Walton Heath. Mi razón era que yo tenía derecho a esos fijos por ser el número uno y porque interpretaba que debía tenerse en cuenta el hecho de que hubiera optado por participar en los torneos europeos a pesar de que sus premios eran menores que los del Circuito americano. Por otro lado, los fijos de salida no eran una invención mía.

Cobrar por salir a jugar ya lo hacían los primeros profesionales británicos desde que en 1860 empezara a jugarse en Escocia el Open Británico. Ya en la era moderna del golf, Tony Jacklin empezó a cobrar después de ganar el Open Británico de 1969. Ya a mediados de los setenta, la European Tournament Players' Division, nacida de la unión de la British Professional Golfers' Association y del primitivo Continental Tour, y precedente del actual Circuito europeo, implantó para los jugadores europeos dos categorías en relación con el pago dc fijos de salida. Una establecía que los socios del Circuito tenían derecho a cobrar si habían ganado al menos uno de los tres torneos grandes de ese momento –Open Británico, Masters de Augusta y US Open– o bien habían obtenido la Orden de Mérito del año anterior. La otra categoría incluía a los no socios, los cuales podían cobrarlo siempre.

Desde que estas categorías fueron suprimidas, la dirección del Circuito estableció que sus miembros recibieran una cantidad máxima de 10.000 dólares en concepto de gastos, mientras que los jugadores americanos o de cualquier otra nacionalidad podían negociar cualquier cantidad. Aparte de apuntar que por esas fechas yo cobraba 25.000 dólares por torneo y que, considerando que Tony Jacklin ya estaba saliendo de escena, puede decirse que era el único europeo que había ganado un grande. Interpreté aquellas decisiones más como un ataque personal que como un cambio de estrategia de los directivos del Circuito.

Lo que yo veía entonces era que primero se habían establecido unas normas para tener contento y bien remunerado a Jacklyn cuando jugaba en Europa y ahora las modificaban para tratarme exactamente al revés. Ante este horizonte, en abril de 1981 dimití como miembro del Circuito adelantándome a que, durante las semanas que se jugaban los Opens de Madrid e Italia, no me concedieran el permiso para jugar en Japón. No estar en Madrid me preocupaba bastante, tanto por ser español como por ser defensor del título, pero el problema que se había planteado trascendía en importancia al propio torneo. Mientras el Circuito quería reducirlo a una cuestión de dinero, para mí era un asunto de principios. Visto todo esto con la perspectiva que da el tiempo, creo que ambas partes podríamos haber tratado las discrepancias de un modo más imaginativo, con lo que nos hubiéramos evitado muchos disgustos.

Una de las consecuencias que provocó mi dimisión del Circuito fue que al mes siguiente fui excluido de la lista de clasificación para jugar la Ryder Cup. Para dejar muy clara mi posición, el 25 de mayo dirigí a amigos y asociados del Circuito una carta[1], copia de la cual remití a Ken Schofield y a Deane Beman, delegado del PGA Tour de Estados Unidos. Lo que quería con esta carta era resumir mi frustración y disgusto por una situación que amenazaba con abrir una brecha insalvable y muy perjudicial para ambas partes. Pero esta pretensión no fue atendida. Los hechos posteriores agravaron más la situación.

Llegado agosto, los únicos torneos que había jugado en Europa habían sido el Open Británico en Sandwich y los Opens de Francia y Escandinavia, a los que se les había permitido pagarme un fijo de salida, porque habíamos firmado los acuerdos el año anterior, antes de que cambiaran las normas. No obstante, la situación era altamente peligrosa para mí, pues no sólo estaba amenazada mi selección para el equipo de la Ryder Cup –amenaza que efectivamente se cumplió–, sino que además me había quedado sin exenciones para jugar en el Circuito americano. Por otro lado, no me hacía ninguna gracia pasarme todo el tiempo en avión viajando de España a Japón. Ante este oscuro panorama, tenía que encontrar una solución y reparar como fuese el cortocircuito que se había producido con la ETPD. Así que el 11 de agosto me reincorporé al Circuito europeo. Tenía que aceptarlo. Me habían derrotado en esta batalla.

---

[1] *"Los últimos meses han sido difíciles y confusos. Se han dicho muchas cosas de mí y hasta ahora no he hecho ninguna declaración en mi defensa. Espero sinceramente que esta carta sirva para responder a todas tus dudas y preguntas, y cierre el paso a nuevas especulaciones.*

En casi seis años de participación en el ETPD Tour, sólo he pedido permiso para participar en un torneo que estaba en conflicto con el calendario oficial. Hace tres años que me invitaron a jugar el Chunichi Crowns Tournament en Japón, que celebra el cumpleaños del Emperador. En mi calidad de doble ganador del Open de Japón y al ser el único jugador no asiático que ha ganado el Open nacional de Japón, considero que no puedo declinar su invitación por más tiempo. He recibido una compensación de gastos de 10.000 dólares, igual que el resto de los participantes. Tenía previsto hacer un viaje de dos semanas y así se lo comuniqué a la ETPD a principios de este año. Se me contestó que necesitaba un permiso; aunque no era socio formal de la ETPD y, por lo tanto, mi notificación tenía carácter de cortesía. Sin embargo, para evitar cualquier posible polémica, presenté mi solicitud de permiso. También he estado en contacto con los Opens de Madrid y de Italia y se me ha comunicado que no se opondrán a mi viaje a Japón.

Después de leer en la prensa que iba a ser multado y/o suspendido si decidía jugar los torneos japoneses, y para evitar cualquier problema, se hizo un tercer contacto con la ETPD para explicar mis planes y respetuosamente solicitar la aprobación de mi permiso. Como no se recibió ninguna respuesta, se envió una nueva comunicación en la que "... provisionalmente dimito como socio de la ETPD". Si la ETPD hubiera optado por aprobar mi solicitud a mi regreso a Europa, hubiera firmado la hoja de inscripción en la ETPD y el asunto hubiera quedado zanjado. Pero la ETPD no solamente dejó mi solicitud sin respuesta, sino que además emitió un comunicado francamente lesivo para mi historial deportivo y que la prensa reprodujo con el siguiente titular: "Ballesteros, expulsado como socio de la ETPD y de la clasificación para la Ryder Cup". Lo que era realmente falso. Ni siquiera era socio de la ETPD; y, sin embargo, hice todos los esfuerzos posibles para someterme a unas normas, confusas y que cambiaban todos los días, a fin de no incomodar a la ETPD ni menoscabar su prestigio. Estos esfuerzos míos se toparon con una serie de nuevas disposiciones claramente dirigidas contra mí. Me quedé muy decepcionado.

Hay dos temas muy distintos, aunque se haya intentado mezclarlos. Creo que al primero, que es la cuestión de mi permiso para viajar a Japón, ya he respondido. Ahora quiero responder al asunto de las garantías en el circuito de la ETPD.

Se ha dicho muchas veces que yo he afirmado que "el golf me debe media vida". He dedicado mi vida al golf desde que tenía nueve años renunciando a toda mi juventud. Estoy convencido de que mis éxitos y mis logros son una recompensa más que generosa a esta dedicación mía, y quiero puntualizar que esa frase proviene de una entrevista que me hicieron en la cadena de televisión ITV: "¿Cree usted que el golf le debe media vida?", fue la pregunta que me hicieron, a la que yo contesté: "Creo que el golf me debe algo o quizás estamos en paz".

El único problema que tengo con las normas de la ETPD relacionadas con las garantías de los patrocinadores es que las han cambiado sin avisar y parece que estén hechas expresamente para excluirme. Las normas específicas anteriores se articularon para acoger en ellas a los profesionales británicos que habían tenido éxitos excepcionales. Prefiero no pensar que la actitud de la ETPD se explica porque soy español, porque es difícil encontrar razones lógicas que justifiquen tal actitud. Yo no he inventado los fijos de salida, en realidad es un invento de la ETPD y de los patrocinadores. En lo que a mí respecta, las garantías monetarias no son importantes; es una mera referencia del reconocimiento que dispensan los patrocinadores a mis éxitos y al valor añadido que represento para su torneo.

He jugado muchos torneos de la ETPD por gastos mínimos o por pequeñas o cero garantías. Sin embargo, no creo que sea justo que los patrocinadores paguen cantidades importantes a los jugadores extranjeros y se pretenda, en cambio, que los profesionales de la ETPD que tienen iguales o mejores credenciales jueguen con gastos pagados sólo.

Los últimos seis meses han sido muy confusos con numerosos cambios en las normas de la ETPD que sólo afectan a mí. Después de cada una de mis victorias en los torneos del

Grand Slam opté por mantenerme fiel al Circuito Europeo. Que no ha sido el caso de la mayoría de los jugadores de la ETPD que han alcanzado cualquier grado de éxito.

Después de haber sido objeto de lo que parecen maniobras intencionadas para presentarme como desleal y mercenario, haber sido además discriminado con normas específicas de la ETPD hasta haber sido excluido de la Orden de Mérito de la ETPD mientras se incorporaba a otros jugadores que no eran socios, lo mínimo que puedo decir es que me ha herido profundamente. Donde antes me encontraba como en casa, los actos de determinadas personas me hacen sentir muy incómodo.

En el momento actual no soy socio de ninguna organización formal de circuito. En lo que queda de año tengo la intención de participar en de cuatro a seis torneos europeos, en tres torneos del Circuito Americano y de tres a cinco torneos en Japón, Australia y probablemente en Suramérica o Sudáfrica. En conjunto, con los torneos que ya he jugado este año, compone una agenda muy completa. Como no soy socio de ningún circuito de golf y como he ganado torneos de primera categoría en los cinco continentes, creo que la mejor manera de servir al golf y a los objetivos de mi propia carrera es participar en el circuito internacional. Por lo tanto, tengo la firme intención de no integrarme como socio en ninguna organización por lo que resta de temporada. Por mucho que lo lamente, ello me excluye de la Ryder Cup, y no veo otra alternativa.

Quiero expresar mi agradecimiento a los representantes de los medios de comunicación, consocios y patrocinadores que han estado a mi lado durante este período tan difícil y que no se han dejado influenciar por rumores e insinuaciones muy dolorosas. Vuestro respaldo me ha dado mucho aliento.

En lo que a mí respecta, el asunto está zanjado. Con mucho gusto estaré dispuesto a atender a la prensa sobre cualquier otro tema, pero no haré ningún otro comentario sobre los asuntos que se explican en esta carta. Vosotros tenéis ahora la responsabilidad de que se imponga la verdad de los hechos. No guardo ningún rencor a la ETPD ni a los patrocinadores que han intervenido; en realidad admiro los esfuerzos que hacen para asentar el golf en Europa. Al tiempo que considero que se ha cometido una gran injusticia, me parece que todo ha sido sencillamente producto de las molestias inherentes al crecimiento al desarrollar y hacer más complejas las normas de la ETPD. Espero sinceramente que la solución definitiva sea un conjunto de normas útiles que atiendan los mejores intereses de todos los socios, incluso los de aquellos cuyos logros merecen una consideración especial.

El juego que he desarrollado recientemente me anima y confío en que con vuestra ayuda podamos superar este asunto y que la segunda mitad de 1981 nos aporte a todos progreso y éxitos. Sinceramente, Severiano Ballesteros."

24
El pan de Cruyff

Aunque perdí la batalla con el Circuito europeo y la cuestión nunca se resolvió satisfactoriamente, tengo la sensación de que mi postura ganó finalmente la *guerra*. En 1992 el Circuito anunció que se sancionarían los torneos que pagaran fijos de salida, pero al mismo tiempo hizo una redefinición del término. Según las nuevas normas, un jugador no puede cobrar nada por el mero hecho de participar en un torneo, pero si durante su participación hace algo especial, como dar una conferencia, inaugurar un ala nueva de la casa-club o dar un *clinic*, es merecedor de unos honorarios justificados. Algo semejante ya habían hecho en Estados Unidos.

Por otro lado, la realidad es que se continúan pagando fijos de salida, aunque disimulados bajo otros nombres o conceptos, lo cual me recuerda las palabras del príncipe Salinas, ese personaje que interpretaba Burt Lancaster en la película *El Gatopardo*, que decía: "*Algo debe cambiar para que todo siga igual*".

La cuestión es que los que están en la dirección del Circuito saben que la constitución y el desarrollo de éste se deben fundamentalmente a los fijos de salida. De no ser por el fijo de salida, los americanos no saldrían de su Circuito.

Años más tarde, la garantía de los fijos contribuyó a que los principales jugadores europeos estuviéramos más predispuestos a jugar en el Circuito europeo que de irnos detrás de los suculentos cheques y mejores servicios que ofrecían en Estados Unidos. La aplicación de los fijos de salida creó entonces en Europa una dinámica positiva que hizo del Circuito europeo un producto atractivo para los promotores y patrocinadores, y al mismo tiempo un lugar propicio para que jugadores menos dotados pudieran ganarse bien la vida. Todo lo cual redundaba en beneficio de la difusión del golf.

Una de las cosas que más me molestaron de la actuación del Circuito europeo en 1981 fue su decisión claramente perjudicial y discriminatoria para los jugadores europeos, quienes no podían cobrar fijos, mientras que los no europeos sí. Creo que los mejores jugadores europeos de aquellos momentos –Langer, Lyle, Faldo, Woosnam y yo– colaborábamos decididamente en el progreso del Circuito y nos merecíamos el dinero que acertábamos a negociar con los organizadores de los torneos. En mi caso, y creo que también en el de otros compañeros, una vez inscrito en un torneo, nunca gradué mi participación según el monto fijo. Y siempre di todo lo que podía. Esto mismo no se puede decir de todos los jugadores americanos que vinieron a Europa en aquellos años. No quiero dar nombres, pero he conocido a algunos que se limitaban a pasar unas vacaciones con sus familias. No digo que fallaran a propósito el corte, pero sí que dormían como benditos cuando no lo pasaban.

Este tipo de actuaciones siempre me ha disgustado, no sólo porque es muy poco profesional y malo para el deporte, sino también porque era una burla para los jugadores europeos, para quienes las puertas del Circuito americano estaban cerradas, y cuando pudimos cruzarlas, no pedimos esos fijos, que los americanos obtenían con suma facilidad aquí.

Ya sé que oficialmente en Estados Unidos no hay fijos de salida, pero también sé que hay muchas formas de definirlos y de hacerlos efectivos. A veces basta ir a una recepción o a una cena, hacer una exhibición un lunes, firmar el diseño de un campo o diseñarlo, y hasta acordar determinadas cantidades en contrato con un patrocinador, como lo ha hecho, por ejemplo, Tiger Woods con la marca de coches Buick, uno de los principales patrocinadores del Circuito americano.

La verdad es que todavía no alcanzo a comprender cuál es el problema del Circuito europeo respecto de los fijos. Si un patrocinador está dispuesto a pagar 150.000 euros o más, a un jugador para usar su nombre y su imagen como reclamo publicitario de su torneo, no veo que pueda haber nada malo en ello. Es el patrocinador el que invierte su dinero y quien puede hacerlo de la manera que mejor le parezca. No es cierto que ese dinero que el patrocinador destina a fijos de no hacerlo vaya a engrosar los premios. El jugador que diga o piense esto, sencillamente se engaña.

Cuando en 1981 surgió el conflicto por los fijos de salida, los jugadores tuvieron una reacción muy tibia y prácticamente no secundaron mis reivindicaciones. La razón estaba clara. Hasta ese momento, si bien los fijos de salida estaban reconocidos por las normas de la ETPD, yo era el único que los cobraba y por tanto los demás, erróneamente, no se sentían afectados de modo directo. Muchos pensaron que era una cuestión de codicia, cuando en realidad los fijos de salida son un derecho por el que se reconoce a un jugador de primera línea el derecho de imagen y de presencia en un marco determinado, en este caso el deportivo.

No debe olvidarse que el deportista de alto nivel es una pieza clave del espectáculo deportivo, pues genera un importante flujo económico del que se benefician el deporte, las instituciones y las empresas patrocinadoras. Por otra parte, ha de tenerse en cuenta que el período productivo del deportista es relativamente corto comparado con el de otras profesiones, y que un accidente, una lesión o cualquier otro imponderable pueden privarle de su fuente habitual de ingresos con los que se gana la vida. En cierta ocasión, Johan Cruyff, cuando era jugador del Barça, declaró que deseaba ser capaz de capitalizar su talento y su fama, porque: *"cuando acabe mi carrera, no podré ir a la panadería y decir: 'soy Cruyff, déme una barra de pan' "*.

Ahora intento comprender que no había nada personal contra mí en la decisión de Ken Schofield de prohibir el pago de fijos de salida a los jugadores europeos. Seguramente su intención era salvaguardar la integridad del Circuito, tal como él la entendía, sin darse cuenta de hasta qué punto ponía en peligro la pervivencia del Circuito y de la Ryder Cup. Si en ese momento me hubiera ido a jugar a Estados Unidos, estoy seguro, y lo digo sin presunción, que el Circuito europeo no tendría la importancia que tiene ahora, como tampoco la tendría la Ryder Cup si yo hubiera mantenido lo dicho en un momento de ofuscación de que nunca más volvería a ella.

A Ken Schofield hay que reconocerle la modernización del Circuito europeo a partir de 1976, cuando recibió el prometedor legado de John Jacobs, su antecesor. Desde entonces y hasta ahora el Circuito ha crecido hasta convertirse en un negocio muy rentable. Sin embargo, la política seguida para ese crecimiento casi nos cuesta el pan a los jugadores y por poco no acaba con el Circuito.

En julio de 1994 jugué con Jack Nicklaus un partido de exhibición para inaugurar The London Club, en Kent, cuyo campo él había diseñado. Durante el vuelo que nos llevaba rumbo a Turnberry, donde se jugaba el Open Británico, Jack y yo comentamos las respectivas gestiones de los circuitos americano y europeo. Tanto él como yo coincidimos en que Deane Beman y Ken Schofield habían hecho muchas cosas buenas, pero también muchas otras equivocadas. Recuerdo que fui más allá que Jack cuando le comenté que algunas de las decisiones tomadas por Schofield habían sido tan negativas que quizás debería empezar a pensar en retirarse.

Uno de los problemas que tiene el Circuito, y que puso de manifiesto la auditoria de Andersen en 2001, es la falta de comunicación y la lentitud de las respuestas. Me atrevo a decir que el principal escollo radicó en que Ken no atendió a la gente, a la que se supone que tiene que escuchar, principalmente a los jugadores más veteranos del Circuito. Es cierto que se han hecho muchas mejoras, pero casi siempre se hicieron tarde o después de algún tipo de conflicto. Durante un torneo que se jugaba en Sunningdale, le dije a Schofield:

"Ken, los jugadores necesitamos medios de transporte y que se mejore el servicio de los campos de práctica."

Las dos cosas se concretaron, pero con una lentitud pasmosa. La causa de esa tardanza en hacer las cosas es quizás la tremenda burocracia del Circuito. Hay un exceso de gente en nómina, alguna innecesaria, incluso no capacitada para su función, que cobra sueldos altísimos. También sobre esto hablé con Ken:

—No parece lógico que tu gente produzca tantos gastos y dispongan de muchos privilegios –le dije.

—Vale, de acuerdo, pero ellos no pueden jugar para ganar lo que tú cobras –fue su insensata respuesta.

Así era Ken.

Por descontado que la gente tiene derecho a ganarse la vida. Equiparar a un administrativo con un jugador de torneos es ridículo. Sobre estos equívocos es por lo que se generan gastos evitables. Un mejor control de los ingresos y gastos del Circuito hubiera permitido, por ejemplo, crear un fondo de pensiones para los jugadores, como el que tiene el Circuito americano.

Se supone que los jugadores somos los "propietarios" del Circuito, pero lo cierto es que no pintamos nada de cara al futuro, no tenemos ni voz ni voto en su gestión y tampoco interés económico, salvo aquel que figure entre los favoritos del Comité y tenga asegurado un puesto de trabajo o un jugoso contrato para diseñar un campo o un proyecto del Circuito.

Está claro que la estructura organizativa del Circuito tiene muchos puntos flacos. Un ejemplo es que por un lado se considera a los jugadores agentes individuales y libres para hacer cuanto les convenga, y por otro, individuos sujetos a las normas del Circuito, según las cuales no pueden jugar donde quieran ni cuando quieran. La conducta arbitraria de los directivos se basa precisamente en esta contradicción.

Por otra parte, en las deficiencias de la organización y su política de gestión también tenemos una cuota de responsabilidad los jugadores. Todos estamos representados ante la organización a través de los comités, pero la mayoría apenas si se preocupa de lo que se diga y decida en una reunión. Como es de suponer, a la mayoría sólo le interesa jugar al golf y no quiere ni oír hablar de las reclamaciones o reivindicaciones de los otros jugadores por las condiciones en que se desarrollan los torneos.

Creo que los jugadores tienen mucho con jugar y prepararse para hacerlo al máximo nivel, y que la actual estructura organizativa del Circuito no favorece la defensa de sus intereses en la medida que sería necesaria. Por eso creo que debería haber una persona que siguiera de cerca el Circuito y se interesase constantemente por los jugadores, algo así como un *ombudsman*, un "defensor del jugador", que hable con ellos y con los promotores, con todo el mundo, preguntando: "¿Cómo ha ido esta semana? ¿Qué hay que mejorar en este torneo? ¿Cómo resolvería usted este problema? ¿Qué opina sobre este otro?". En fin, que permanentemente se tuviera información de la situación real. Ahora nada de esto ocurre. No hay preguntas y tampoco respuestas. No hay comunicación.

En el marco de funcionamiento del Circuito también hay que tener en cuenta a IMG (International Management Group), organización que no sólo promueve varios torneos, sino que en muchos sentidos presuntamente controla la forma de operar del Circuito europeo. Un ejemplo muy significativo era el contrato que había entre IMG y el Circuito en relación a los derechos televisivos. Este contrato decía que el Circuito no podía denunciar el acuerdo mientras IMG, a través de TWI, su división de televisión, fuese uno de los principales productores y distribuidores independientes en la programación de deportes. La existencia de este contrato garantizaba a IMG el mantenimiento de su posición dominante en el Circuito.

Tengo la impresión, aunque no puedo asegurarlo por desconocer las cuestiones legales, de que no puede ser legal un contrato de esta naturaleza leonina. En todo caso era, o es si es que continúa vigente, un contrato escandaloso que muchos jugadores denunciamos, sencillamente porque a ninguno nos gusta que nos manipulen.

Hoy, George O'Grady, desde el 1 de enero de 2005 sustituto de Ken al frente del Circuito Europeo, tiene ante sí objetivos claros y concretos que debe solucionar, por el bien de los jugadores y del propio Circuito. Creo en George, pues es una persona dialogante, buen conocedor del Circuito, muy profesional y además inteligente.

Seguro que es un buen dirigente, pues su don de gentes está fuera de duda. Así lo demostró apenas asumió el cargo dando carpetazo al problema que planteó José María Zamora, director y árbitro del Circuito europeo, después de la discusión que ambos mantuvimos en el Club de Pedreña por la sanción que me impuso en el torneo de Madeira.

25
La piedrita en el zapato

El conflicto con el Circuito a raíz de los fijos de salida tuvo consecuencias inmediatas y perjudiciales para mí. Convertido en la piedrita metida en el zapato de Ken Schofield, máximo dirigente del Circuito, que intentó por todos los medios sacarme de circulación.

Quedarme fuera del equipo de la Ryder Cup de 1981 fue el primer y más directo golpe que recibí de Schofield. Aunque oficialmente yo no me había clasificado por haber perdido media temporada, existían otras puertas que el máximo directivo del Circuito cerró sin más. Lo que hizo más irresponsable su actitud fue no considerar la verdadera situación en la que se encontraba la Ryder en ese momento a causa de la falta de compromiso de algunos de los jugadores del equipo europeo.

En The Greenbrier, donde se jugó la Ryder Cup en 1979, nadie había expresado mejor esa falta de espíritu de equipo que Mark James y Ken Brown. James ha dado su versión al respecto en su libro y otros lo han hecho en otros medios. La mía es que Ken y sobre todo Mark nunca estaban a punto, se saltaban las reuniones, y comían por su cuenta. En general, se comportaban como niños caprichosos.

No se sentían comprometidos para nada con el equipo. John Jacobs era un buen capitán y es un caballero en todos los sentidos, pero a ellos esto les importaba muy poco. Mark incluso fue amonestado por su comportamiento.

Como ya he dicho, a raíz del malestar que me había provocado el enfrentamiento con el Circuito, me negué a jugar en Europa y marché a Estados Unidos. Estando allí, un día de julio sonó el teléfono en la habitación de mi hotel. Era John Jacobs. "*Seve* –me dijo–, *quiero que vuelvas a jugar en Europa. Ahora mismo no puedo asegurarte que vayas a entrar en las dos plazas para la Ryder que puede designar la organización por su cuenta, pero sí que mi voto será para ti.*"

Con esta llamada entendí que, si yo hacía el esfuerzo, tendría la plaza en el equipo de la Ryder Cup. Estaba convencido de que las dos plazas las seguía designando el capitán del equipo, tal como había acordado el Comité dos años antes. Por este motivo, casi no presté mucha atención a la advertencia de John sobre el peso que tenía la opinión de Schofield en el Comité, así como las de Neil Coles y Bernhard Langer, que representaban a los jugadores.

Total, que volví a Europa y me reincorporé al Circuito doce días antes de que se anunciara el equipo europeo que jugaría en Walton Heath. Tal anuncio se haría en Fulford, el 23 de agosto, después de disputarse el Benson & Hedges International. Yo estaba bastante tranquilo, porque, a pesar de los inconvenientes que había tenido, seguía figurando en el primer puesto de los *rankings* europeo y mundial.

Pero las cosas no fueron por donde yo pensaba. A pesar de ganar el B&H, consideraron que no haber jugado en York era motivo suficiente para no darme el voto. No pude menos que sentirme perseguido al ver que la mano de Ken Schofield, aunque él no votara en el Comité, era larga y vengativa. Comprobé entonces que en la decisión había pesado más la mala disposición personal hacia mí que el bien del equipo. Por otro lado, entre los otros candidatos a ocupar las dos plazas vacantes estaban Tony Jacklin, Peter Oosterhuis y Mark James. Sorprendentemente, a pesar de lo que había pasado con él en The Greenbrier, eligieron a James para una de las plazas, y a

Oosterhuis para la otra. Esa temporada, precisamente, Peter no jugaba en el Circuito europeo y era socio en exclusiva del americano. El resultado fue que los americanos nos metieron a los europeos una de las mayores palizas de la historia de la Ryder Cup, ya que nos ganaron por nueve puntos.

De lo que pasó en el Comité y quiénes con su voto me excluyeron nunca me enteré. Cuando se lo pregunté a Jacobs, me dijo: "*Neil y Bernhard no votaron por ti.*"

Dos años después, durante la ceremonia inaugural de la Ryder en Palm Beach, Florida, Langer me lo desmintió. "*Seve, quiero asegurarme de que sepas que yo no voté contra ti.*"

Está claro que alguien no dijo la verdad, o por lo menos, toda la verdad. Nunca hablé de este asunto con Neil Coles, porque él nunca decía nada a nadie sin antes consultarlo con Ken Schofield. Sin embargo, estoy convencido de que hizo lo que Schofield le mandó hacer, como siempre. Puedo imaginar que el único voto potencial a mi favor pudo haber sido el de John Jacobs, pero que no llegó a proponerlo viendo que no tenía ninguna posibilidad de que me eligieran. En este caso, lo más probable es que no hubiera votación, lo cual explica que Bernhard me dijera, en un intento de reparar el daño que me habían hecho, que no había votado en mi contra. Es obvio que tampoco a favor.

Creo, asimismo, que Langer compartía la opinión de aquellos jugadores que pensaban que yo no debía estar en el equipo por haber ignorado al Circuito esa temporada. Entre estos jugadores, me enteré más tarde, se hallaban también dos españoles. Me decepcionó mucho leer sus declaraciones en este sentido en la prensa española. Los consideraba amigos míos y no creí que pensaran de ese modo, ya que ellos sabían hasta qué punto llevaba años ayudando al Circuito. No sé qué les pasó, porque en lugar de apoyarme eligieron herirme y lo consiguieron.

Es posible que mi presencia no hubiera alterado el resultado, porque aún había mucho complejo de inferioridad en el grupo europeo. Sin embargo, es lamentable que el Circuito no presentara su mejor equipo posible. En aquellos momentos me sentía tan mal, tan decepcionado, que decidí no jugar nunca más en el equipo de la Ryder Cup, cosa que, por suerte no mantuve.

El episodio de mi exclusión de la Ryder fue en realidad el primero de una serie de hechos en los que vi la obsesiva persecución de que era objeto por parte de Ken Schofield. En 1996 el Trophée Lancôme de París se jugaba en el campo de St. Nom La Breteche. Quince días antes había jugado el One 2 One British Masters en Collingtree, donde encontramos el campo en tan malas condiciones que Nick Faldo y yo promovimos una reunión de jugadores, pues no era posible que nos presentáramos para recibir precisamente a un nuevo patrocinador que apostaba por el Circuito europeo. En esa reunión se consideró que cosas como ésta eran producto de una gestión deficiente, y la mayoría de jugadores opinó que Ken Schofield debía dimitir. Todos, sin excepción, reconocieron que la junta estaba integrada por gente que le debía favores y que le servía de escudo ante cualquier posible amenaza a su posición de fuerza en el Circuito, incluido Mark James, que resultó ser el correveidile de Schofield.

Pocos días más tarde de habernos reunido, Bernard Gallacher, futuro capitán de la Ryder Cup, declaró, según la prensa británica, que esas "reuniones clandestinas" perjudicaban al Circuito. Gallacher fue siempre un hombre de Ken, quien es lógico que estuviera muy enfadado por aquella reunión. Durante meses no nos dirigimos la palabra, a pesar de ser él el jefe del Circuito europeo. Fue algo muy significativo ver con José María Olazábal, años después, en la cena de Campeones del Masters de 1997, cómo Tim Finchem, el nuevo director ejecutivo del Circuito americano, se paseaba por las mesas hablando con los jugadores, mientras que Ken Schofield permanecía con una copa de vino en la mano sentado toda la noche en su sitio. ¡Qué actitudes tan diferentes!

Creo que la mayoría de los jugadores europeos consideraba, como se vio en aquella reunión del Lancôme de 1996, que la gestión del Circuito europeo era mala o, por lo menos, no suficientemente buena. Sin embargo, muchos jugadores no querían hablar de esto públicamente por temor a las represalias. Para ejemplo, está el caso de Rafferty.

Ronan Rafferty fue, en el 2000, uno de los firmantes de la petición de auditoría de la contabilidad del Circuito, que se hizo durante el Volvo Masters. Poco días después de esta petición, Rafferty era relevado de su puesto en el Comité. En más de una ocasión los jugadores que han reclamado o expuesto alguna queja ante la dirección del Circuito han notado enseguida cómo, extrañamente, empezaban a tener horas de salida pésimas, problemas incomprensibles con los árbitros, en fin...

Cuando me comentaban estas cosas, yo sabía muy bien de qué me estaban hablando, porque desde 1981 venía sintiendo la oscura mano de Schofield. En 1994, durante la tercera vuelta del Volvo Masters, Miguel Ángel Jiménez y yo fuimos multados por el árbitro John Paramor por juego lento tras una queja de Bernhard Langer. Dos meses antes, los árbitros también me habían amonestado por juego lento y, como entonces no me multaron, en Valderrama salieron a por mí creyendo que el Volvo Masters les daba la oportunidad para hacerlo.

Puede que no sea el jugador más rápido del mundo, pero tampoco he sido nunca el más lento. En aquella oportunidad yo no negaba que mi partido fuera lento, pero los jueces no querían ver, como suelen hacerlo, las circunstancias atenuantes. En esa ocasión, el gentío que nos seguía era abrumador y el servicio de orden apenas si podía controlarlo. Al final acabé perdiendo ante Langer por un golpe, después de tirar el *drive* del último hoyo detrás de un árbol. Como no estaba seguro de si podía *dropar* la bola, llamé a Paramor y él tampoco lo vio claro. En caso de duda manifiesta en un dropaje, la ética indica que el árbitro debe decidir a favor del jugador. Paramor ignoró esta premisa, impidiéndome dropar, con lo que perdí toda opción al triunfo.

Creo que también Ken Schofield tuvo que ver con los incidentes que tuve con los árbitros en 2003 en Madeira e Italia. En Madeira sucedió que el director de árbitros, José María Zamora, me hizo llamar reiteradas veces la atención por juego lento. Ya lo había hecho en otros torneos, pero esta vez de forma impropia y, con muy malas formas. En la habitual rueda de prensa, expliqué a los periodistas lo que había sucedido y dije que algunos árbitros a veces no estaban a la altura de las circunstancias. Para sorpresa de todos y a pesar de tener prohibido hacer declaraciones, Zamora intervino para contradecirme. Esto me disgustó muchísimo y en el parking tuvimos una fuerte discusión. Total que se armó un gran escándalo y se mantuvo la tensión, porque Ken Schofield, quien, como director ejecutivo del Circuito, tendría que haberme llamado para interesarse por el problema y no lo hizo. Sobre este asunto, Zamora hizo después un informe al Comité falseando totalmente los hechos, que me causó muchos problemas y me dejó muy irritado.

Meses después, volví a tener problemas con los árbitros, y era muy difícil pensar que iban a darme algún respiro. En el Open de Italia, cuando salí por la mañana a jugar el primer partido de la segunda vuelta, el contrario que jugaba conmigo tuvo un dropaje en el hoyo 2, pues había lanzado la bola al agua, y en el hoyo siguiente la perdió. Como por estas incidencias nos quedamos retrasados, vino a tomarnos el tiempo el árbitro John Paramor, el mismo con el que había tenido problemas en el Volvo Masters de Valderrama, años atrás. Faltando tres hoyos me avisó de que tenía una advertencia por juego lento, y que en la siguiente me aplicaría la penalización correspondiente. Seguí jugando, y al plantar la bola en el *tee* del hoyo 16 me di cuenta de que la había dañado al golpearla en el *bunker*. Vi que Paramor me observaba con el reloj en la mano, pero como no estaba cometiendo ninguna infracción, le pedí al caddie que me diera otra bola, la puse y tiré. Cuando me encaminaba por la calle para dar el siguiente golpe, el árbitro me dijo que acababa de incurrir en otra pérdida de tiempo y que ya estaba penalizado.

—¿Has visto lo que ha sucedido? –le dije ya enfadado, porque sabía que iba a por mí.

—Sí, lo he visto, pero no me vale –me respondió.

No era lógico que este árbitro estuviera presente desde el hoyo 2 hasta el hoyo 18, y menos cuando los jugadores a los que precedíamos ni siquiera estaban cerca de nosotros. En esos momentos vi claro que todo formaba parte de la misma estrategia de acoso, y que el asunto de Madeira se repetía. Mis declaraciones acerca de que algunos árbitros a veces no estaban a la altura de las circunstancias me habían abierto un nuevo frente con este colectivo. La cosa es que cuando acabé el hoyo 18 y fui a entregar la tarjeta, John Paramor me dijo:

—La tarjeta está mal; en el hoyo 17 no has hecho cuatro, porque has sido penalizado.

—Esto es inaceptable –le respondí airado–, no firmaré ninguna penalización.

Firmé la tarjeta como estaba y se la entregué.

—Ahí la tienes, si quieres me descalificas.

Me descalificó y se formó un gran lío, porque en ese momento yo era la figura del torneo. Me sentí verdaderamente vapuleado y estallé ante tanta injusticia: "*¡El Circuito es casi como una mafia, y Kenneth Schofield, un dictador!*"

Como es fácil imaginar, estas palabras cayeron como una bomba, y Schofield, que tenía el control de cierta prensa, como Sky TV, la cargó contra mí. Sam Torrance y Bernhard Langer también se pusieron de su lado. Ante el cariz que tomaba el asunto, el Comité del Circuito decidió reunirse conmigo para tratarlo durante la celebración del Volvo PGA. El Comité escuchó mi versión de los hechos y, sorprendentemente, un miembro español del mismo no hizo el más mínimo comentario. Esto me molestó, porque en teoría era íntimo amigo mío, pero finalmente le quité importancia.

Cuando me informaron de que el Comité me había impuesto una multa de 5.000 libras, me di cuenta de que todo había sido una patraña. No había ninguna razón para sancionarme, dado que si bien había rechazado la penalización, sí había aceptado la descalificación, de modo que ya había sido castigado por la supuesta infracción. A raíz de este disgusto, no dormí durante toda la noche y, como era de esperar, tampoco estuve en condiciones psicológicas durante algún tiempo.

En septiembre de 2004, durante el Campeonato de España Amateur, para mayores de treinta y cinco años, me encontré con Zamora en el Real Club de Pedreña, donde volvimos tener una discusión muy agria, por la cual él presentó una queja ante el Circuito.

George O'Grady, que ya era de hecho Director ejecutivo en sustitución de Kenneth Schofield, evitó sancionarme como seguro pretendía Zamora y dio por liquidado el asunto.

Para no prolongar una situación enojosa, me disculpé públicamente por mis malos modos ante el Circuito. Disculpas que hice extensivas a todos aquellos que pudiera haber molestado. José María Zamora por su parte reconoció que nada de esto tenía que haber sucedido. "Seve y yo tuvimos nuestras diferencias en Madeira, porque no estábamos de acuerdo con las reglas de juego del torneo del que yo era director, pero fue un error haber tenido esa discusión", declaró a la prensa. Por algo le llaman "el zorro".

El tipo de intervención que tuvo O'Grady en este caso era precisamente lo que yo insté a Ken Schofield. Una conducta donde pusiera de manifiesto su capacidad de liderazgo en el Circuito; una forma de actuación eficaz y abierta que beneficiase a los jugadores y al Circuito en un clima de armonía. Si yo criticaba su gestión, no lo hacía por capricho en función de mis intereses particulares, sino porque he estado siempre comprometido con el Circuito europeo y he querido que sea el mejor y más poderoso. Es cierto que Schofield hacía muchas cosas buenas e importantes para el Circuito, pero también cometía equivocaciones que repercutían negativamente en su funcionamiento y desarrollo. Por esta razón llegué a la conclusión de que, habiendo llegado en 1976, ya era hora de que dejara paso a gente nueva, como acabó haciendo Deane Beman al dar el testigo en la dirección del Circuito americano a Tim Finchem.

Nunca ha sido mi intención el que los jóvenes jugadores revisen todo y lo pongan patas arriba, porque no se trata de eso. Partiendo de la base de que se consiguieron buenos torneos con bastante dinero en premios que garantizan el sustento de todos ellos, creo sinceramente que el Circuito en manos de Schofield pudo haberse potenciado mucho más. Le hubiera bastado escuchar y aprovechar lo que aportábamos jugadores como Bernhard Langer, Sandy Lyle, Nick Faldo, Ian Woosnam, Olazábal y yo como ganadores de torneos del Grand Slam y artífices de los muy significativos triunfos en la Ryder Cup.

Estoy seguro de que Schofield podría haber fomentado mucho más el interés por el golf continental si hubiera estado abierto a los consejos y a las críticas de quienes estábamos realmente comprometidos con el Circuito. Para ello, entre otras medidas, debió haber hecho que los torneos del Reino Unido, y lo digo con el mayor respeto por este país y por los británicos, que siempre me han apoyado maravillosamente, se jugaran entre finales de mayo y principios de septiembre. Pero tal cosa no ha sido posible porque el contrato que había firmado con Sky no lo permitía. Es cierto que este contrato ha representado una importante cantidad de dinero que el Circuito necesitaba, pero quizás esta necesidad hubiese sido menor si la gestión de Schofield hubiera sido más contenida en los gastos burocráticos. Schofield tendría que haber pensado en que hay muchos aficionados en la Europa continental que no tenían la oportunidad de ver golf por cadenas de televisión por satélite. No escuchó cuando algunos le sugerimos que distribuyese gratuitamente a determinados países las imágenes de los torneos de golf para su mayor difusión. Muchos estábamos convencidos de que, si hubiese hecho esto o algo semejante, más gente vería los torneos de golf y, por consiguiente, hubiera beneficiado a los jugadores, los patrocinadores, los fabricantes de equipamientos y al deporte en sí.

El crecimiento y modernización experimentados por el Circuito desde 1976 hasta 2004 fueron notables. No lo pongo en duda. Pero su desarrollo ha quedado muy lejos del punto a donde podría y debería haber llegado. Incluso, en algunos aspectos, este progreso está ligado al Circuito americano. Pienso, por ejemplo, en el aumento de los premios que están directamente relacionados con los World Golf Championships, torneos mundiales de mucho dinero creados por los americanos y que de tanto en tanto suelen jugarse fuera de los Estados Unidos. Claro que todo esto es una opinión, y como tal, relativa.

Quiero decir que, en definitiva, visto todo el problema desde una cierta perspectiva temporal y al margen de lo que se pueda opinar de la gestión de Kenneth Schofield como director ejecutivo del Circuito, y de la valoración que se pueda hacer de ella, no me cabe duda de que si algo personal tengo que reprocharle finalmente es el trato que me dio durante buena parte de su mandato.

Si rebelde significa no aceptar decisiones autoritarias, entonces yo lo soy. Siempre he defendido los intereses del Circuito y de los jugadores, dando la cara a los problemas sin escudarme en terceras personas. Por ello, insisto, no siempre he podido comportarme como una persona políticamente correcta.

26

El desconocido encanto de la Ryder Cup

Mi palmarés particular, aun con los grandes títulos que incluye, no daría una visión completa de mi carrera profesional si no reflejara en él los títulos conseguidos con el equipo de la Ryder Cup. De hecho, me animaría a decir que desde 1979 en adelante la Ryder y yo hemos crecido juntos.

Es curioso, pero hasta 1976, cuando quedé segundo en el Open Británico de Birkdale, no sabía nada de la Ryder y no percibía ningún motivo especial para que tuviera que saber algo de ella. En principio porque, como español, no podía jugarla, ya que este derecho estaba reservado sólo a británicos.

La Ryder, sin embargo, tenía una larga historia. Había empezado a disputarse en 1927 como una competición bianual por equipos entre estadounidenses e ingleses. Si bien en 1973 los ingleses incorporaron a los irlandeses, el dominio americano venía siendo abrumador. Anteriormente, los ingleses sólo habían ganado en 1929, 1933 y 1957. ¡Tres victorias en cuatro décadas! Aun considerando que entre 1939 y 1945 la competición no se jugó a causa de la Segunda Guerra Mundial, la estadística era apabullante.

Mi debut en la Ryder fue en 1979, cuando se decidió hacer un equipo más competitivo con la inclusión de jugadores de Europa continental. En esta primera participación, aparentemente no sentí nada especial, pero está claro que no fui indiferente a su, hasta entonces, desconocido encanto. De no ser así, y de no verle las enormes posibilidades que tenía para consolidar el Circuito, no me hubiera dolido tanto ser excluido en la edición siguiente.

Como acabó viéndose, mi pasión por la Ryder quedó totalmente al descubierto en las ediciones de 1985 y 1987, las cuales abrieron una nueva era para el golf europeo. Desde entonces, la Ryder me ha dado muchos momentos intensos, de gloria y fracaso, de los que el triunfo de 1997 acaso sea uno de los más hermosos y culminantes de toda mi vida deportiva por la trascendencia que tuvo para mí y para el golf español. Pero antes de llegar aquí había corrido mucha agua bajo el puente arrastrando durante décadas la frustración de los británicos.

En 1977, después de que el equipo británico-irlandés perdiera una vez más sus encuentros de la Ryder Cup con Estados Unidos, en el Royal Lytham, Jack Nicklaus escribió una carta a la PGA británica poniendo los puntos sobre las íes. Jack les decía que, si bien consideraba que la Ryder era una gran competición, de la que disfrutaba jugándola, la misma corría el riesgo de perecer por falta de interés si los resultados seguían siendo favorables a un solo equipo. Jack recordaba que el exiguo número de victorias que se habían adjudicado los británicos desde 1927 era de sólo tres más el empate de 1969, que de nada había servido porque permitió que los americanos retuvieran el título. Jack pedía que en virtud de estos pobrísimos resultados se reforzara el equipo con jugadores de la Europa continental.

Por el mismo motivo esgrimido por Jack, ya antes que su propuesta se habían hecho otras reclamando que el equipo británico incluyera jugadores de la Commonwealth. A pesar de la evidente debilidad frente a los americanos, los británicos habían rechazado siempre la incorporación de jugadores continentales, porque consideraban que esto atentaba contra el espíritu tradicional de la copa creada por Samuel Ryder en 1926.

Sin embargo, la derrota sufrida en 1977 hizo insostenible el criterio mantenido por los británicos hasta entonces. El presidente de la PGA británica y los descendientes de Samuel Ryder aceptaron la sugerencia de Jack Nicklaus. Paralelamente, la fusión de los circuitos británico y europeo continental, hasta entonces autónomos, y el establecimiento de un mismo centro operativo en Wentworth favorecieron los cambios que se pedían para evitar que la disputa de la copa fuera un ridículo bianual. Los británicos, prescindiendo de jugadores sudafricanos, australianos y de otros países integrantes de la Commonwealth, aceptaron la inclusión de europeos continentales. A partir de entonces, la disputa de la Ryder Cup sería entre equipos de Estados Unidos y Europa.

Los primeros jugadores continentales convocados para jugar la Ryder de 1979 fuimos dos españoles, Antonio Garrido y yo. ¡Qué ironía! Treinta y cinco años antes, en España, un país devastado por una guerra civil y la miseria, no había más de dos docenas de jugadores de golf profesionales y tenían tan poco, que habían recurrido a la PGA británica para que les proporcionaran palos y bolas para poder jugar. En 1979, era la PGA británica y el Circuito europeo los que recurrían a jugadores de ese mismo país para disputar su competición de mayor prestigio.

Nuestra entrada no fue, de todos modos, muy bien recibida por algunos británicos. Recuerdo que ya en The Greenbrier, West Virginia, en la cena de bienvenida, un directivo del equipo europeo nos ignoró hablando en todo momento del equipo anglo-irlandés. "*¿Qué demonios dice éste?*", nos preguntamos molestos Antonio y yo.

Era evidente que seguían con la mentalidad de siempre y que el resto del equipo también pensaba que éramos unos intrusos. Esto me dio también la convicción, a pesar de que no tenía mucha idea de lo que era la Ryder, de que habíamos ido a perder. Como así fue.

Dos meses antes había ganado el Open Británico y me incomodaba mucho la sensación de ir a un torneo sabiendo positivamente que la victoria era una quimera. Viendo entonces la actitud de los jugadores británicos y repasando el historial de la copa me di cuenta de que los americanos estaban tan acostumbrados a ganar como los británicos a perder.

Del encuentro de 1979 recuerdo que Garrido y yo jugamos contra Larry Nelson y Lanny Wadkins dos partidos *fourball* –modalidad donde cada jugador utiliza su propia bola a lo largo del recorrido y gana cada hoyo el equipo cuyo jugador haya hecho el menor número de golpes– y los perdimos las dos veces, porque jugaron maravillosamente bien. También nos ganaron uno de los *foursomes*. El otro fue para nosotros y ganamos un punto para Europa a costa de Hubert Green y Fuzzy Zoeller, que entonces era el campeón del Masters. Nelson me ganó a mí el punto individual.

El *match* por parejas acabó en el *green* del hoyo 16, donde hubo un pequeño incidente, que sería el primero de los muchos que he vivido en la Ryder Cup. Antonio Garrido dio un *pat* a Green, después de recoger su bola con el revés del *putter*. Green, acaso molesto porque perdía, le hizo un comentario sarcástico, que provocó la reacción de Antonio. Antes de que las cosas fueran a mayores, conseguí meterme entre ellos y poner paz.

El rifirrafe entre Antonio Garrido y Hubert Green me dio una pista muy elocuente de lo que la Ryder tenía de particular. No tenía premios en metálico, pero los que jugamos sentíamos que estaba presente nuestro pundonor como deportistas; pues, como representantes de un circuito, de unos países o un continente, defendíamos algo más que la posesión de un trofeo. En esta ocasión, a esa altura del torneo, estaba claro que los estadounidenses lo ganarían, pero para Hubert Green ganar ese punto tenía más importancia de lo que yo suponía en aquel momento.

En la Ryder Cup de 1979 descubrí también cuánto me entusiasmaba que se jugaran los *match play*. En esta modalidad siempre he tenido la filosofía de que si voy dos arriba quiero ir tres. Me planto en cada *tee* como si llevara el partido empatado. Uno no puede aflojar nunca y decir: “Como voy cuatro arriba, si pierdo éste estaré solo tres”. Pensar así es un error muy grave. Hay que salir siempre con la mentalidad de que se va *all-square* y que es obligatorio ganar el hoyo. Cuando no se piensa así y se pierde un hoyo, lo más probable es que se pierdan muchos más, casi sin que uno llegue a darse cuenta.

Una de las cosas que para mí hacen más interesante el *match play* es que no hace falta contar todos los golpes, sino ganar un hoyo detrás de otro. Aquí no es como en el *medal*, no puedes pensar en pares, *birdies* o *bogeys*. Darme cuenta de esto es lo que me hizo pensar que en la Ryder de 1979 adquirí más experiencia perdiendo que ganando.

Posteriormente, los cambios que se han producido desde entonces al presente en la Ryder son asombrosos. En primer lugar, el público. En 1979 apenas había unos pocos aficionados en el campo. Cuatro años más tarde, ya había un número considerable de espectadores que ha ido creciendo hasta conformar la multitud que ahora asiste a cada disputa de la Ryder Cup. Recuerdo que en 1985, en The Belfry, fue la primera vez que se puso de manifiesto la pasión con que los espectadores seguían los partidos. Desde entonces, cada año esa pasión ha ido creciendo en intensidad y llegando, a veces, como en Kiawah Island, en 1991, y en Brookline, en 1999, casi a traspasar los límites deportivos. Pero cualquiera que sea la opinión que uno tenga de la conducta del público en cada encuentro, lo innegable es que la Ryder Cup, ahora mismo, es uno de los grandes acontecimientos deportivos del mundo.

27
El regreso del hijo pródigo

La injusta exclusión del equipo de la Ryder Cup de 1981 de la que fui objeto, más el recuerdo de la falta de compromiso y espíritu competitivo que demostraron algunos miembros del equipo en The Greenbrier resultaron insoportables para mí. No podía entender que un dirigente antepusiera sus fobias personales al bien común, en este caso a la consolidación y el prestigio del Circuito europeo y de su torneo más emblemático.

Sintiéndome profundamente dolido, decidí que no jugaría nunca más la Ryder Cup y, como ya conté, durante 1982 me centré en mi carrera individual. Así empecé también la temporada siguiente. En los primeros meses de 1983, me enteré de que Tony Jacklin había sido nombrado capitán de la Ryder Cup, que iba a disputarse en Palm Beach Gardens, Florida. Casi recién nombrado, un día Jacklin fue a verme a The Belfry, donde yo disputaba un torneo. Me encontró desayunando y, sin muchos rodeos, me dijo:

—Seve, acaban de nombrarme capitán de la Ryder; ya sabes, es una tarea complicada y necesito que me ayudes –creo que hice un gesto negativo cerrándome a la propuesta–, Seve, te considero imprescindible...

—Tony, te comprendo, pero no insistas. Después del daño que me han hecho, no quiero volver a jugar nunca más la Ryder...

—Te comprendo muy bien, lo sé por experiencia, pero tienes que reconsiderarlo, porque al final si te mantienes en esa posición acabará perjudicándote –me dijo muy serio.

—Está bien, Tony, te prometo que lo pensaré.

Lo pensé, pero seguía teniendo mis dudas, así que cuando regresé a casa lo consulté con mis hermanos. Lo hice sobre todo con Baldomero, porque Vicente estaba trabajando de profesional en Zaragoza, y Manuel, en La Manga. El consejo de Baldomero fue que rectificara y que volviera a jugar la Ryder, porque si no lo hacía perjudicaría mi imagen, al golf y, desde luego, a la Ryder, y no era eso lo que yo quería. "*Si hay alguien que puede levantar este torneo* –me dijo Baldomero completamente seguro–, *ése eres tú. Tú debes liderar durante varios años el equipo de Europa.*"

Poco días más tarde llamé a Tony Jacklin y le dije que contara conmigo. Se mostró muy agradecido y contento, pues tenía la convicción de que así podíamos ganar. Tenía razón, aunque esa vez no lo conseguimos por muy poquito.

Para los cuatro partidos de dobles, Tony me puso de pareja a Paul Way, un debutante, diciéndome: "*Seve, tú eres el héroe de nuestro equipo, acabas de ganar el Masters, eres el mejor y el que más experiencia tienes, así que nadie mejor que tú para que acompañes a este muchacho nuevo. ¿Te parece bien?*"

La decisión de Tony me sorprendió y le dije que sí, porque él era el capitán y yo estaba dispuesto a jugar con quien él me dijera. Sin embargo, hasta ese momento había estado convencido de que me emparejaría con José María Cañizares, que era el otro español del equipo. Creo que si le hubiese dicho "Tony, no quiero jugar con Paul", me hubiera puesto con otro, pero hubiese sido poco respetuoso de mi parte decírselo. De todos modos me pareció bien jugar con Way, como igualmente me lo parecería cuando en 1987, en la Ryder de Muirfield Village, formé pareja con José María Olazábal, que entonces debutaba en la Copa.

Al principio las cosas no fueron bien con Paul Way, pues perdimos el partido *foursome* con Tom Kite y Calvin Peete. Pero después nos rehicimos enseguida consiguiendo 2 ½ puntos en los tres partidos siguientes. También ganó tres partidos de cuatro la pareja formada por Nick Faldo y Bernhard Langer, lo que al final de la primera jornada nos daba un punto de ventaja. En la segunda jornada quedamos empatados y nos dispusimos, por primera vez en la historia de la Ryder Cup, a iniciar los partidos individuales con los mismos puntos que Estados Unidos.

El domingo salí en el primer partido jugando contra Fuzzy Zoeller. A falta de siete hoyos, Tony fue a verme y, como tenía una ventaja de tres hoyos, se fue convencido de que ya teníamos mi punto en el bolsillo. Pero Fuzzy ganó cuatro hoyos seguidos, y tuve que ganar el hoyo 16 para ponerme *all-square*, es decir, para empatar.

Cuando Tony regresó iba empatado y estaba de dos en el *bunker* de la calle del hoyo 18. Tenía todas las cartas para perder, pues mi *drive* se había quedado en un sitio tan malo que ni con el *sand-wedge* pude salir más allá del *bunker*. En ese momento alcé la vista hacia Jacklin y por su expresión imaginé que pensaba: "Este jodido español tenía el partido encarrilado y ahora vamos a perder su punto". Su cara era de tal enfado y decepción, que me propuse no fallarle.

Con una tarjeta en el bolsillo e incluso en un *match play*, como era el caso, no hubiera intentado el golpe que decidí dar. La bola se había quedado en una posición ascendente, con lo cual era fácil elevarla, pero difícil precisar la distancia que tenía que recorrer. Por otro lado, el viento soplaba de izquierda a derecha y yo tenía que apuntar por fuera del lado izquierdo del *bunker* para cortar la bola y hacer que subiera enseguida y no tropezara con el talud, y para asegurar el golpe, ya que por ese lado tenía más espacio. En circunstancias normales hubiera elegido un hierro 5, pero siendo el último hoyo de un *match play* opté, en una decisión muy arriesgada, por jugar la madera 3. La cuestión es que di el golpe y voló la bola unos 225 metros, alcanzando el borde del *green*. Desde aquí, con dos *pats*, hice cinco para empatar con Fuzzy.

Jack Nicklaus, que era el capitán del equipo americano y que ya se frotaba las manos al verme en la arena, más tarde se acercó a mí para decirme: "*Seve, es el mejor golpe que he visto en mi vida.*"

¡Vaya cumplido! Si Jack lo dijo de corazón o porque estaba contento por haber ganado, no lo sé. Sí sé que, al revés que mi amigo Gary Player, Nicklaus no es dado a los elogios exagerados. También sé que si de todos los buenos golpes que he dado en toda mi carrera tuviera que escoger alguno, sería éste. Creo que, por muchas razones, es superior al *chip* de Birkdale en 1976, más que el segundo golpe en el hoyo 2 de la última vuelta del Masters de 1983, y más que el *chip* del hoyo 18 del Open Británico de 1988.

A medida que avanzaba la tarde se hacía más evidente que mi medio punto podía ser vital, pero tal como acabó resultó medio punto perdido. A falta de dos partidos los equipos mantenían el empate. Pero Estados Unidos acabó ganando por un punto y quedándose con la Copa.

Perder es doloroso, pero hacerlo por un punto es desesperante. Recuerdo que camino de la ceremonia de clausura mis compañeros iban cabizbajos y tristes por la derrota. En realidad todos nos sentíamos frustrados porque habíamos casi tocado la victoria y porque teníamos la sensación de haberla merecido. Un sentimiento semejante al que se tiene cuando se pierde el desempate de un torneo grande. Entonces yo, que iba justo detrás de Nick Faldo, me volví y les dije: "*No sé por qué estáis tan tristes y con la cabeza baja; siento que no os dais cuenta de que por primera vez hemos estado a punto de ganar y, además, en su propio terreno. No son invencibles, la próxima vez les ganaremos.*"

Creo que entonces se dieron cuenta de lo que realmente había sucedido por primera vez en décadas. El trabajo de Tony Jacklin como capitán había sido magnífico. Él consiguió que el equipo se creyera que podía ganar, aunque jugáramos en Estados Unidos. Los americanos sólo habían perdido una vez, en Gran Bretaña, desde la Segunda Guerra Mundial. En su momento se habló mucho de que Tony hubiera insistido en que el equipo volara en *Concorde*, que vistiera suéteres de cachemir –aunque no fueran útiles en Florida– y que todas las prendas fueran de la mejor calidad. Sin duda todo esto contribuyó a crear una imagen de equipo, pero el mayor aporte de Jacklin fue lograr que los jugadores respetaran al capitán por encima de todo. Para ello contaba con su trato firme y exquisito y su experiencia como ganador de dos torneos de Grand Slam. Tony Jakclin sabía muy bien de lo que hablaba y de lo que quería. Tenía madera de capitán, quiero decir que sabía mandar. Consiguió que yo me sintiera cómodo, seguro y capaz de desplegar todos los recursos de mi juego y que los demás supieran resistir los momentos difíciles y creer en sus posibilidades. Tony Jacklin demostró en su debut como capitán de la Ryder Cup que era un líder inspirador. En lo que a mí respecta, había conseguido que mi regreso a la Ryder Cup como hijo pródigo fuese muy alentador.

28
Un triunfo histórico

La edición de la Ryder Cup de 1983, a pesar de la derrota por la mínima frente a Estados Unidos, marcó un punto de inflexión en la dinámica del equipo europeo. Entonces se hizo perceptible el liderazgo de Tony Jacklin como capitán y un cambio radical de actitud en la mayoría de los jugadores. El mayor compromiso con el torneo fue un elemento clave para demostrar que el equipo estadounidense era vulnerable y de que nos faltaba muy poquito para meterles el miedo en el cuerpo y vencerlos.

En 1985 la Copa se jugaba en Europa, en The Belfry, y los augurios para esta edición eran muy prometedores. El equipo europeo capitaneado por Jacklin lo encabezaban nada menos que Bernhard Langer, campeón del Masters, y Sandy Lyle, campeón del Open Británico. La víspera del *match*, el capitán nos hizo tomar conciencia de nuestro potencial. "*Muchachos, como ya sabéis, este año tenemos un equipo muy bueno y creo que tenemos muchas posibilidades de ganar.*"

Desde el principio partimos como favoritos, lo cual a veces es contraproducente, pero, como nos había dicho Tony Jacklin, teníamos un equipo muy bueno y hambre de triunfo. Después de lo sucedido en 1981, al aceptar su capitanía para la edición siguiente, Jacklin se aseguró de que la selección se hiciera de acuerdo con las reglas, y en 1985 de que fuese responsabilidad del capitán la elección de tres plazas. La idea de que la selección debía hacerla el Comité tenía que acabar y lo consiguió. Sus elegidos fueron Nick Faldo, Ken Brown y Pepín Rivero, cuya selección levantó ampollas, porque fue a costa del irlandés Christy O'Connor Jr.

De igual forma que dispuso que Paul Way y Ian Woosnam jugaran en pareja, por lo que la prensa británica los llamó los *tiny tots*, los chavalines, Jacklin me emparejó con Manolo Piñero. He de hacer notar que, por primera vez en la historia, el equipo europeo de la Ryder Cup contaba con cuatro españoles, Manolo Piñero, José María Cañizares, Pepín Rivero y yo.

Como al final del día perdíamos por dos puntos, todos tuvimos claro que era necesario cambiar la dinámica de nuestro juego y hacerlo mejor. Y así lo hicimos. En la jornada del sábado continuamos avanzando y al mediodía ya estábamos empatados con seis puntos cada equipo. El último partido de la mañana lo jugaron Sandy Lyle y Bernhard Langer contra Curtis Strange y Craig Stadler. Faltando dos hoyos por jugar, iban dos abajo, pero en el 17 Sandy mantuvo la esperanza metiendo un *pat* de doce metros que cruzó todo el *green* para *eagle*. Ya en el hoyo 18, Stadler falló un *pat* de menos de un metro que, de haberlo embocado, le hubiera valido empatar el hoyo y ganar el partido. Pero para nuestra fortuna, no fue así y acabamos la mañana empatados.

Los americanos, muy nerviosos porque no estaban acostumbrados a esta situación, se quejaron de que el público hubiese aplaudido el fallo de Stadler. Esto es común en la Ryder, pero, además, creo que el público no aplaude el fallo de un jugador, sino que celebra lo que parece bueno para su equipo. Por otro lado, era muy comprensible la reacción del público de The Belfry que llevaba sin festejar un triunfo en la Ryder Cup desde 1957, precisamente el año en que yo nací.

Mientras comíamos nos enteramos del fallo de Stadler y comprendimos enseguida que era un golpe psicológico muy fuerte para los americanos, al mismo tiempo que para nosotros era una inyección de moral. Lo que ocurrió poco después nos la levantó aún más. La sesión de tarde se saldó a nuestro favor con una ventaja de 3 a 1, lo que colocó al equipo de Europa con una ventaja de 9 a 7 para afrontar los partidos individuales.

Lo que sucedió el domingo está grabado en la memoria de los aficionados europeos al golf. Mi partido lo jugué contra Tom Kite, quien faltando cinco hoyos por jugar me llevaba una ventaja de tres. Pero gané el hoyo 14 con un *pat* de 12 metros para *birdie;* el 15, con otro de seis metros para otro *birdie;* y el hoyo 17, con un tercer *birdie* que logré metiendo la bola desde cuatro metros. Llegados aquí, Kite ya tenía un pésimo humor. No me dio el *pat* que me dejé en el último hoyo para empatarle el partido y que era todavía más corto que el que Stadler había fallado el día anterior.

Con el medio punto que conseguí sólo nos faltaba uno para alcanzar la victoria. Piñero ya había ganado a Wadkins, que era un peso pesado, Paul Way a Ray Floyd, Lyle a Jacobsen y Langer a Sutton. Faltaban por jugar Howard Clark contra O'Meara y Sam Torrance contra Andy North. Era un momento de gran tensión.

Clark salió con ventaja del hoyo 17, pero falló un *pat* de menos de dos metros. Torrance, que en el hoyo 14 iba con una desventaja de dos hoyos, logró recuperarse y llegar al 18 empatado. Quizás la remontada de Sam puso nervioso a North, porque mientras nuestro compañero hacía una salida espléndida, el americano enviaba la bola al lago. El segundo golpe de Sam también fue muy bueno. Dejó la bola a 6,5 metros del hoyo, lo que aprovechó para hacer un *birdie* que dio la victoria a Europa. Fue un momento inolvidable. Público y jugadores estallamos de júbilo porque era algo histórico. El punto de partida de una nueva época para la Ryder Cup y el golf europeo. Creo que fue entonces, al ver la euforia del público y la emoción de mis compañeros, cuando comprendí verdaderamente lo que significaba la Ryder Cup. Nada me impide decir que esa tarde sentí como si hubiera ganado otro Open Británico, aunque la emoción era aún más rica. La tarde de julio, en St. Andrews, me había colmado de satisfacción, pero la tarde de septiembre en The Belfry nos colmaba a todos de una alegría muy profunda y de orgullo, porque el triunfo obtenido era el fruto del esfuerzo y del compromiso de todos. Ganamos esa Ryder porque nuestro golf fue superior al de los estadounidenses, pero también porque el público no dejó de alentarnos en ningún momento. Estuvo sensacional.

La victoria de Europa no sólo era histórica por acabar con la apabullante hegemonía estadounidense, sino también porque impulsaba a la Ryder Cup a dar un enorme salto de calidad. La victoria significó que pasara de ser un torneo de cierta importancia para los británicos a ser la más importante competición del calendario internacional. Gracias a este salto, la Ryder Cup inició el siglo XXI como un torneo de gran interés mediático y generador de incalculables beneficios económicos y deportivos.

Después del formidable triunfo de 1985 en The Belfry, dos años más tarde fuimos a Muirfield Village dispuestos a convertirnos en el primer equipo europeo capaz de ganar al americano en su propia casa. Y lo conseguimos.

Aunque algunos opinan otra cosa, creo que el equipo de la Ryder Cup de 1987 ha sido el mejor que ha tenido Europa. Aunque lo cierto es que siendo capitán en 1997, dije que el de ese momento era el mejor, y no mentí, porque de algún modo lo era. Hasta entonces, ningún otro equipo como el que capitaneé en Valderrama se había tenido que batir como local fuera de su cuna, Gran Bretaña, y esto le daba un valor añadido especial. Pero en un sentido amplio e indiscutible, personalmente creo que el mejor equipo europeo de la Ryder fue el de 1987. Al revés que el equipo de 1979, que tomó vuelo de línea al matadero, el del 87 lo hizo en vuelo privado en *Concorde* directo al triunfo.

Redundando en esta convicción, diría que esa semana, aun a costa de parecer presuntuoso, se vio el nacimiento del doble más brillante en la historia de la Ryder Cup que es el que formamos José María Olazábal y yo. Muchas veces he pensado que lo que nos motivó y empujó a ambos a hacer las cosas tan bien en la Ryder es que Chema y yo tenemos mucho en común. Los dos nacimos y crecimos al lado de un campo de golf. Chema junto al de Fuenterrabía, y yo lindando con el de Pedreña. Aparte de esto e independientemente de nuestras cualidades como jugadores, Chema y yo también compartimos nuestra condición de buenos competidores. Somos ambiciosos y tenemos características de juego bastante parecidas, pues ambos nos apoyamos en un juego corto muy sólido. Es por esto por lo que cada uno comprende cómo el otro enfoca cada golpe. Nos entendíamos sólo con la mirada.

En 1987 coincidió también que todos los puntales del equipo se presentaron en plena forma. Nick Faldo, que era el último campeón del Open Británico, Sandy Lyle, Bernhard Langer, José María Olazábal, Ian Woosnam y yo estábamos jugando nuestro mejor golf, y los demás nos secundaban a gran altura. Precisamente, como suele suceder, ellos –Eamon Darcy, Howard Clark, Sam Torrance y Gordon Brand Jr.– aportaron al final puntos vitales, cuando parecía que todo el esfuerzo que habíamos hecho los dos primeros días se iba por la borda.

Otra cosa que contribuyó a conformar el gran equipo y a obtener ese primer triunfo fuera de casa fue el ambiente estupendo que reinaba entre nosotros y también el que nos rodeaba. Muchos británicos fueron a Estados Unidos para acompañarnos y animarnos. Recuerdo que ante el apoyo que recibíamos de nuestros seguidores, Jack Nicklaus se vio obligado, el sábado por la mañana, a reclamar un mayor respaldo para su equipo. La organización llevó un cargamento de banderitas americanas que repartieron a todo el mundo. Con las banderitas en la mano, fue la primera vez que vimos a los americanos tan identificados con su equipo, al que aplaudían, chillaban y animaban. Como después declaró Jack, hasta ese momento habían tenido la sensación de que estaban jugando en Europa y no en Estados Unidos.

Pero a pesar de todo les ganamos, y lo hicimos porque teníamos mejor equipo que ellos. Si bien por el potencial que tenían, la selección de doce jugadores resultaba casi siempre superior a la nuestra, en los seis primeros apenas si ya había diferencias. A principios de la década de los ochenta podía discutirse si los americanos eran o no superiores a los europeos, pero en 1987 ya no cabía duda de que la superioridad era nuestra.

A pesar de esta apreciación, en aquel momento, muchos entendidos consideraban que los americanos tenían que ganar porque jugábamos en un campo que ellos conocían muy bien. Decían que mientras nosotros nos sentiríamos incómodos, ellos no tendrían problema alguno, pues todos los años jugaban aquí, en el Muirfield Village, Dublin, Ohio, el Memorial Tournament. Además había que tener en cuenta el *factor Jack*, es decir, el hecho de que los americanos estuvieran capitaneados por Jack Nicklaus, el mejor golfista de todos los tiempos, y que, por si eso fuera poco, él fuera también el diseñador del campo.

Personalmente, creo que estos elementos, a priori favorables a los americanos, acabaron beneficiándonos facilitando que se impusiera la mayor calidad de nuestro equipo. Muy lejos de sentirnos incómodos en Muirfield Village, todos los jugadores europeos disfrutamos de la oportunidad de jugar en un campo en condiciones tan perfectas como no se podían encontrar en otro de Europa. Resulta lógico pensar entonces que estas condiciones extraordinariamente buenas acabaron favoreciendo al equipo mejor dotado técnicamente. Por otro lado, como ya había sucedido en Palm Beach, en 1983, sin que supiéramos aprovechar la ocasión, la capitanía de Jack tenía el inconveniente de que él impresionaba mucho a sus jugadores. En este sentido, no me extrañaría que más de uno, con un hierro largo en las manos, se encogiera al darse cuenta de que Jack lo estaba mirando.

Aparte de estas reflexiones, lo indiscutible también es el hecho de que aquel fue hasta esa fecha el mejor encuentro de la Ryder Cup por la calidad del juego y la emoción que provocó desde el primer momento. Ante nuestro espectacular arranque, los americanos dieron evidentes signos de inquietud y nerviosismo. Recuerdo que, en el primer hoyo de nuestro partido *fourball* del viernes contra Tom Kite y Curtis Strange, Chema se había situado en el *green* de dos, aunque muy lejos de la bandera, y yo a unos 14 metros y fuera del *green*. Chema tiró su *pat* y dejó la bola a menos de un metro. Para que no molestara mi golpe, le pedí que terminara, hablándole en español. Entonces intervino Kite.

—¿Qué estás diciendo? –dijo mirándome con desconfianza.

Se lo repetí en inglés y Strange al oírlo se opuso.

—No puede acabar porque me pisaría la línea –habló muy serio como si le estuviéramos haciendo trampas.

—Es igual, márcala –le dije a Chema–; la voy a meter igualmente.

Chema la marcó, y yo la metí para ganar el hoyo.

Era tanta la tensión que se respiraba en el campo que casi se podía cortar con un cuchillo. Por esto, no fue extraño que más tarde tuviéramos otro incidente que revela hasta qué punto estaban nerviosos los americanos y que buscaran cualquier pretexto o despiste nuestro para sacar alguna ventaja. Esta vez yo iba por la calle del 11, después de haber metido un *pat* de 13 metros en el hoyo 10 para ponernos cuatro arriba, cuando oí que Strange le decía a Kite que Olazábal estaba a punto de jugar fuera de turno. Comprendí que le dejarían cometer el error para después reclamar al árbitro. Por suerte eso no ocurrió, porque le avisé a tiempo y evité males mayores. Nos ganaron el hoyo, pero nosotros les ganamos el partido por 2 a 1 con el que completamos el paseo europeo en los *fourballs*.

Más tarde, acabado el torneo, Jack Nicklaus dijo a modo de explicación de la derrota del equipo americano: "Nuestros jugadores no han sido tan sólidos como los europeos. El problema está en el sistema americano. Como ganar es tan difícil, nuestros jugadores no están acostumbrados a competir a tumba abierta. En lugar de jugar un golf de ataque, juegan siempre sobre porcentajes de eficacia. En el Circuito europeo, en cambio, hay 'menos competencia', con lo cual los jugadores tienen más oportunidades de atacar y eso les hacer ser mejores; acaban los torneos a la ofensiva. Sencillamente, están más acostumbrados a luchar que los nuestros…".

En mi partido individual me enfrenté otra vez a Curtis Strange. Resultó muy complicado y tenso. Ya en el hoyo 11, Strange tiró su tercer golpe antes de que le tocara y tuve que pedir a los árbitros que le llamaran la atención, aunque avisándole de que por esta vez no haría valer mis derechos. Dos hoyos más adelante, la ventaja inicial que le había sacado se había reducido a un hoyo. Miré la pizarra y me di cuenta de que no podía perder la concentración porque, tal como iban las cosas en los *match plays*, el partido era crucial. Había que olvidarse de que la ventaja acumulada durante las dos primeras jornadas nos daría una victoria final cómoda. Esto era pura ilusión.

Gané el hoyo 14 recuperando la ventaja a dos y empaté el siguiente metiendo para *birdie* un *pat* de 2,5 metros. En el hoyo 16 pegué una salida perfecta y dejé la bola a dos metros de la bandera. Cuando llegué al *green* supe que Eamon Darcy había ganado a Ben Crenshaw con un *pat* para par, con el que demostró tener muchas agallas. Europa ya tenía 13 puntos, así que necesitábamos uno más para empatar y conservar la Copa y, uno y medio para volverla a ganar. Me volví a repetir que mi victoria era crucial. Vi que de ninguna manera debía dar a Curtis la posibilidad de hacer un dos y que tenía la gran ocasión de sentenciar. Tiré el *pat*, pero se quedó colgando al borde del hoyo.

En el hoyo 17 me informaron de que Langer y Nelson iban empatados jugando el último hoyo. Como yo iba dos arriba y dos por jugar, si Bernhard empataba su partido, cosa que sabía que podía hacer, a mí me bastaba con rematar a Curtis para que Europa ganase. Di mi segundo golpe con el hierro 8 y dejé la bola en el centro del *green*, a unos siete metros largos de la bandera. Strange, que se había pasado de dos, hizo el par y yo, pateé dejando la bola a medio metro del hoyo para ganar mi partido. Mientras tanto, Langer había empatado con Nelson en circunstancias muy curiosas. Ambos se habían dado mutuamente sendos *pats* de metro para empatar. El acuerdo nos beneficiaba más a nosotros que a ellos, puesto que a los americanos les convenía jugar hasta la última posibilidad para ganar el punto.

Por mi parte, metí la bola y supe que ese *pat* nos había dado 14 ½ puntos. El *pat* que había metido en el hoyo 18 de St. Andrews para ganar el Open Británico de 1984 es sin duda el golpe más feliz de mi vida, pero éste que di aquí para ganar la Ryder Cup en casa de los americanos no se queda atrás. En mi caso, a la alegría tremenda de volver a ganar la Ryder Cup se añadía la de haberle ganado a Strange, a quien en Estados Unidos consideraban en ese momento el mejor jugador del mundo. Apenas unos instantes después de que la bola entrara en el hoyo, Tony Jacklin, Nick Faldo y yo nos abrazábamos al borde del *green*. Los tres lloramos. ¡Dios mío, qué emoción!

En el partido final, Gordon Brand Jr. y Hal Sutton empataron y nuestra victoria se selló con un rotundo 15 a 13. Era la primera vez que los americanos perdían la Ryder Cup en su propio campo. En el patio de su casa. Después de lo que me había pasado en los dos últimos Masters, ganar en Muirfield Village cuatro partidos de cinco supuso para mí una gran inyección de moral.

29
El recuerdo de El Álamo

La capitanía de Tony Jacklin había sido clave desde el principio para transformar radicalmente el equipo europeo de la Ryder Cup. Gracias a él se había logrado unidad y espíritu competitivo, y los resultados estaban a la vista. Habíamos hecho añicos la hegemonía de Estados Unidos y causado un gran desconcierto en sus filas hasta el punto de que muchos de ellos no dudaban en recurrir al patrioterismo. Con este panorama, la siguiente edición de la Ryder Cup en The Belfry se anunciaba casi como una batalla de venganza por lo ocurrido en Estados Unidos.

Ocho meses después de nuestra victoria en Muirfield Village sufrimos una gran pérdida. Una desgracia que desgarró a todos cuantos estábamos ligados al equipo europeo de la Ryder Cup. En abril de 1988, Vivien Jacklin, la esposa de Tony, falleció cerca de su casa de Sotogrande, en la Costa del Sol. Todos quienes la conocíamos le teníamos un gran afecto y sabíamos de su apoyo y del importante papel que ella había jugado para mantener alto el espíritu del equipo. A pesar de esta grave pérdida y de cuánto le había afectado, Tony Jacklin aceptó seguir siendo el capitán de la Ryder, aunque por última vez, poniendo de manifiesto su sincero compromiso con el torneo y con los jugadores.

Un sábado de agosto de 1989, un día antes de que se anunciase el equipo para el mes siguiente, me hallaba jugando el Open de Alemania cuando recibí una llamada de Tony. Era para comunicarme que los tres jugadores que había pensado elegir como capitán eran Howard Clark, Bernhard Langer y Sandy Lyle, que estaba jugando en Estados Unidos. Estuve de acuerdo con él, pero al acabar mi vuelta del domingo recibí otra llamada de Tony para informarme de que Sandy renunciaba a entrar en el equipo porque, según había confesado, estaba entristecido con su juego y que así no podía jugar la Ryder. Tony comprendió el estado de ánimo de Sandy y pensó como alternativa a él en Christy O'Connor Jr, lo cual me pareció correcto. Sandy Lyle nunca más volvió al equipo de la Ryder Cup, lo cual supuso una pérdida importante.

Empezamos el torneo perdiendo por la mañana, pero por la tarde nos recuperamos. Chema Olazábal y yo *apalizamos* a Watson y Mark O'Meara con un 6-5. En este punto recuerdo que para acabar con ellos hice una de mis mejores tacadas en la Ryder, consistente en un *eagle* en el hoyo 10 y tres *birdies* en los hoyos siguientes. Cuando nos reunimos al final de la jornada, todos consideramos que el parcial de 4 a 0 que habíamos conseguido era la mejor respuesta a la provocadora declaración de Raymond Floyd, el nuevo capitán americano. En la ceremonia de apertura, acaso sangrando por la herida de las últimas derrotas, Floyd dijo que contaba con un equipo que reunía a "los doce mejores jugadores del mundo". Jacklin estuvo muy inspirado preguntándole después "¿Y Seve qué es, el decimotercero? ¿Y Nick Faldo? ¿Y Bernhard Langer? Y si nos ponemos así, ¿dónde colocamos a Greg Norman?".

La política de provocación y menosprecio de los americanos continuó. Al parecer, ya habían olvidado lo que Jack Nicklaus había observado en Muirfield Village, cuando dijo que nosotros estábamos más acostumbrados a luchar y ganar. Como al parecer también se dudaba de esto, alguien fue a consultar las estadísticas, a la que los americanos son tan aficionados. El resultado fue que el equipo europeo contaba, en conjunto, con 195 victorias, mientras que los americanos acreditaban 121.

En ese clima que el equipo de Estados Unidos se había empeñado en enrarecer, Europa mantuvo el sábado los dos puntos de ventaja que había conseguido el día anterior. Por la mañana, Chema y yo jugamos contra Curtis Strange y Tom Kite, quien en el hoyo 1, tras pegar el *drive*, se volvió hacia mí para decirme. "*¡Recuerda El Álamo!*"[2]

No entendí bien por qué lo decía, a no ser que fuera para ponerme nervioso, pero me parece que se refería a un episodio de guerra entre Estados Unidos y México. La verdad es que en ese momento no supe por qué me lo decía. Me dije que tal vez tuviera una información errónea de El Álamo y creyera que ganaron los americanos y que confundía a los mexicanos con los españoles. Bueno, el caso es que nosotros, como los mexicanos, también les ganamos cuando acerté un *pat* de par de dos metros en el último hoyo.

En los *fourballs* no tuvimos problemas para ganar 4 y 2 a Calcavecchia y Ken Green, pero la gran victoria de Europa de aquella tarde fue la de Howard Clark y Mark James sobre Curtis Strange y Payne Stewart a quienes remontaron un uno abajo con tres hoyos por jugar. ¡Pobre Curtis, el mejor jugador del mundo según los americanos, había empatado el primer partido y perdido los otros tres en el último hoyo!

Iniciamos la última jornada con una ventaja de 9 a 7, que al acabar los primeros ocho partidos pasó a ser de 14 a 10. Ya no debíamos

---

[2] Asedio al que, entre el 23 de febrero y el 6 de marzo de 1836, las tropas mexicanas sometieron a rebeldes texanos de origen estadounidense atrincherados en la fortaleza de El Álamo, San Antonio, Texas. Durante décadas, colonos norteamericanos se habían ido estableciendo ilegalmente en el territorio mexicano de Texas. Cuando el Gobierno mexicano abolió la esclavitud, los colonos americanos se rebelaron para proclamar la República de Texas y mantener sus tierras y sus esclavos. El Álamo es un episodio de esa guerra que ha sido interesadamente manipulado para exaltar el heroísmo estadounidense y convertir una derrota en una victoria. Cosas que muchos americanos han acabado creyendo. Quizás Tom Kite figurara entre éstos. *Remember The Álamo*, "Recordad El Álamo", fue el grito de guerra que utilizaron los texanos más tarde para arrebatar a México parte de su territorio.

perder. Sin embargo, nos relajamos y permitimos que los americanos nos empataran. Mi partido con Paul Azinger es para olvidar. Fue muy accidentado e incluso llegó a dropar una bola en el hoyo 18, en el que él iba por delante, sin que hasta ahora haya podido saber por qué. Cuando le vi hacerlo, le dije a Ian Wright, mi caddie: "*¿Ian, qué demonios está haciendo ése? ¡Va a jugar una madera desde aquellos árboles! ¡No lo entiendo!*"

Crucé la calle para enterarme de lo que pasaba, pero Paul y el árbitro, Andy McFee, estaban del otro lado del lago. Para llegar hasta ellos tenía que volver hasta el *tee*, así que no pude ir, y él tiró. Me volví para dar mi segundo golpe y la tiré al agua con un golpe malísimo.

Aún teniendo que dropar, tenía la esperanza de presionar a Azinger dejando la bola cerca del hoyo para hacer cinco. Cogí un hierro 9 y di un golpe perfecto, pero me pasé demasiado. La bola quedó a 7,5 metros encima de la bandera, literalmente encima del hoyo, en la cresta del segundo escalón del *green*. Esto significaba que no sólo tenía un *pat* en bajada rapidísimo, sino que, en lugar de presionar a Azinger como había pretendido, mi golpe le tranquilizaba. Esta tranquilidad le permitió sacar la bola del *bunker* con un golpe estupendo que colocó su bola a un metro de la bandera.

Dada mi posición, Azinger me veía con más posibilidades de hacer seis que cinco. Por esto estudié muy bien mi *pat*, su caída y su velocidad. Era un *pat* muy rápido y tenía que sacar la bola por fuera del borde de la izquierda del hoyo. Pateé y lo metí. Éste ha sido uno de los mejores *pats* que he metido cuando realmente hacía falta. En este caso tuvo mérito, porque le metí el miedo en el cuerpo. "*Gran* pat", me dijo Paul Azinger dándome una palmada en la espalda cuando recogía la bola del hoyo.

Pero él, a pesar del susto, también metió su *pat*, con el que empató el hoyo y ganó el partido.

Cuando José María Cañizares en el hoyo 18 metió un *pat* de metro para batir a Green, todos corrimos a felicitarle, incluido el capitán. En ese momento, tanto Tony como yo tendríamos que haber salido corriendo a animar a los que todavía estaban jugando, pero, en lugar de hacer eso, nos quedamos esperándoles en el *green* del 18. Sólo José María Olazábal fue capaz de no perder la tensión en ningún momento, y acabó la semana con la mejor puntuación de todos, cuatro puntos y medio de cinco posibles.

El empate nos permitió retener la Copa, pero nos supo a poco porque tuvimos en nuestras manos la oportunidad de dar un nuevo golpe a la moral y al orgullo de los americanos. De todos modos, si ellos habían venido con ánimo de vengarse de la derrota que les infligimos en su fortaleza de Muirfield Village, tal como cabe suponer por el "Recuerda El Álamo", que me había dicho Tom Kite, no salieron bien parados. Estaba claro que entre los "doce mejores jugadores del mundo", según Raymond Floyd, no había ningún John Wayne haciendo de David Crockett[3].

El espíritu belicoso que manifestaron los estadounidenses en The Belfry, con el absurdo aviso de guerra de Tom Kite "¡Recuerda El Álamo!", sobrepasó los límites de la ética deportiva en 1991. Lo que sucedió en Kiawah Island, Carolina del Sur, fue deplorable. La prensa habló entonces de "la guerra de la playa", por el grado de agresividad que se vio entonces y que yo nunca había vivido en ninguna de mis participaciones anteriores en la Ryder Cup.

Dave Stockton, capitán del equipo americano, y varios jugadores se comportaron de un modo lamentable, como si realmente estuvieran poseídos por el espíritu de El Álamo y ganar fuera una cuestión de vida o muerte. Tan exagerado y patriotero fue todo, que varios jugadores llevaban a modo de uniforme gorras de tipo militar e incitaban al público como si los europeos fuésemos sus enemigos en la guerra del Golfo.

Puede comprenderse que los americanos tuvieran ganas de recuperar la Copa que habían perdido en 1983 y que no quisieran sufrir una segunda derrota consecutiva en casa, pero no es comprensible

---

[3] En la película *El Álamo* (1960), John Wayne encarna a David Crockett, uno de los héroes que defendieron la fortaleza y del que la leyenda dice que murió golpeando a los enemigos con su rifle cuando se le acabaron las balas. Según la historia, David Crockett se rindió y fue fusilado por los mexicanos.

ni justificable que para ganar apelaran a esos extremos tan poco deportivos. El clima de guerra que habían creado ya lo notamos en la cena de *bienvenida*. "*¡Señoras y señores* –anunció un locutor–, *vamos a mostrarles las principales imágenes de las últimas ediciones de la Ryder Cup.*"

Pues bien, pasaron el vídeo y, aunque Europa era la depositaria de la Copa desde 1985, las únicas imágenes que se vieron fueron las de los éxitos americanos. Ken Schofield, director ejecutivo del Circuito europeo, que estaba sentado a mi lado, no se reprimió y exclamó: "*¡Qué vergüenza!*"

Inmediatamente se levantó y fue a presentar una queja formal a uno de los directivos del Circuito americano. Éste fue el aperitivo de una semana muy dura, en medio de un clima muy hostil. Si las cosas no alcanzaron mayor gravedad, mucho se debe a la habilidad política que demostró Bernard Gallacher, nuestro nuevo capitán.

Para empezar, dado que las instalaciones del campo todavía estaban en fase de construcción, nos pusieron los vestuarios en un camión. Las nubes de mosquitos que nos atacaban nos parecieron poco irritantes en comparación con muchos individuos con los que nos vimos obligados a tratar esos días.

El *match* empezó de un modo muy sospechoso cuando, en los *fourballs* del sábado, Steve Pate, a quien le tocaba jugar contra mí el individual, adujo que tenía la muñeca muy dolorida a causa de un accidente. Como consecuencia de esto, Pate y David Gilford, designado por Gallacher como nuestro jugador "en el sobre"[4], se anotaron medio punto. Viendo cómo se estaban desarrollando las cosas, fue muy difícil no pensar en que todo era una artimaña de Stockton para sacar medio punto al ver que a Pate le tocaba conmigo. Y tenía razón en temerme porque estaba tan en forma que acabé esa Ryder con la mejor puntuación de los veinticuatro jugadores. Total, que en lugar de jugar contra Pate lo hice contra Wayne Levi, que era inicialmente el designado por los americanos para enfrentarse a Gilford.

---

[4] Con esta expresión se designa al jugador que queda fuera del *match play* del domingo en caso de que algún jugador del equipo rival no pueda jugar.

El partido que más expectación despertó fue el *foursome* que jugué en pareja con José María Olazábal contra Chip Beck y Paul Azinger, el del *dropaje* misterioso de The Belfry. Antes de empezar tuvimos una reunión sobre el reglamento, en la que se dejó claro que no se podía cambiar el tipo de bola con que se jugaba un partido, para aprovechar, por ejemplo, la fuerza del viento a favor o compensar la del viento en contra. En un *foursome* un jugador puede salir con una bola de diferente marca o diferente compresión que la de su compañero, pero no puede intercambiarla con él para sacar una hipotética ventaja. Esto significaba que si yo jugaba con una bola de compresión 100 para salir en los hoyos pares y Chema con una de 90 para los impares, teníamos que usar siempre la bola de 100 en los pares y la de 90 en los impares. Gallacher insistió mucho en esto, y a nosotros nos pareció normal, porque estábamos acostumbrados.

Al llegar al hoyo 7, Chema oyó que Azinger y Beck discutían acerca de la bola que iban a jugar, porque se jugaba con viento a favor y querían retener la bola en el *green*. Lamentablemente, Chema me lo contó cuando ya habíamos jugado el hoyo 8, y hasta el *tee* del 9 no vi a Sam Torrance, que era uno de los ayudantes de Gallacher. Perdimos ese hoyo e íbamos tres abajo cuando encontramos a Gallacher y a los árbitros en el *tee* del 10. Allí hablamos sobre lo que había ocurrido. Beck se quedó mudo, pero Azinger negó que hubiera cambiado las bolas. La decisión arbitral fue que, como no habíamos reclamado en el momento de producirse la presunta infracción, no se podía aplicar penalización alguna en ninguno de los hoyos anteriores. Apenas oyó que no se les podía penalizar, Azinger admitió haber cambiado las bolas, pero que no lo había hecho con intención de hacer trampas. Azinger nos insistía mucho en que no era un tramposo. "*Nadie está diciendo que seas un tramposo, Paul* –le dije–; *no hablamos de hacer trampas, porque hacer trampas e ignorar el reglamento son cosas diferentes.*"

Creo sinceramente que Azinger y Beck no conocían bien las reglas y que al cambiar las bolas lo hicieron sin saber que era una infracción. Pero no fue esta equivocación lo que nos disgustó a José María y a mí, sino que Azinger lo negara hasta que tuvo claro que no le sancionarían. No fue honrado por su parte negarse. Ésa era la realidad y el hecho de que íbamos tres abajo. Así que Chema y yo nos propusimos ganarles con bolas cambiadas o no. *"Vamos a jugar bien los nueve segundos. Se pongan como se pongan les vamos a ganar."*

Al llegar al hoyo 12, los americanos ya estaban nerviosos, pues Azinger se retiró de su bola mirándome porque yo había tosido. Suelo toser y estornudar porque soy alérgico, pero Azinger me miraba como si yo lo hubiera hecho a propósito. Al final del partido iba diciendo: *"Seve es el rey de las triquiñuelas."*

Nada más injusto que esto, pues siempre he respetado las reglas hasta el punto de que yo mismo, como también suelen hacerlo otros, me he penalizado cuando he cometido una infracción y nadie me había visto. Puedo poner como ejemplos las penalizaciones que me autoimpuse en el torneo del Millón de Dólares de Sun City de 1984 y en el Masters alemán de 1989. Recuerdo igualmente que, en la final del Mundial Match Play de Wentworth en 1991, justo en el momento en que Nick Price daba su golpe, me atraganté con un trozo de plátano y tosí. Como la bola de Price fue a parar al *bunker*, inmediatamente pedí permiso al árbitro para que repitiera el golpe. Como no lo concedió, ofrecí a Price empatar el hoyo.

En la modalidad de *match play* la deportividad es parte imprescindible del juego, y no es digno de ningún jugador hacer cualquier cosa para distraerlo en el momento en que su rival ejecutó el golpe. La deportividad, sin embargo, no significa que no puedas presionar a tu rival. Por ejemplo, en un hoyo del mismo partido de la Ryder chipeé y dejé la bola a algo más de un metro de la bandera, mientras que Paul Azinger la dejó más cerca. Entonces me acerqué a él y le dije:

—¿*Half*? –le propuse poniendo cara de inocente.

—¡¿Cómo puedes proponer una cosa así?! –exclamó Paul rebotándose–. ¿No ves que estoy mucho más cerca que tú?

—Desde luego –le repliqué, y para ponerle más nervioso añadí–, pero yo pateo primero.

Creo que si Azinger lanzó aquello de que yo era el rey de las triquiñuelas fue porque estaba caliente por haber perdido un partido que habían ido ganando y porque, al mismo tiempo, quería desviar la atención del asunto de las bolas cambiadas. Es decir, sobre la infracción que había cometido y que José María y yo reclamamos con todo nuestro derecho y correctamente.

La actitud de Paul no sólo estaba condicionada por lo que llamaban "el espíritu guerrero de El Álamo", sino también por los consejos que al parecer le dieron cuando tuvo que enfrentarse a mí en The Belfry, en 1989. En esa ocasión, según me enteré más tarde, Curtis Strange, que sangraba aún por la herida por no haberme podido ganar, le dijo algo así como "no dejes que ése [se refería a mí] se te suba a las barbas. No le dejes hacer nada que pueda para salirse con la suya. Estate atento y preparado para cualquier cosa". Algo así debió de decirle porque cuando en el *green* del hoyo 2 le pedí cambiar mi bola dañada, Azinger se negó y llamó al árbitro, quien también se opuso. La suspicacia de Azinger no tenía sentido, porque si la bola era buena, ¿qué necesidad tenía yo de cambiarla? Después vi claro que su actitud sólo respondía a su necesidad de demostrarme que como rival no me iba a dejar pasar ni una.

La misma conducta siguió en la Ryder de Kiawah, pues desde los primeros hoyos y hasta el momento en que intercambió las bolas con Beck, venía a ver mi bola cada vez que caía al *rough* o donde fuera.

—¡Qué coñazo de tío! –le dije a Chema–. ¡No hace más que venir para controlarme la bola y colocándose a un metro de mí cada vez que juego! ¡A ver si se piensa que voy a darle una patada!

—No te preocupes, olvídalo –me calmó Chema Olazábal.

Creo que la intención de Azinger desde el primer momento fue la de hacerse el duro o acaso el héroe, el David Crockett, del equipo americano. Tan extraño era su comportamiento que llegué a pensar que este equipo estaba compuesto por "once tíos estupendos y Paul Azinger". Tiempo después, nos encontramos y estuvimos charlando sobre todo lo sucedido y ahora somos buenos amigos. Además, Paul Azinger demostró ser un hombre muy valiente y con una gran entereza cuando tuvo que luchar para superar su cáncer. Aunque tenga que afirmarme en mi convicción de que en Kiawah no tuvo un buen comportamiento, es un hombre al que respeto y admiro.

Con el tiempo he llegado a comprobar que muchas infracciones que cometen los americanos en los *match plays* no se deben a mala fe, sino al hecho de que desconocen algunas reglas. El domingo en el individual contra Wayne Levi, éste cometió un error que abonaba mi sospecha de que en efecto las desconocen. Pero antes de llegar a ese momento pasaron muchas cosas muy interesantes en el torneo.

El viernes por la tarde, en el *fourball*, volvimos a derrotar a Azinger y Beck por 2-1, con momentos magistrales de juego de José María Olazábal. Stockton se enfureció porque, viendo que estaban tocados tras el partido de la mañana, los colocó como segunda pareja para evitarnos a Chema y a mí. Pero lo que él no sabía era que Gallacher, a quien parecía haberle ignorado, también nos colocó como segunda pareja anticipándose a su maniobra.

El sábado al mediodía perdíamos por tres puntos, pero por la tarde el equipo puso la directa ganando tres puntos y medio de los cuatro posibles. Sorprendentemente, llegamos a los individuales del domingo empatados a 8 puntos. En esta última jornada el partido que me enfrentó a Wayne Levi tuvo de todo. El hoyo 2 fue acaso el más loco. Tras empatar el primero, salí tan mal con mi *drive*, que en el segundo golpe tuve que dropar, después me fui demasiado a la izquierda y a continuación a unas matas. Un desastre. Levi, en cambio, estaba con dos golpes justo enfrente del *green*.

—Seve, me parece que ya vale –me dijo Billy Foster, mi caddie, viendo la situación–; yo le daría el hoyo, porque en éste no hay nada que hacer.

—Espera un momento –le respondí–. Vamos a ver qué hace con su tercer golpe.

La bandera estaba al fondo del *green* y detrás de éste había un obstáculo de agua. Levi jugó, pero en lugar de asegurar tirando a quedarse cortó, lo hizo buscando la bandera. Total, que la bola le salió demasiado viva y se fue al agua. En lugar de dropar por donde había entrado, lo hizo desde el mismo sitio desde el que había jugado. Y la volvió a tirar al agua. Los nervios traicionaron a Levi, y gané el hoyo. "*Mira las cosas que pueden pasar*", le comenté a Billy.

Después de esto ya le fue imposible cazarme. En el hoyo 9, Levi, como Azinger y Beck y los americanos en general, volvió a mostrar su total desconocimiento de las reglas del *match play*. Estábamos ambos al borde del *green* de dos y él pateó primero dejando la bola a poco más de un metro.

—Voy a terminar –me dijo, adelantándose para hacerlo.

—No, no –me apresuré a decirle–, marca tu bola, por favor; estamos jugando *match play* y no puedes acabar si no te autorizo.

Levi llamó al árbitro y éste, lógicamente, tampoco le autorizó. Por último, gané el partido por 3-2, como también lo habían hecho Nick Faldo y David Feherty en los dos primeros partidos. Parecía que todo se decantaba en nuestro favor. Lo malo es que después, aparte de mi partido, sólo Paul Broadhurst, que ganó a Mark O'Meara, pudo sumar un punto. Fue un verdadero golpe para Europa que Chema perdiera su partido contra Azinger en los dos últimos hoyos. Contando el medio punto otorgado a David Gilford por la lesión de Pate, la puntuación era favorable a Estados Unidos 14 a 13, lo que significaba que la Ryder Cup se decidiría en el último partido entre Bernhard Langer y Hale Irwin.

Al llegar al hoyo 15, tras meter un *pat* de 2,5 metros, Langer ganó el hoyo y redujo a uno la ventaja que Irwin le llevaba. A partir de aquí empezaron a suceder cosas *raras*. En el hoyo 16, el tercer golpe de Irwin se fue muy a la derecha del *green*, pero *extrañamente* su bola apareció más cerca de donde la había tirado y en una excelente posición. Desde allí tiró un magnífico *pitch* que le dio el par, pero Langer metió uno de dos metros con el que consiguió empatar. Irwin mantenía su ventaja y Bernhard estaba obligado a ganar los dos últimos hoyos para que Europa conservara la Copa.

Bajo una gran presión acumulada, comenzó el hoyo 18. El *drive* de Langer llevó la bola al centro de la calle, mientras que el de Irwin fue tan malo que todos calculamos que iba a caer en el espeso *rough* que bordea las estrechas calles de Kiawah. Sin embargo, tan *misteriosamente* como en el hoyo 16, la bola *apareció* en la calle. Irwin no tuvo nada que ver, pero era claro que había recibido la antideportiva y gratuita ayuda de algún espectador. El comportamiento de una parte del público americano, incitado por varios miembros de su equipo, había sido deplorable a lo largo de toda la semana.

A pesar de esta ayuda, el segundo golpe de Irwin, agobiado por la presión ambiental, fue mediocre, pues dejó la bola a la derecha del *green*. Bernhard, por su parte, que estaba de dos justo detrás del *green*, tenía un *pat* muy rápido de unos 13 metros. Cuando golpeó me pareció que la iba a dejar cerca, pero se pasó un metro y medio. El público se agolpaba y todos conteníamos la respiración. A Irwin le quedaba un *pat* de seis metros para hacer cuatro, pero apenas golpeó se vio que quedaría corto. La bola le quedó a poco más de medio metro. Tal como estaba la situación, aunque era muy fácil, podía fallar el siguiente golpe. Pero Langer, sorprendentemente para todos, se lo concedió.

Todo el mundo sabe lo que pasó después. Bernhard Langer golpeó un *pat* perfecto, pero no entró. Como es de suponer, los americanos se volvieron locos. Habían tenido que esperar mucho tiempo para este triunfo, que habían conseguido haciendo pagar un alto coste al golf como deporte.

El remate de la antideportividad mostrada durante toda la competición lo dio Corey Pavin presentándose al final con una gorra militar de oficial de campaña. Quería dejar claro que eran ellos, los americanos, quienes habían ganado la "guerra de la playa", como la prensa tituló esa disputa de la Ryder Cup. Tapadas por la euforia del público y de los jugadores americanos quedaban las provocaciones, las triquiñuelas, como la sospechosa lesión de Steve Pate para que no se enfrentara conmigo y arrancar medio punto a costa de David Gilford, los cambios y los *misteriosos* desplazamientos de bolas, etc., además de las provocaciones del público.

Si algo bueno puede rescatarse de esta edición de la Ryder es que los jugadores americanos supieron estar a la altura y reconocer la gran actuación de Bernhard Langer. Cuando Bernard Gallacher, nuestro capitán, la destacó en la ceremonia de clausura, todos ellos nos imitaron y le aplaudieron puestos en pie. A pesar de fallar aquel *pat* crucial, Bernhard Langer había demostrado dado una lección magistral de coraje y deportividad. Por esto su nombre ha quedado ligado para siempre a la historia de la Ryder Cup de 1991.

30
La montaña rusa

El triunfo en el Open Británico de 1988 marcó el punto más alto de mi carrera deportiva. A partir de entonces las caídas y las subidas, éstas especialmente marcadas por los éxitos en la Ryder Cup, se sucedieron como en una montaña rusa. Aquel año, de los 24 torneos que jugué, gané siete en siete países diferentes –igual que en 1978–, y en ocho acabé entre los diez primeros, lo que me permitió encabezar las clasificaciones europea y mundial.

En los dos años siguientes la caída fue brusca, pues sólo gané tres veces en 1989 y una en 1990. En agosto de este año, 12 horas después de haber perdido la ocasión de volver a ganar el Open Inglés en The Belfry, nació mi primer hijo, a quien pusimos de nombre Baldomero Javier en recuerdo de mi padre, aunque todos le llamamos Javier. Su nacimiento representó el primero de mis tres grandes triunfos que me consagraron como padre. Los otros serían Miguel y Carmen.

Como deportista, la inercia de mis éxitos anteriores me seguía manteniendo en la cúspide, y en 1991 aún lideré por sexta vez la Orden de Mérito, a pesar de haber ganado sólo dos torneos oficiales en Europa, el Campeonato de la PGA Volvo y el Dunhill British Masters, y, por quinta vez, el Mundial Match Play, igualando el récord de Gary Player. A principios de mayo de ese mismo año, también había ganado el Chunichi Crowns en Japón, que representó mi primer triunfo mundial después de catorce meses de sequía. Pero los problemas físicos y de otra naturaleza que me impedían mantener la tensión y la concentración en el juego siguieron manifestándose de modo preocupante.

Poco después de la victoria en Japón, perdí el desempate por el Abierto de España ante Eduardo Romero, después de desperdiciar una ventaja de tres golpes en la última vuelta. Algo incomprensible que me enrabietó mucho y que me motivó para ganar el PGA que se jugaba en Wentworth. Lo logré, aunque no sin un susto, un desempate y la mala disposición que seguían mostrándome algunos responsables del Circuito europeo, que me hacían sentir el blanco de una venganza.

El principal ataque desestabilizador lo tuve en esta ocasión al llegar al *tee* del hoyo 14, cuando un árbitro se nos acercó a Bernhard Langer y a mí.

—Señores, han perdido ustedes dos hoyos por juego lento; tienen que ir más de prisa.

—¿Dónde están los que juegan detrás de nosotros? –le pregunté en medio de la gente que nos rodeaba–. No veo a nadie detrás ¿por qué tenemos que darnos prisa si no viene nadie y sólo nos faltan cinco hoyos por jugar?

Dos hoyos por delante de nosotros jugaban Nick Faldo y Colin Montgomerie. Monty terminó con 17 bajo par después de hacer dos *birdies* en los últimos hoyos, lo que suponía que con mi *bogey* en el hoyo 16 iba empatado con él. Comprendí que el partido se me había puesto muy cuesta arriba y más con la gran cantidad de gente que se adelantaba por el borde de la calle del hoyo 17 invadiendo el campo. Ningún responsable del Circuito parecía poder controlar a los espectadores. Total que me quité del *stance*. "*Comprendo que estén ustedes nerviosos, pero yo también lo estoy*", dije a los que se agolpaban.

Sonó a chiste y la gente se echó a reír, pero en realidad estaba furioso por lo mal que funcionaban las pizarras y porque nadie, ningún responsable, controlaba la situación. Como era de esperar, hice otro *bogey*, lo cual me obligó a que en el último hoyo tuviera que hacer *birdie* para desempatar con Monty. Tanta era la tensión que se mascaba, que por un momento tuve la sensación de que toda aquella gente se había olvidado de respirar. Para hacer el obligado *birdie* tenía que meter un *pat* de dos metros y medio. Sentí que la situación estaba a punto de bloquearme, pues la satisfacción del acierto siempre sería menor que el daño a la moral que provocaría el fallo. Más tarde pensé que de fallar se me hubiera caído el cielo encima, porque la gente habría empezado a especular con que ya me flaqueaban las fuerzas para dominar los momentos difíciles de la competición. Pero en ese momento, no piensas nada de esto. Lo único que tienes en la mente es lo que has visto en la caída y el *pat*. Incluso ahora que mi juego es una lucha continua, no voy por el campo diciéndome: "Si hago esto o aquello la gente diría o escribirá esto o lo otro". No, nada de esto. Total, que a pesar de la distancia, del público y la mala organización, metí el *pat* y el desempate fue corto. En el primer hoyo hice un segundo golpe magnífico con un hierro 5 que me dejó la bola a un metro para *birdie*, y el torneo, con lo cual frustré a Monty, lo que en ese momento hubiera sido la segunda victoria de su carrera.

Con la moral reforzada por esta victoria, mi juego fue casi perfecto a la semana siguiente en Woburn, donde se jugaba el Masters Británico. Al menos en esta ocasión no corrí ningún riesgo de ser llevado contra las cuerdas, a pesar de que al final la ventaja de siete golpes que llevaba se redujo a tres.

La montaña rusa donde me hallaba subido, en parte a causa de mis problemas físicos y también al cambio de vida que supone primero el matrimonio y después la paternidad, tuvieron en 1992, año de las Olimpiadas de Barcelona, picos como el Dubai Desert Classic, la Copa Quinto Centenario por equipos que se jugó en Argentina, y el Open de Baleares.

El triunfo en el Dubai Desert Classic, conseguido en febrero, significó mi victoria número cincuenta en el Circuito europeo y el récord de ganancias logrado por un jugador en la historia del golf. Este tipo de marcas no sirven para valorar la calidad de un jugador o sus logros, como sería el caso de Ben Hogan o de Sam Snead. Pero en mi caso era significativo, porque gran parte de ese dinero lo había ganado en Europa, donde los premios son muy inferiores en dotación a los de Estados Unidos.

El triunfo siguiente fue el Open de Baleares jugado en Mallorca y conseguido tras un desempate con Jesper Parnevik. Hasta ese momento llevaba un buen impulso, pues había conseguido dos victorias en cuatro torneos, de modo que las perspectivas de la temporada eran alentadoras. Sin embargo, todo se torció de improviso, y mi año se desinfló. La caída de la montaña rusa representó que de los veinte torneos en los que participé, sólo en uno acabé entre los diez primeros. Fallé siete cortes, hice un Masters mediocre con una vuelta de 82 golpes y acabé hundido en el último puesto del Johnny Walker World Championship jugado en Jamaica.

Después de tocar fondo de esta manera, pensé que a partir de ese momento sólo podía ir a mejor. Pero, como en la ley de Murphy, no fue así. La bajada de la montaña rusa era más larga y pronunciada de lo que había imaginado. En 1993 no gané ni un torneo del Circuito europeo por primera vez en diecisiete años. Caí hasta el puesto 42 del *ranking* europeo, la cual era mi peor clasificación desde que me hice profesional.

El único consuelo que tuve esa temporada fue el Masters Europeo de Crans-sur-Sierre, Suiza, que si bien no gané me dio un segundo puesto con un juego prometedor y arriesgado. Recuerdo que había llegado al último hoyo con posibilidades de ganar. Para ello debía conseguir el *birdie*, pero mi *drive* de salida fue muy malo. Envié la bola al bosque, que tenía un *rough* muy tupido, a la derecha de la calle. Lo vi tan mal que, ante la posibilidad de que estuviera fuera de límites, tiré una bola provisional. Sin embargo, la primera bola estaba en juego gracias a que había rebotado y caído junto a un muro de cemento que separaba la piscina del campo.

Al principio creí que sólo la podía sacar de lado, pero después reflexionando, vi que había otra posibilidad, aunque muy arriesgada.

Había un hueco entre los árboles a través del cual podía llegar a *green*, aunque debía elevar la bola muy pronto para salvar un muro de casi dos metros que tenía casi encima. Es decir, que para ir a *green* la bola debía superar el muro, pasar entre las ramas de los árboles, volar por encima de la piscina y el centro de la sala de prensa. El problema era que si la bola no pasaba, rebotaría, con el peligro de golpearme, lo que significaba que además de dos golpes de penalización podía caerme una lesión. Tiré y el golpe salió perfecto. Creo que fue otro de los mejores golpes de recuperación que he hecho en mi vida.

Dado que había tenido que utilizar el *wedge* para levantar enseguida la bola, ésta se quedó a unos 20 metros de la bandera. Así que, no cabía otra alternativa que hacer *birdie* como fuese. Volví a utilizar el *wedge* y lo conseguí. Lamentablemente, no fue suficiente, y perdí por un golpe ante Barry Lane. A pesar de todo y teniendo en cuenta la racha negativa que estaba viviendo, el segundo puesto de Crans me dio una alegría que nunca había sentido, sólo por estar a punto de ganar.

La sequía de victorias se prolongó más de dos años hasta que en mayo de 1994 disputé y gané el Benson & Hedges International, que se jugó en St. Mellion, Cornualles. Al llegar a este campo, uno de los hermanos Bond, sus propietarios, me saludó muy efusivamente, pero con ese *matiz* que revela cierta desconfianza sobre tus posibilidades.

—¡Qué alegría tengo de volverte a ver, Seve! –dijo dándome la mano–. ¡Espero que pases el corte! –añadió. Yo le sonreí.

Era evidente que pocos se esperaban que recuperara mi buena forma. Pero felizmente para mí, se equivocaban. Durante las dos primeras vueltas me mantuve arriba hasta que el domingo por la mañana cedí el liderato a Gary Orr por un golpe. La cabeza iba muy apretada, pero en la última vuelta mantuve un excelente ritmo y en los quince primeros hoyos hice par, sendos *birdies* en los hoyos 16 y 17, y otro par en el último que me dio la victoria con tres golpes por delante del segundo, que fue Nick Faldo.

Así conseguía mi primera victoria desde el Open de Baleares, 26 meses atrás. Durante ese largo y descorazonador período había jugado 50 torneos, en los que había fallado 17 cortes y sólo me había clasificado cuatro veces entre los diez primeros. Parecía un jugador completamente diferente al que había dominado el Circuito europeo durante tres décadas.

Al final de ese mismo mes acabé sexto en el Campeonato de la PGA Volvo, donde un *birdie* en la última vuelta me dio la marca acumulada de 1.000 bajo par en los 261 torneos jugados hasta entonces en el Circuito europeo. Mi línea ascendente se concretaría a principios de octubre con la emocionante victoria que conseguí en el German Masters de Berlín. Aquí derroté en el desempate a dos duros y magníficos rivales, como eran José María Olazábal y Ernie Els, entonces campeones del Masters de Augusta y del US Open, respectivamente. Recuerdo que en el desempate, al disponerme a tirar mi segundo golpe, mi caddie empezó a calcular los metros, pero entonces al mirar donde había caído la bola le dije: "*No, no hace falta que cuentes, ya sé cual es la distancia…*"

La razón era muy sencilla. Mi bola había caído justo en el mismo lugar que media hora antes cuando jugué este hoyo en la cuarta vuelta. Así que desde esa *chuleta* volví a coger el hierro 6 y la dejé más cerca todavía que la primera vez. Quince días más tarde volví a encontrarme en el Mundial Match Play con Ernie Els. Nuevamente desplegué un buen golf, pero esta vez no fue suficiente y acabó ganándome 2-1. La ironía fue que jugué este campeonato porque IMG se vio obligado a invitarme tras la renuncia de John Daly, y quizás también a causa del revuelo que armó la prensa por la omisión de mi nombre en la primera lista de invitados.

31
Las promesas del futuro

Al iniciarse la década de los noventa los problemas con los responsables del Circuito europeo, mi nueva situación familiar y los dolores de espalda conformaron un cuadro de síntomas negativos que me situaron en el otoño de mi carrera profesional. Al mismo tiempo que ya no podía seguir dominando el Circuito europeo, empezaba a sentir la presión de las nuevas generaciones y la aceleración de los cambios que se producían en el golf.

Como ya dije, en 1994 gané dos torneos –el Benson & Hedges International y el German Masters–, con rachas de buen juego. Pero la cuestión era que las semanas malas eran cada vez más frecuentes y eso no me había ocurrido nunca hasta ese momento. En la temporada de 1995 se dieron mis últimas victorias, a las cuales ahora veo como el canto del cisne.

Aparte del "milagro de Oak Hill" en la Ryder Cup, ese año disfruté de dos victorias. La que logré en pareja con José María Olazábal en el Tournoi Perrier de París, en St. Cloud, y la del Abierto de España, jugado en el Club de Campo de Madrid, donde me impuse por dos golpes a José Rivero y Nacho Garrido.

El Perrier era un torneo por equipos, en el cual Chema y yo, confirmando lo que desde la *batalla de Kiawah Island* muchos reconocían como la mejor pareja del mundo, entregamos una tarjeta con un resultado de 24 bajo par que nos dio la victoria por tres golpes.

El Abierto de España lo jugué al mes siguiente, en mayo, y sinceramente no sé aún cómo lo gané. Es cierto que llegué a la última vuelta con un golpe de ventaja sobre los demás, pero me sentía tan incómodo y tan falto de ritmo que arranqué con tres *bogeys* seguidos. Incomprensiblemente las bolas se me iban hacia donde querían. Por suerte para mí, nadie se me escapó y en el hoyo 14 hice un *birdie* que me permitió empatar la cabeza. Como si esto me diera alas, en el hoyo siguiente pegué un *sandwedge* dejando la bola a metro y medio de la bandera para otro *birdie*. Prácticamente repetí la misma jugada en el hoyo 18 y con ella me adjudiqué el Abierto. Era la primera vez que lo ganaba en los últimos diez años y la tercera en toda mi carrera.

Lo que percibí entonces y que se ha confirmado con el paso de los años es que en el golf había comenzado un proceso de renovación generacional y también tecnológica que repercutiría sensiblemente en los más veteranos. Nick Faldo, Sandy Lyle y yo habíamos empezado a no ganar torneos, algo que realza aún más las figuras de Bernhard Langer, que sigue jugando muy bien, y de Ian Woosnam, que en 2001 logró una fantástica victoria en el Mundial Match Play.

Ya sé que los escépticos consideraban por esas fechas que mi carrera estaba acabada como ganador de torneos. Incluso los críticos más severos dudaban de que volviera a pasar el corte. Sin embargo, hasta 2005 yo me creía no sólo capaz de esto, sino también de volver a ganar un grande –el Open Británico o el Masters de Augusta–, si conseguía superar mis problemas físicos y recuperar mi juego. De todos modos, a pesar de mi entusiasmo, reconozco que mi mejor época como jugador profesional tenía más historia que futuro y también que me podía sentir orgulloso de esos días de gloria.

El relevo generacional para mí empezó a producirse con la llegada a los campos de José María Olazábal y Colin Montgomerie. Ellos son los dos representantes de su generación que han alcanzado un nivel de juego sobresaliente. Entre los más jóvenes, no tengo dudas de que Sergio García es uno de ellos y, detrás de él, probablemente también lo hagan Paul Casey y Luke Donald, entre otros jóvenes muy prometedores, como algunos suecos.

Creo que el Circuito europeo, ahora bajo la dirección de George O'Grady, tiene que hacer todo lo posible para asegurarse de que estos chicos jueguen más en Europa y se comprometan con ella. Si juegan más en Estados Unidos, como han venido haciendo José María Olazábal, Miguel Ángel Jiménez, Jesper Parnevik y Sergio García, el Circuito europeo se verá muy perjudicado.

En cierto sentido, uno de los problemas que se vive en la primera década del siglo XXI, es que toda la atención del golf se ha centrado en la figura de Tiger Woods. Sin duda es un jugador extraordinario y lo que hace ha contribuido a difundir más el golf por todo el mundo. El peligro para Europa radica en que estas virtudes actúan como un imán para los demás, ya que Tiger al jugar, como es lógico, en el Circuito americano atrae hacia él a los mejores jugadores del mundo que, como es natural, intentan tumbarle.

Desde un punto de vista europeo, sería muy importante que los mejores golfistas jugaran más en el Circuito europeo. Sin embargo, no se les puede reprochar que lo hagan en Estados Unidos si así aseguran sus carreras. Cuando yo opté por respaldar el Circuito europeo lo hice conciente de que era una apuesta personal a favor del golf en Europa. Nadie puede dudar de que no ir a jugar al Circuito americano supuso que renunciara a importantes ganancias. De haberlo hecho, quizás hubiera logrado menos ingresos por fijos de salida, pero lo hubiese compensado con creces con importantes contratos. Ahí está el ejemplo de Greg Norman, quien no sería lo que es ahora de no haberse ido a residir a Estados Unidos.

Es cierto que el dinero no lo es todo, y puedo decirlo por experiencia, pues antes de que irrumpieran Langer, Lyle y Faldo, yo había optado por quedarme y jugar en Europa. Pero también es cierto que hasta que ellos llegaron sentía como si todo el peso de la responsabilidad que suponía potenciar el Circuito europeo cargara sobre mis espaldas. Y no se trata de que nadie tenga que sentirse así, sino de que se creen las condiciones propicias para que el Circuito europeo sea potente. En este sentido, la nueva dirección haría bien en huir de cierta idea de autocomplacencia y apoyar decididamente la carrera de las estrellas en ciernes. Esto es lo que piensa y hace Tim Finchem, el director del Circuito americano, cuya hegemonía mundial en el futuro será indiscutible si el Circuito europeo no reacciona. De hacerlo y apoyar a las jóvenes promesas, también aquí podrá salir un nuevo Tiger Woods o acaso un Arnold Palmer.

“Fulminando” una bola que no entró incomprensiblemente.

Jugando en el Reino Unido, en uno de sus típicos *links*.

Un golpe desde el *bunker*.

El golpe de la izquierda me gustó, y el de la derecha parece que no tanto.

En la playa cántabra de El Puntal.

Una de mis grandes aficiones, el fútbol.
Con Bobby Charlton (*arriba*),
en un partido en El Saler (*derecha*)
y con Johan Cruyff (*abajo*).

En el puerto deportivo de Pedreña.

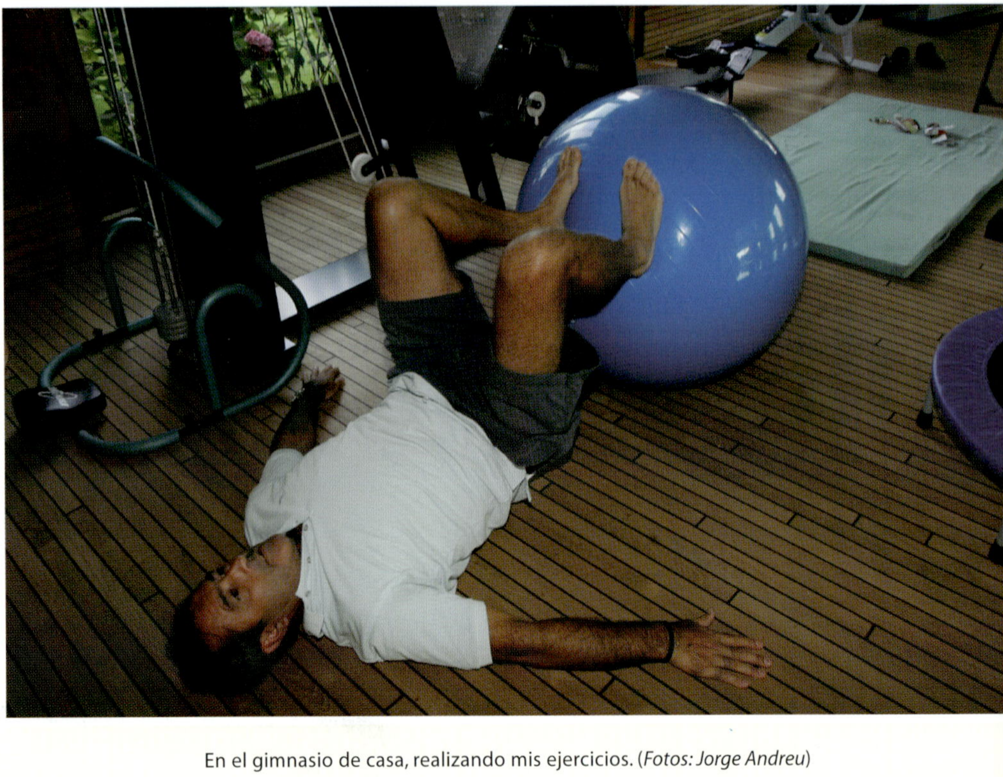

En el gimnasio de casa, realizando mis ejercicios. (*Fotos: Jorge Andreu*)

Subiendo en bicicleta a Peña Cabarga, con la bahía de Santander al fondo. (*Foto: Jorge Andreu*)

Con dos de los deportistas a los que más admiro, el jugador de rugby Jonah Lomu (*arriba*) y el boxeador Evander Holyfield (*derecha*).

En la escuela, con nueve años.

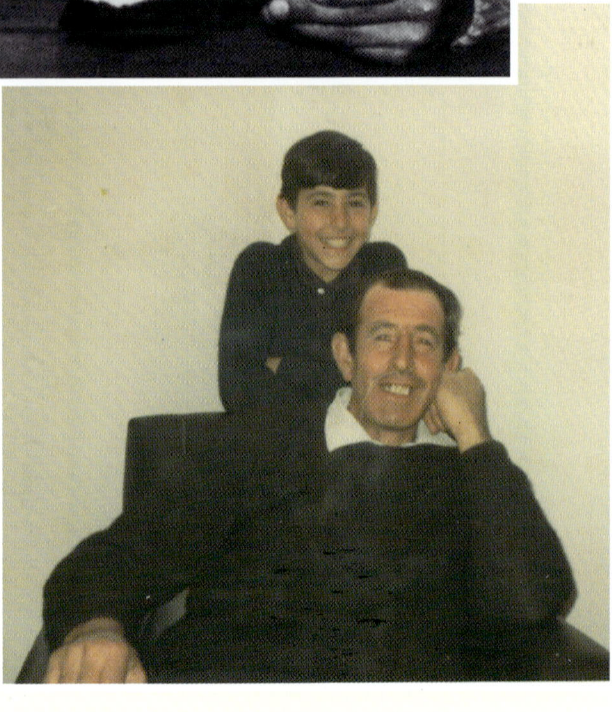

Con mi padre en 1967.

Con 14 años de edad (soy el segundo por la derecha), con un grupo de amigos en Pedreña.

Jugando en el hoyo 11 del Club de Campo Villa de Madrid.

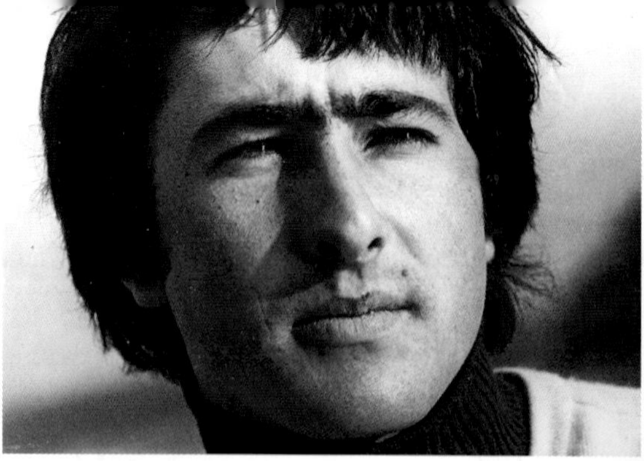

Varias imágenes de mi juventud, practicando en Pedreña y en la playa. En la página siguiente, recibiendo el trofeo por mi primer triunfo fuera de España, el Open de Holanda en 1976.

En el servicio militar.

El doctor Santiago Ortiz de la Torre.

Con el doctor César Campuzano.

En el transcurso de una entrevista (*arriba*),
con la *Jarra de Plata* del Open Británico de 1984
en St. Andrews y gesto de satisfacción después
de meter un pat en Royal Lytham *(derecha)*.

Con mi familia y amigos, entre ellos el doctor Campuzano, en Royal Lytham en 1979, después de ganar el Open Británico.

En Augusta, los campeones europeos del Masters: Sandy Lyle, Bernhard Langer, Ian Woosnam, Chema Olazábal, yo y Nick Faldo.

Una de mis colecciones, en este caso de chapas identificativas que llevamos los jugadores.

Con mis tres Jarras del Open Británico, dos copas de la Ryder Cup, mi chaqueta del Masters y el trofeo del Seve Trophy. (*Fotos: Jorge Andreu*)

En mi taller, donde personalizo mis palos.

En la terraza de casa con mi guante de béisbol, desde donde disfrutamos de una preciosa panorámica del mar Cantábrico, de la bahía de Santander y El Puntal de Somo. (*Fotos: Jorge Andreu*)

32
Todo sobre mi espalda

El peso de la responsabilidad que sentí inicialmente sobre mi espalda al optar por jugar en el Circuito europeo fue en cierto modo placentero. Era un peso que se hacía soportable porque respondía a mi deseo de que el golf se hiciera fuerte en Europa para que los jugadores pudieran ganarse bien la vida sin tener que residir o pasar largas temporadas en Estados Unidos. Pero lo que realmente cargaba mi espalda eran unos dolores que cada vez se fueron haciendo más molestos y agudos.

Estos problemas físicos fueron haciéndose cada vez más insoportables, y entre noviembre de 1993 y enero de 1994 marché con mi familia a Scottsdale, Arizona, para someterme a un tratamiento a fin de reforzar mi musculatura con la esperanza de aliviar mis molestias. Antes de que este tratamiento terminara, la abuela de Carmen murió y ella y los chicos tuvieron que regresar dejándome, lamentablemente, solo. Me quedé porque confiaba en la eficacia de los ejercicios de fortalecimiento muscular, pero al final resultó ser otra falsa esperanza.

Los problemas de mi espalda arrancan en la adolescencia. Siempre me ha gustado practicar cualquier deporte, pero, aparte del golf, mi predilecto era el boxeo. Admiraba a Muhammad Alí y disfrutaba viendo boxear a Ken Norton, Joe Frazier, George Foreman, Lennox Lewis, en fin, a todos. Pero mi preferido era Alí. Hasta tal punto lo admiraba que cuando gané el Masters en 1980, mi manager me propuso a modo de regalo presentarme al Papa, pero yo le dije: "*No, al Papa no, ya sé que es un personaje muy importante, pero yo quiero conocer a Muhammad Alí*", y tuve el placer de conocer al más grande.

Tenía unos catorce años, cuando un día, boxeando con un amigo del pueblo, me causé la lesión en la espalda que me ha torturado hasta hoy. Cuando el otro te lanza un *punch*, un golpe directo, lo natural para esquivarlo es que te tires hacia atrás. Aquel día, al tirar este golpe mi amigo adelantó su pie y sin querer me pisó el mío en el momento en que yo me echaba hacia atrás. Como es lógico, me caí de espaldas golpeándome muy fuerte las lumbares, tanto que durante dos semanas anduve cojeando.

A causa de este accidente y también del peso de las bolsas de palos de los socios del Club, que cargaba cuando era niño, y las muchas horas de entrenamiento, mi espalda empezó a resentirse hasta sufrir una lesión que acabó siendo crónica. Cuando uno es niño no tiene conciencia de que algunos excesos de fuerza para demostrar que ya es "hombre" acaban por pasarle factura cuando es adulto. Mucho más tarde aprendí que es preferible llevar una carga pesada en varios viajes y que nunca se pueden levantar grandes pesos sin flexionar las rodillas y mantener la espalda recta.

Tampoco la preparación como jugador profesional fue la más adecuada. El entrenamiento intensivo que hice para el Campeonato de España Sub-25, celebrado en Pedreña en 1974, también tuvo consecuencias negativas para mi espalda, que por primera vez acabó doliéndome muchísimo. Con la ilusión de jugar bien y ganar ese campeonato, tal como así fue, la víspera llegué a tirar unas setecientas bolas haciendo caso omiso del frío y la humedad propios de la primavera cántabra. Al final me quedé clavado y llegué a creer que no podría jugar al día siguiente. Era tanto el dolor que por la mañana me pusieron una inyección de cortisona en la espalda para que pudiera participar. La vuelta que hice fue excelente, pero podría haber sido la más cara de mi vida.

Desde aquel día he pasado muchas temporadas sufriendo un dolor tremendo. Es un dolor intermitente y suele venirme cuando practico con cierta intensidad, razón por la cual muchas veces no me he podido entrenar como hubiera querido. Cuando decidía entrenarme bien, siempre sabía que corría el riesgo de quedarme dolorido, agarrotado, las veinticuatro horas siguientes. La lesión hasta ahora también me impide estar sentado mucho tiempo, como cuando viajo en avión, o de pie durante mucho rato. Ésta es una de las causas por la que detesto los cócteles, donde tienes que estar de pie y quieto, hablando con la gente durante horas.

A partir del Sub-25, donde conseguí mi primera victoria como profesional a los dieciséis años, empecé a sufrir dolores de espalda más frecuentes e intensos. En 1977 visité en Madrid al doctor Carbajosa, para que me diera una solución. Después de hacerme una radiografía, me aconsejó que dejara de jugar al golf durante un año y que durmiera con una tabla de madera bajo el colchón. Como dejar el golf por un año era impensable, fui a ver a otro especialista, que tampoco pudo hacer nada por mi espalda. Es probable que si hubiera hecho caso al doctor Carbajosa, no habría sufrido tanto, pero tampoco hubiera hecho la carrera que hice.

Ese mismo año, cuando me entrenaba para mi primera aparición en el Masters, tuve que recurrir a la asistencia de un quiropráctico para que me aliviara los dolores. Poco después fui a Houston, Texas, a visitar al doctor Antonio Moure, el cirujano que había tratado a Lee Treviño. Lee había tenido muchos problemas en su espalda desde 1975, cuando un rayo le alcanzó jugando el Western Open de Chicago. El caso es que el doctor Moure, después de examinarme, me recomendó una operación para reducir una vértebra dañada. Sin embargo, no lo hice porque temí que podía quedarme tocado.

Como cualquiera puede imaginarse, los dolores de espalda afectaron mucho a mis participaciones en los torneos. Por ejemplo, en 1978 me vi obligado a retirarme del Dunlop Masters y, al año siguiente, a declinar la invitación para jugar el Campeonato de la

PGA americana. Por entonces ya me había dado cuenta de que tenía que enfrentarme a este nuevo rival permanentemente. Para hacerlo empecé a trabajar con un aparato, el Gravity Gym, que instalé en mi casa, pues con la gimnasia conseguía atenuar el dolor. Más tarde también probé con la acupuntura y otras terapias, pues estaba desesperado por encontrar una solución para mi espalda.

Fuera por la presión en los discos vertebrales o por otra causa, la verdad es que los dolores me resultaban cada vez más insoportables. A veces hasta lloraba de dolor. A pesar de esto, me resistía a hablar o explicar al público mis problemas con la espalda. Recuerdo que durante el Masters de 1980, en el cual había acabado la jornada del sábado con ocho golpes de ventaja, un periodista que esa noche, en la cena, me preguntó por la espalda le dije: *"Si me habla de mi espalda, me recuerda que me duele. O sea que no le hablo de mi espalda. Lo siento."*

Es así como me mantuve en la cima del golf durante años soportando un dolor constante. Sólo quien ha sufrido o sufre una dolencia de esta naturaleza puede comprender lo difícil que es hacer bien el *swing* y más sabiendo que cada vez que lo haces aumentará el dolor.

En 1994 tuve que poner mucha voluntad y deseos de triunfo para jugar bien en el Campeonato del Mundo Match Play y en el Volvo Masters, que estuve a punto de ganar. Finalmente, al año siguiente, después de mi fracasado tratamiento en Scottsdale y de verme obligado a retirarme del The Player Championship, me operé de la espalda. Llegué a sentirme tan mal, que fui a ver a un médico de Tampa, Florida, y allí me intervinieron. Muy poca gente lo supo entonces.

Pensé que la operación me curaría definitivamente, pero no fue así. En marzo del año siguiente recurrí a un homeópata alemán que había tratado con éxito a José María Olazábal. Se trataba del doctor Hans-Wolfgan Müller Wohlfahrt, quien también había tratado a Boris Becker, Linford Christie, Michael Owen y al equipo del Bayern de Munich, ciudad donde se hallaba su clínica. Después de dos semanas ingresado en ella, donde me aplicaban productos homeopáticos, abandoné el tratamiento porque no veía que diera ningún resultado. Dicen que para que el tratamiento de estos médicos sea eficaz hay que tener fe en ellos. Y yo no la tenía.

Desde entonces he seguido con mis ejercicios gimnásticos, porque mi espalda ha continuado molestándome. A medida que pasan los años, los problemas físicos se agravan, porque el cuerpo pierde flexibilidad, los huesos se anquilosan y aparecen los dolores, cosa que en mi estado multiplica los síntomas de mi dolencia crónica.

Cuando hago gimnasia noto una cierta mejoría, especialmente si nado de espalda. Hay ocasiones en que el dolor y el malestar afectan no sólo a mi juego, sino a todo lo que hago. Reconozco que podría habérmela cuidado más cuando era joven, pero también es cierto que los avances de la medicina deportiva se han producido desde hace relativamente poco tiempo. Actualmente, el tratamiento de las afecciones de la espalda cuenta con importantes recursos terapéuticos, no sólo en cuanto a la prevención de las lesiones, sino también en los ejercicios destinados a reforzar la musculatura lumbar. Muchas veces he pensado que, teniendo en cuenta mi talento natural para jugar al golf, si me hiciera profesional ahora jugaría mucho mejor de lo que lo he hecho, porque habría tenido ocasión de encontrar el tratamiento adecuado en el momento oportuno.

Es complicado vivir con un dolor permanente y muy duro tener que superarlo cada día. Es irritante no sentirse cómodo, porque no puedes disfrutar plenamente de todo y ser feliz. Sabiendo lo que ahora sé, es probable que hubiera jugado menos torneos y viajado muchísimo menos. Creo que, desde muy joven, mi espalda ha tenido que cargar con esa parte de mala fortuna que todos tenemos. Por lo demás, he sido y soy una persona agraciada, que ahora disfruta del tesoro de sus tres hijos y de disponer de más tiempo para otras actividades que, como los negocios, me dan muchas satisfacciones.

33
El horrible 93

Los dolores de espalda arreciaron en 1993 y afectaron de tal modo a mi juego que no conseguí ni un solo título. Por primera vez en mi carrera tenía un año totalmente en blanco A este detalle vino a sumarse, y esto fue lo más doloroso para mí, que tampoco pude contribuir a recuperar la Ryder Cup.

En julio de ese año, un día después de que Greg Norman ganara el Open Británico, José María Olazábal y yo jugamos un partido de exhibición en Pedreña. Lo disputamos contra Tom Watson, a quien habían elegido capitán del equipo americano de la Ryder, y el fallecido Payne Stewart, uno de sus integrantes. Este partido tenía bastante importancia para nosotros, pues la prensa, especialmente la británica, había especulado mucho sobre si Chema y yo estaríamos en el equipo europeo. Para el Club, el partido carecía de trascendencia, hasta el punto de que no hay ni una foto de él. Tampoco hay fotos del Open de España que se jugó aquí en 1988.

Dadas las circunstancias, mi participación dependía de que el capitán, Bernard Gallacher, me seleccionara directamente. Chema, por su parte, tampoco tenía la certeza de clasificarse directamente, porque, si bien ocupaba en ese momento la octava plaza, sólo iba a jugar dos torneos puntuables antes de que se decidiera el equipo. Esto significaba que muy probablemente él también necesitaría de la designación del capitán. El mayor problema era que, por distintas causas, ninguno de los dos había ganado ningún torneo desde hacía dieciséis meses y, desde la primavera, sólo habíamos acabado entre los diez primeros una vez cada uno. "*Si Gallacher escoge a los dos españoles y lo hacen bien* –argumentaba Peter Allis, comentarista de la BBC–, *será tan evidente que era lo que necesitaba, y la decisión aparecerá como un golpe maestro. Pero si no rinden en el equipo todos dirán '¿cómo se le ha ocurrido escogerles, si todo el mundo sabía que estaban jugando mal?'.*"

Estos comentarios no facilitaban para nada la labor de Bernard. No obstante, antes de jugarse el Open Británico, él me había dicho que contaba conmigo, a menos que, como había hecho Lyle en 1989, renunciara a ella. Después de esta conversación, Gallacher y yo no volvimos a hablar del asunto durante varias semanas. Tampoco se dudaba de la plaza de Chema en el equipo, porque Gallacher tenía presente que el récord que teníamos los dos en las tres últimas ediciones de la Ryder era de nueve victorias, dos empates y una derrota en doce partidos. Era muy difícil ignorar algo así.

Como venía sucediendo, en el Open de Alemania, que se juega a final de agosto, el equipo quedó definido, con la novedad de la clasificación del italiano Costantino Rocca. Gallacher confirmó mi presencia y la de Olazábal y sólo faltó por dilucidar quién ocuparía la plaza restante. Para ésta, los candidatos eran Joakim Haeggman, que había quedado en el décimo puesto y tenía la oportunidad de ser el primer sueco en entrar en el equipo de la Ryder, Ronan Rafferty o Sandy Lyle.

Al acabar el torneo de Düsseldorf, en el que Langer ganó por quinta vez el Open de su país, nos reunimos para designar al último componente del equipo. Dado que tenía que coger un vuelo de regreso a España, salí antes de que la reunión acabara, pero con la convicción de que, según lo que habíamos hablado, el tercer designado sería Ronan Rafferty o David Feherty, quien había ganado su individual en Kiawah, en la "batalla de la playa". No obstante, al llegar a casa, supe que finalmente el elegido no había sido ninguno de estos dos, sino Haeggman. Esta designación no me satisfizo, pues ya teníamos a tres debutantes, Costantino Rocca, Barry Lane y Peter Baker. El objetivo del capitán no es premiar al primero de la cola, sino reforzar el equipo con gente experimentada. La elección de Haeggman no se sostenía ni siquiera por juego, ya que éste sólo podía acreditar una sola victoria profesional.

Siempre he pensado que la razón por la que se incluyó al sueco en lugar de Rafferty o Feherty fue extradeportiva. Suecia no sólo venía produciendo varios buenos jugadores, algunos de los cuales golpeaban las puertas de la Ryder desde 1985, sino que también proporcionaba el principal patrocinador del Circuito, Volvo. No diré que esta empresa presionara para que un sueco entrase en el equipo, pero, conociendo a Ken Schofield, no me sorprendería que hubiera llamado a Gallacher para insinuarle lo estupendo que sería para el Circuito hallar el modo de hacer un sitio para Haeggman.

Como pudo verse durante la disputa del torneo en The Belfry, la inclusión del sueco estuvo lejos de ser un refuerzo para el equipo y más, cuando ni Chema ni yo estábamos pasando por un buen momento de juego. Esto se vio apenas empezó el encuentro. El viernes por la mañana, por primera vez en seis años perdimos un partido de *foursome*. Davis Love y Tom Kite, nos ganaron por 2 a 1. El partido empezó de un modo curioso, porque Love, que estaba previsto que saliera primero, estaba tan nervioso que le dijo a su compañero: "*Tom, será mejor que salgas tú.*"

Así que me tocó jugar con Tom Kite. Ya en el primer hoyo tuve, como ya parecía ser costumbre, un pequeño incidente con Kite, el de "recuerda El Álamo". Resulta que él tenía un *pat* de tres palmos para empatar. Repuso la bola en el *green* esperando que yo le concediera el golpe. Sin embargo, dejé que mirara la caída y, cuando ya se disponía a golpear, le dije: "*Vale, está bien.*"

Kite recogió la bola, pero me miró con recelo por haber tardado tanto en concederle el golpe. Este tipo de cosas son habituales en la Ryder, donde cada uno trata de presionar al rival y, si es posible, desestabilizarlo psicológicamente. Es parte de la estrategia del *match play*. Quizás haya sido por esto o simplemente porque jugamos algo mejor, el caso es que por la tarde nos tomamos la revancha ganándoles en los *fourballs*.

También lo hicimos en los *foursomes* del sábado a la mañana, pero yo sabía que, a pesar de las dos victorias en tres partidos, mi juego dejaba mucho que desear en algunos aspectos. En relación a los *foursomes* que perdimos la mañana anterior, en éstos Chema y yo cambiamos la salida. De este modo yo salía en los impares, dejando que él, dado su gran dominio de los hierros medios, lo hiciera en dos de los tres hoyos con par tres que hay en The Belfry. En nuestro favor, aparte del magnifico juego de Olazábal, contó la gran compenetración que teníamos entre ambos y la eficacia del juego corto que desplegamos esa mañana. Los dos demostramos que mientras la bola se encuentre en una posición medianamente aceptable, es posible hacer par o incluso *birdie* desde cualquier parte. Así ganamos.

Sin embargo, mi preocupación era cada vez mayor, pues no podía seguir jugando como lo estaba haciendo, porque en los individuales me barrerían. Para colmo de males, los dolores de espalda eran cada vez más intensos. En estas condiciones, lo más prudente era descansar, así que decidí no jugar por la tarde. Pero, antes de anunciarlo definitivamente, se lo comuniqué a José María: "*Lo que tú quieras, Seve; tú sabes mejor que nadie cómo te encuentras.*"

Después se lo comuniqué a Gallacher, cuando fue a verme al *tee* del hoyo 12.

—Creo que esta tarde deberías poner a Joakim Haeggman con Olazábal –le dije–; él todavía no ha jugado, y yo no me siento bien; prefiero descansar y concentrarme para los individuales de mañana.

—Conforme –fue la rápida respuesta de Gallacher.

Yo había decidido no jugar porque mi juego no era bueno, pero en un *fourball*, aunque no se esté jugando bien se puede sacar un buen resultado. Después de tres series de partidos íbamos ganando de tres puntos y posiblemente ese sábado por la tarde hubiéramos conseguido, si no aumentar la ventaja, al menos mantenerla. Pero aquel sábado por la tarde sólo anotamos un punto de los cuatro en juego. La decisión de no jugar por no sentirme seguro tuvo un efecto negativo para el equipo, ya que desestabilizó su confianza.

Camino del *tee* del hoyo 10, como vi que Chema iba muy preocupado, empecé a animarle: "*Ánimo, Chema, tranquilo, preocúpate de jugar como tú sabes, ... seguro que ganarás.*"

Entonces fue cuando se me acercó María, la esposa de Raymond Floyd, parándome con las manos.

—Seve, entiendo español y esto no lo puedes decir; ya sabes que está prohibido.

—¡María, por favor!¡Sólo estoy animando!

Dio media vuelta y se fue muy enfadada. Al día siguiente, en el campo de prácticas, Raymond me pidió excusas.

—Perdona el mal rato de ayer Seve, sé que María estaba totalmente equivocada y ahora no sabe cómo hacer para que la perdones.

—Gracias, Raymond –le respondí–; no te preocupes, todos sabemos que los nervios nos juegan malas pasadas.

Después de acabar y perder el encuentro, de nuevo se me acercó la esposa de Floyd a pedirme disculpas.

—María, olvídalo, por favor. Habéis ganado, así que vete a celebrarlo.

De todos modos, el incidente no tuvo mayor trascendencia para mí, porque siento un especial cariño tanto por Ray como por María.

Como en la edición anterior jugada en Estados Unidos, en ésta también salió a relucir "el sobre". Esta vez fue en el segundo partido de individuales. Resulta que Sam Torrance tenía un uñero muy doloroso que sólo le había permitido jugar la primera serie de *foursomes*. No podía jugar. Para igualar esta baja, en el lado americano Lanny Wadkins, que ya había vivido la felicidad de ganar una Ryder, tuvo el noble gesto de ofrecerse voluntario para que Watson no se viera obligado a sentar en el banquillo a uno de sus debutantes. Estoy seguro de que Watson, por su parte, no tenía ninguna intención de apartar a Lanny, pero aceptó.

La última jornada discurrió con muchos altibajos, que en nuestro equipo resultaron más bajos que altos. Barry Lane perdió con Chip Beck, después de haber ido tres arriba a falta de cinco hoyos; Rocca cayó ante Love, y lo mismo sucedió con Olazábal frente a Floyd. Asimismo, Nick Faldo sólo pudo empatar con mi viejo amigo Paul Azinger.

A medida que la tarde avanzaba, todos los partidos estaban al rojo vivo y a Gallacher le resultaba muy difícil optar por estar en uno u otro. En esos momentos, casi con toda seguridad, el debutante Rocca, que ganaba de uno, le hubiera agradecido su consejo antes de tirar un *pat* para *birdie* que servía para ganar el partido. Total, que desde 6 metros hizo tres *pats*. Love ganó el hoyo. En el último, mientras Gallacher le esperaba en el *green*, el italiano falló su segundo golpe y el americano ganó el partido. Total que perdimos 15 a 13.

La cuestión es que en aquel momento crucial del partido, Costantino Rocca no tendría que haber estado solo. Si Bernard no podía, debería haberme enviado a mí o a cualquier otro para infundirle ánimos y tranquilidad y hasta hacerle alguna sugerencia para que se sintiera arropado.

En la conferencia de prensa posterior, Bernard Galacher felicitó a los americanos por su triunfo, pero en nuestro equipo dominaba la idea de que no nos habían ganado, sino que nosotros habíamos perdido. Y digo nosotros por decir todos, porque si perdimos no fue a causa de un jugador determinado.

—He tenido la sensación de que el encuentro y la Ryder Cup giraban en torno a Rocca… –llegó a decir Gallacher.

—¡Olvídalo Bernard! ¡Esto es una competición por equipos! ¡Déjalo ya! –intervino rápido y muy acertadamente Woosie, como le llamamos cariñosamente a Ian Woosnam.

El domingo por la noche me sentí muy frustrado, como probablemente lo estaba Costantino Rocca. Yo había perdido mi partido contra Jim Gallagher. Creo que ése fue mi peor partido en toda la Ryder. La renuncia de Wadkins parecía a priori ventajosa para mí al tocarme Gallagher, el “sobre”, pero jugué tan mal que hasta hoy siento vergüenza de aquel partido. Era como si de pronto todo mi juego se hubiera esfumado. No era Severiano Ballesteros el que estaba en el campo jugando ese partido. Pero el momento más triste fue ver a nuestros seguidores abandonar The Belfry cabizbajos y en un silencio que me dolía más que si nos hubieran insultado. A duras penas pude contener mi llanto.

34
Una jornada particular

Para un mozo que despierta a la vida, ver mientras juega sus torneos chicas guapas siguiendo su recorrido es toda una motivación extra. Modelos, actrices, escritoras, periodistas, etc., se acercaban a mí y yo me dejaba seducir por ellas, pero nunca hasta el punto de distraerme de mi verdadero amor, el golf.

Antes de casarme tuve esporádicas relaciones con chicas de la más diversa condición social y profesional, pero en ningún momento me sentí un Don Juan ni un *play boy*. No podía sentirme ni creerme esto sencillamente porque yo no iba de seductor, sino de seducido. Conocía que ellas buscaban lo que yo representaba, un personaje que triunfaba. Difícilmente podrían ver en mí una persona con la que entablar una relación seria, porque además, tampoco había tiempo para desarrollar ninguna amistad ni conocerse más a fondo. Diría que todos estos fugaces encuentros fueron alegres y en cierto aspecto positivos y saludables, porque no me causaron, y tampoco creo haber causado, problemas de ninguna naturaleza. Por ello guardo dentro de mí muchos recuerdos gratos y anécdotas divertidas.

En 1982, durante mi estancia en Estados Unidos, salí con una chica que había sido elegida Miss Texas. Conocí a Christy en Miami, donde yo tenía una casa en el Doral Country Club. Era una mujer guapísima y, como gran nadadora, tenía un cuerpo atlético espectacular. Como ese año se jugaba el Mundial de Fútbol en España, la invité a que me acompañara a presenciarlo, y ella aceptó. Al llegar a Madrid, estando frente a la cinta en espera de que salieran las maletas junto con las del equipo de México que había venido en el mismo vuelo, ella me dijo:

—Seve, la verdad es que no imaginé que fueras tan famoso, porque es increíble cómo te miran todos esos futbolistas.

—Christy, creo que te equivocas –le dije observando la cara de los mexicanos–; es a ti y no a mí a quien están mirando.

También llevaba una corona virtual en su cabeza una princesa del norte de Europa. Tengo un recuerdo muy lindo de ella, porque además de guapa era una persona encantadora y sencilla. Salíamos y nos sentíamos muy bien juntos. Había entre nosotros una química muy especial, en cierto modo porque ella podía ser imprevisible en sus demostraciones de afecto. En cierta ocasión, coincidimos en Barcelona donde yo jugaba un torneo y pasamos juntos un hermoso día. Como esa misma noche debía regresar a su país, la acompañé al aeropuerto, sacó su tarjeta de embarque y la despedí. Con su imagen en la retina mezclada con una sensación muy agradable en el cuerpo, regresé al hotel, y a eso de las diez de la noche me acosté. Aún no me había dormido, cuando sentí que golpeaban la puerta. Extrañado, abrí, y allí estaba ella.

—¿Has perdido el avión? –le pregunté un poco atontado.

—No, simplemente decidí no irme –me dijo.

Se fue a su habitación y el día siguiente lo empleamos en visitar los lugares típicos de la ciudad catalana.

Como todo el mundo sabe, durante cinco años fui residente en Mónaco. El principado es un lugar muy propicio para mantener todo tipo de relaciones. Allí, en esa especie de país de cuento de hadas, mantuve una relación muy cordial y amistosa con la familia Grimaldi, de la que tengo un magnífico concepto y gratos recuerdos.

Mis relaciones con chicas nunca afectaron mi comportamiento en el campo, porque siempre tuve claro que el golf estaba por encima de todo y que no podía distraerme. Tampoco me han gustado las fiestas y cócteles porque, además de tener que acostarme pronto, sentía el agobio de la gente.

Toda esta forma de relacionarme desapareció a partir del momento en que me casé, porque mi propósito era crear una familia pensando que Carmen era la mujer apropiada para formar un hogar. Que las cosas no salieran como yo las imaginé no significa que no lo intentáramos y que tuviéramos tres hermosos hijos, a los cuales estamos procurando darles la mejor educación.

Coincido con Carmen en que los mejores colegios del mundo son los ingleses. Por ello, decidimos enviar a Javier, Miguel y Carmen a un colegio de Inglaterra, del mismo modo que nos preocupamos de que compartan nuestras creencias, nuestros gustos y aficiones.

Cuando uno viaja por todo el mundo, como me ha tocado hacerlo a mí, suele dejar de hacer muchas cosas. Una de las que yo dejé de hacer fue la de ir a misa, pues, como la mayoría de los españoles, soy un católico no practicante. Cuando era niño, como todos los del pueblo, iba a misa cada domingo, pero al incorporarme al Circuito ya fue muy difícil continuar haciéndolo. En parte porque ese día se juegan las finales y también porque los sermones de los sacerdotes de otros países son muy distintos y difíciles de entender.

Lo que nunca he hecho es ir a misa para que vieran que asisto. Cuando estaba en casa, Carmen y yo procurábamos ir a la iglesia con los niños, para que ellos tuvieran una referencia espiritual. Siempre he creído que es importante creer en algo, pues esto te da una cierta tranquilidad de espíritu. Pero pasan tantas cosas horribles en el mundo que me llenan de dudas y preguntas acerca de la existencia de Dios. Cuando suceden cosas como los atentados terroristas del 11 de septiembre de 2001 en Nueva York y del 11 de marzo de 2004 en Madrid o de Londres o las matanzas y el hambre de África, en fin, uno se pregunta si de verdad existe Dios o, como dijo el papa Ratzinger cuando visitó Auswichtz, ¿dónde estaba?, ¿por qué no intervino para evitar tanto dolor a la humanidad?

Entiendo que la idea de Dios ha dado al ser humano la libertad de escoger su conducta, pero no puedo evitar sentirme profundamente confundido sobre esta cuestión. Quiero creer que hay alguien sobre nosotros, pero cuando ves que en el mundo miles de niños mueren diariamente de hambre o víctimas de la guerra te preguntas: ¿por qué Dios no hace algo por ellos que son inocentes de todo?

Es doloroso comprobar que a lo largo de los siglos, las religiones se han presentado como caminos de salvación, y no pocas veces acaban siendo de condena. El fanatismo y la intolerancia religiosos están en el origen de mucha tristeza, miseria y muerte que padece el mundo.

Cuando lo más importante es que la gente pueda vivir en paz, justicia y bienestar, no puedo entender que se mate a un semejante, ya sea como lo hacen los terroristas, cualquiera sea su etiqueta, o como lo hacen los ejércitos o aquellos que matan a sus parejas simplemente porque no son capaces de vivir sin ellas.

En fin, quiero decir que desde que pensé en tener una familia, mi preocupación ha sido que mis hijos sean personas sencillas y sensibles a lo que pasa a su alrededor; que el hecho de tener algo no les hace mejores si no son capaces de desarrollarse como personas.

A medida que pude quedarme más en casa he tratado de que la comunicación sea fluida con ellos y con todos aquellos que me rodean y entre quienes vivo. Mientras Carmen y yo estábamos juntos, me encantaba salir con ella y los niños a pasear por el pueblo, ir a cenar nosotros solos o con amigos.

Bien, puedo hacer esto y otras cosas, porque Pedreña es la extensión de mi hogar. Todos saben que soy el Seve jugador de golf, pero me conocen y tratan como el Seve del pueblo. Éstas son algunas de las formas de comportamiento y de ver la vida que procuro asimilen mis hijos al tiempo que sepan valorar lo que tienen. Nada se consigue sin esfuerzo.

35
Aficiones y querencias

Creo que las aficiones, las simpatías, las querencias y también las fobias definen en parte el carácter de las personas y, en cierto modo, también su cultura cívica y su forma de entender la vida. Por mi parte, como ya he dicho, tengo afición por la caza, probablemente porque es un deporte muy del norte de España, y también por el boxeo, porque exige destreza, buena condición física y capacidad para resistir los golpes que te dan. Es un deporte duro que no admite queja. Otra de mis grandes aficiones –y esto me identifica con la mayoría de los varones españoles– es el fútbol.

Soy aficionado del Racing de Santander, porque es el equipo histórico de Cantabria y por "culpa" del doctor Santiago Ortiz de la Torre, como ya he contado. Cuando empecé a seguir al Racing recuerdo que estaba en segunda división, categoría a la que vuelve de tanto en tanto algunas temporadas. Sus permanencias en primera suelen ser muy complicadas, porque es un equipo modesto que tiene que vérselas con muchos equipos de su misma condición y con los grandes de siempre que dominan la Liga española. Quizás por este motivo, muchos españoles somos aficionados del equipo de nuestro pueblo y admiradores de los equipos grandes, como el Barcelona, el Real Madrid, el Athlétic de Bilbao, Valencia o Atlético de Madrid.

Siento gran afición por el Barcelona, pero el Real Madrid es un equipo que también me gusta y con él tengo buenas relaciones. Una experiencia muy bonita vivida con el fútbol ocurrió hacia finales de 1997, cuando en el estadio Santiago Bernabeu participé en un partido benéfico dentro de la campaña contra la drogadicción juvenil. Desde el campo, pude comprobar que es verdad lo que una vez dijo Jorge Valdano sobre el "miedo escénico" que el estadio provoca en los equipos rivales, porque con las tribunas llenas resulta impresionante. Como una cosa trae a la otra, ahora recuerdo algo que aquí, en el Santiago Bernabeu, le ocurrió a mi hermano Manuel.

Manolo es el primero de mis hermanos que empezó a competir influido, como todos nosotros, por el entorno del Club de Pedreña y por mi tío Ramón Sota, quien hacia los años sesenta llegó a ser el mejor jugador de golf de España y uno de los mejores de Europa. Convertido en profesional, Manolo también fue el primero en salir a competir al extranjero, y cuando tuvo que ir a jugar el Open de Italia, resulta que no tenía el dinero que necesitaba para el viaje. Mi padre vendió dos vacas a diez mil pesetas cada una y, recuerdo, que en el momento de dárselas nos habíamos reunido en la cocina de casa para contar los billetes de mil pesetas, uno, dos, tres... bajo la mirada reprobadora de mi madre, que movía la cabeza como diciendo: "Ay, Dios mío, con lo que cuesta ganarlo". Cuando mi padre acabó, mi madre no se pudo contener.

—¿A dónde vas, Mero, dándole veinte mil pesetas a este hijo? ¿Tú sabes el dinero que le estás dando?

—¡Calla, calla, mujer, que verás que saldrá bien y que será un gran campeón! –le respondió mi padre mirando a Manolo, como advirtiéndole "te lo doy, pero no me falles, que me haces quedar mal con tu madre".

Total que Manolo, con las veinte mil pesetas en efectivo, se fue con mi tío Ramón Sota en coche a Madrid, de donde salía en avión hacia Milán. Como el vuelo partía por la noche y esa tarde jugaban el Real Madrid y el Valencia, mi tío y él se fueron a ver el partido.

Esa misma noche sonó el teléfono en casa, mi padre lo cogió y casi enseguida le oí exclamar:

—¡Ay, Dios mío!

—¿Qué pasa, Mero, qué pasa? –quiso saber mi madre.

—¿Que qué ha pasado? ¡Qué a nuestro hijo no se le ocurre otra cosa que ir al fútbol, y allí le han robado el dinero durante el partido!

Como mi padre ya no podía hacer nada, mi tío Ramón le prestó el dinero para que Manolo pudiera viajar. Afortunadamente acabó quinto y recuperó el dinero, pero mi padre se tuvo que tragar el disgusto de haber vendido dos vacas de las catorce que tenía en la cuadra y que a mi hermano le robasen el importe de esa venta.

Supongo que estas cosas pasan en cualquier lugar donde haya grandes aglomeraciones. En un campo de fútbol lo realmente malo es la violencia que suele verse por parte de algunos grupos o aficiones intolerantes. No puedo entender que la gente pueda hacer esas barbaridades. A todos nos gusta que nuestro equipo gane, pero si pierde tampoco pasa nada, pues no es otra cosa que un juego y, como en toda competición, alguien tiene que perder o ganar y también empatar. A mí me causa un gran desagrado y también asombro, porque, repito, no puedo entenderlo, cómo algunos aficionados se vuelven histéricos incluso antes de que empiece el partido. Nada más gratuito, feo y denigrante que los insultos dirigidos al árbitro. Cuando voy con mis hijos a ver los partidos del Racing, en cuyo campo tenemos entradas de abono, siempre les digo que se puede ser apasionado sin perder el decoro, porque entre la violencia física y la verbal apenas hay un paso. Ya sea como aficionado o como deportista, es muy importante que respetes a los demás; cuando lo haces sientes que puedes convivir con todos, porque también te sientes respetado. En esto consiste vivir en una democracia.

Una arteria principal de Pedreña es la "avenida Severiano Ballesteros". Me llena de orgullo que una calle de mi pueblo lleve mi nombre, porque es una muestra del respeto y cariño que me dispensan mis vecinos. Durante la dictadura de Franco no pasaba por la cabeza de nadie que la calle mayor de un pueblo llevase el nombre de un golfista, en todo caso de un futbolista o de un torero, pero no de un jugador de golf.

Muchas cosas han cambiado en España desde la llegada de la democracia. Por empezar, la sociedad española ha pasado de ser una sociedad eminentemente rural y atrasada a ser una sociedad moderna y avanzada en todos los sectores de su actividad. Una sociedad que ha sabido pasar de la dictadura a una Monarquía parlamentaria con verdadero espíritu tolerante para integrarse en la Unión Europea. Mi generación ha tenido la suerte de ver y de vivir en un muy corto espacio de tiempo la radical y positiva transformación de nuestro país. Una transformación ejemplar que ha sido fruto del esfuerzo y la voluntad de la mayoría de los españoles, desde el rey Juan Carlos y una clase política que supo estar a la altura de las circunstancias históricas, hasta la gente de a pie sin distinción de clases sociales. Creo que el rey Juan Carlos ha jugado un papel importante y fundamental sobre todo en los difíciles años de la transición. Es lógico que sea una persona tan querida en España.

Son muchos los beneficios que la democracia ha traído para todos los españoles. Cabe recordar que cuando de niño era caddie ni siquiera se me permitía cruzar por delante de la Casa-club para no molestar a los socios. Con tales costumbres y normas de quienes lo gobernaban era impensable que uno de nosotros fuese aceptado como socio, aun en el supuesto caso de que la familia hubiese tenido el dinero suficiente para costear la cuota. Quiero decir que no era sólo una cuestión económica, sino de estatus social.

Pero mi afición al golf y mi querencia por el Real Club de Pedreña son superiores a cualquier prejuicio social o mezquindad personal. Los reconocimientos institucionales y el cariño de los vecinos me han demostrado que había elegido el camino correcto. Cuando ya mi juego no me da las satisfacciones que me daba, me encuentro con que el esfuerzo que he hecho por la difusión del golf, mi primera y gran afición, ha fructificado compensando con creces los dolores de espalda y los de cabeza por las intrigas de dirigentes o simplemente por los días de mal juego.

Un gran aliciente para mí es que mis hijos son también aficionados al golf y que ya demuestran tener muy buenas maneras. Me agrada mucho enseñarles y acompañarles. En 2001, una semana antes del Open Británico en Lytham, me sentí muy feliz haciendo de caddie a Javier, cuando estrenó su primer juego entero de palos. Aquel día, mientras le acompañaba, le contaba cómo habían sido mis victorias en los Británicos de 1979, 1984 y 1988, la forma en que hice tal o cual golpe. Entonces, acaso sintiéndose partícipe de todo aquello, Javier, dio un formidable *drive* de 170 metros. Aunque lo mejor de él es su juego corto de mucho carácter.

No creo que nadie se asombre si aseguro que una de las razones por las que he seguido intentando llevar a buen término mi carrera es porque deseo con toda mi alma que Javier, Miguel y Carmen me viesen ganar un torneo. Me hubiese gustado que ellos no dependieran de unas imágenes de vídeo para comprobar que su padre supo jugar muy bien al golf.

36
El milagro de Oak Hill

Después de la decepción en The Belfry, en 1995 recuperamos la Ryder Cup con un impresionante triunfo sobre los americanos. Fue algo tan fantástico que no se me ocurre otra cosa que llamar a esa victoria como "el milagro de Oak Hill", porque cada uno de los jugadores europeos contribuyó con al menos una victoria. Muchas de éstas llegaron en los individuales del domingo, cuando, con toda franqueza, nadie las esperaba. Incluso ahora, dado el estado de mi juego en aquellas fechas, hasta mi aporte de puntos me parece increíble.

Antes de comenzar el *match* le pedí a Bernard Gallacher, nuestro capitán, que, al revés de lo previsto, vistiéramos los suéteres verdes de nuestro uniforme el sábado, y el domingo los azules, pues ese era mi color favorito y con el que siempre me había sentido cómodo. Así que salimos el sábado con el verde de la esperanza y el domingo con el azul del cielo en espera del milagro.

En la primera jornada cayeron chuzos de punta, y David Gilford, nuestro "sobre" en la *batalla de Kiawah*, y yo fuimos los únicos que ganamos en los *fourballs* de la tarde. A pesar de estar disperso durante casi todo el partido, mi convicción es que supe transmitir seguridad a David tras la decepción que supuso para él quedarse en el banquillo en 1991, cuando debió repartir puntos con Steve Pate, supuestamente lesionado. Después del partido dije a la prensa que previamente habíamos convenido con Gilford algunos extremos del juego porque sabíamos que en el campo íbamos a ir por distinto lado, y que esto había sido clave para nuestra victoria. Sin embargo, lo que en realidad nos hizo ganar fue la falta de comunicación entre Brad Faxon y Peter Jacobsen, como la que se produjo en el hoyo 7. Aquí nos adelantamos por un error de Jacobsen, quien recogió la bola cuando tenía un *pat* de metro y medio para par creyendo que Faxon ya lo había hecho. Nadie le había dicho que su compañero había tenido que dropar una bola con penalización. Después de esto, nos bastó con mantener el control del partido para ganar finalmente 4 y 3.

El sábado, aunque Europa inició la jornada perdiendo 5 a 3, recuperó terreno en la disputa de los *foursomes* y empató el marcador. Los *fourballs* de la tarde fueron muy disputados y se llegó al último partido con ventaja mínima para Estados Unidos y con Nick Faldo y Bernhard Langer empatados con Corey Pavin y Loren Roberts en el *green* del hoyo 18. Finalmente, acabamos el día con 9 a 7 favorable a Estados Unidos.

Sorprendentemente, este marcador fue un golpe tremendo para nosotros, y pocos creyeron entonces que Europa pudiera recuperar la Ryder. Varios de nuestros jugadores y hasta el capitán parecían ya derrotados. Tan desalentados estábamos, que ni siquiera hubo reunión, y cada uno se fue a su armario a cambiarse de zapatos. Mientras se mascaba la tragedia, Bernard Gallacher se limitaba a hacer el orden de salida de los individuales. Eso fue todo. Desde que yo jugaba la Ryder ésa era la primera vez que no se hacía una reunión. En tal situación lo más lógico hubiera sido que el capitán, tragándose sus propias sensaciones, nos hubiera dicho algo así como: "Muchachos, ha sido una pena que no se haya jugado bien, pero no todo está perdido; éste es el orden de los partidos para mañana, y quiero que salgáis a por todas". Pero no dijo nada de esto ni algo parecido. Ese simulacro de reunión fue un tiempo muerto, como el ambiente y como la esperanza.

Pero esto no debería haber significado nada, porque en 1985 y 1987 habíamos ganado, y en 1989 empatado, yendo dos puntos por detrás, tal como sucedía en esos momentos. Un pesimismo extraño se había apoderado de todos. Muchos dijeron después que ya esperaban que las cosas salieran como salieron, pero eso no es verdad. Entonces nadie lo vio claro hasta casi el último partido.

Para decirlo con franqueza, aún me pregunto cómo fue que ganamos en Rochester, Nueva York, en el campo de Oak Hill. Fue sencillamente milagroso. Pero no hay milagro que no tenga su explicación, y la de éste es que de los cinco partidos en los que llegamos al hoyo 18 sacamos cuatro victorias y un empate. Lo imponderable fue que ganáramos, cuando los partidos que nos tocaron no hacían presagiar nada bueno.

Como imaginé que los americanos pondrían al mejor de los suyos, que era Tom Lehman, le pedí a Gallacher que me pusiera el primero. Dado que yo estaba jugando bastante mal, mi idea era sacrificar mi punto con él, que podía ganar a cualquiera, para que otro de los nuestros pudiera ganar su partido con otro rival menos potente que Lehman.

El caso es que empecé perdiendo el hoyo 1, pero me recuperé en el segundo. Para mi sorpresa y la de todos, especialmente de Lehman, con un juego errático lograba mantenerle la igualdad. Mi *drive* no funcionaba para nada, pero para compensar realizaba unos extravagantes y eficaces golpes de recuperación y muy buenos *pats*, golpes que él fallaba uno tras otro cuando los tenía para *birdie*.

En estas condiciones, él ganó el hoyo 8, pero yo, en ese tira y afloja, conseguí empatarle los dos siguientes hoyos. Fue aquí cuando le dije a Billy Foster, mi caddie: "*Si podemos aguantar así dos o tres hoyos más, empezaremos a pensar que podemos ganar; él sabe que ya tendría que tener asegurado el punto y que si esta situación se alarga hasta puede perder el partido.*"

Yo no creía que pudiera ganarle tal como estaba jugando, y mi intención era aguantar lo máximo posible para que mis compañeros que venían detrás creyeran que podía ganar el partido y darles más ánimo. Por desgracia, en el hoyo 11 hice un *bogey* que aumentó su ventaja a dos. Pero para entonces el cielo empezaba abrirse para Europa y camino del *tee* del hoyo 12 oímos una gran exclamación. Howard Clark, quien jugaba contra el americano Jacobsen, había realizado el hoyo 11 en uno. Fue un golpe decisivo porque con él empataba el partido, que, finalmente, acabó ganando en el *green* del hoyo 18.

Por mi parte, en el hoyo 12, que es un par cuatro en subida, logré por fin dar dos buenos golpes seguidos para dejar la bola a poco más de dos metros del hoyo. Como Lehman estaba un metro más largo que yo, le tocaba jugar a él, y cuando lo hizo la dejó muy cerca para par. Como era evidente que yo iba a darle ese *pat*, él se disponía a recoger la bola cuando le pedí que la marcara, porque la marca me ayudaría a coger línea. No me hizo caso. "*Tom, marca la bola, por favor, marca la bola* –le insistí, pero no me oyó y terminó el hoyo–. *Pero, qué estás haciendo?* –le pregunté–, *¿por qué has acabado? Te había pedido que marcaras tu bola* –Lehman vino hacia mí enfadado–. *Tom, no pretendo nada, sólo quiero que marques tu bola.*"

El público empezó a acercarse y hablar cada vez más alto, y Lehman llamó al árbitro. El público protestaba contra mí creyendo que se trataba de una artimaña para poner nervioso a su jugador. En eso llegó el árbitro, que era un joven listo, muy legal, escuchó la protesta de Lehman y, dirigiéndose al público en voz alta, dijo: "*Señoras y señores, el señor Ballesteros sólo quiere que el señor Lehman marque la bola y no hay más. Por favor, permanezcan en sus sitios; silencio, por favor.*"

Después de todo aquel lío, el perjudicado fui yo, pues no pude meter mi *pat*, y Tom Lehman me ganó los dos hoyos siguientes y el partido.

Inmediatamente me volví en busca de Gallacher para seguir junto a él los otros partidos. Si el hoyo en uno de Howard Clark había sido el primer signo esperanzador, el partido de David Gilford contra Brad Faxon no nos dejó dudas de que estábamos a las puertas del "milagro de Oak Hill".

En el hoyo 18, Gilford, que llevaba un hoyo de ventaja, se pasó de *green* con el segundo golpe y la bola le quedó muy mal en el *rough*, como pude ver al acercarme, de hierba muy alta y más tupida en las proximidades del *green*. Todos sabíamos que el *chip* no era el mejor golpe de Gilford, pero me quedé de piedra cuando vi que cogía el hierro 7. Era imposible jugar un golpe rodado con esa hierba.

—Bernard, tienes que decirle que no puede jugar esa clase de golpe, se quedará enganchado en el *rough* antes de llegar al *green* o se pasará de éste; dile que si juega ese palo no tiene ninguna posibilidad de dejar la bola en el *green;* por favor, dile que coja el *sandwedge*.

—Seve –me respondió Gallacher ante la mirada de Ken Schofield que estaba junto a nosotros oyéndonos–, ya sabes lo mal que David aprocha, así que yo no le puedo decir eso que me pides.

—¡Tienes que decírselo! –insistí, porque sólo el capitán puede aconsejar a un jugador.

Pero ante mi incredulidad y mi impotencia, Bernard Gallacher, el capitán, se abstuvo de darle ningún consejo. Tal como había supuesto, Gilford dejó la bola en el *rough* y necesitó un cuarto golpe para ponerla en el *green* a casi cuatro metros de la bandera. Desde allí metió el *pat* que le dio el partido, después de que Faxon fallara el suyo desde poco más de un metro. Era increíble porque, a pesar del grave error de Gilford, la suerte nos sonreía. Me alegré mucho por él y muchas veces he pensado que su triunfo en ese partido fue realmente clave para la victoria final.

En el partido que venía detrás de Gilford y Faxon, Colin Montgomerie le ganó a Ben Crenshaw en el hoyo 17 y dejó a Europa con 4 $^{1}/_{2}$ puntos tras siete *singles* jugados. Esto significaba que para ganar la Ryder Cup necesitábamos tres puntos en los siguientes cinco partidos que faltaban por acabar.

La situación en esos momentos era aún muy complicada, pues si bien Sam Torrance llevaba controlado su partido contra Loren Roberts, Langer y Johansson los tenían casi perdidos frente a Pavin y Mickelson, respectivamente. Nuestros últimos cartuchos eran Nick Faldo y Philip Walton. Éste, a falta de tres hoyos por jugar, tenía una ventaja de tres sobre Haas, y Nick Faldo estaba empatado con Curtis Strange en el hoyo 18, aunque con problemas.

En el apasionante final de partido, Nick demostró su clase en medio de una gran tensión. Con su tercer golpe dejó la bola a poco más de un metro del hoyo, mientras el de Strange se fue al terraplén que había bajo el *green*. De modo que si Nick conseguía hacer el hoyo en cuatro, ganaría el partido. Después, Strange chipeó bien dejando la bola a poco menos de dos metros. Todos intuíamos, no obstante, lo que podía pasar. La tensión del público y nuestra era mayúscula. Strange falló, como había fallado en los dos hoyos anteriores, y Nick Faldo metió el suyo, como cabía esperar de un ganador de torneos de Grand Slam. La lógica se había impuesto. Corrí a abrazarle y nos pusimos a llorar de emoción, aunque aún no habíamos ganado la Ryder. En esos precisos momentos llegaban al hoyo 18 Philip Walton y Jay Haas, con ventaja mínima para aquél. Bastaba que empatara el hoyo para ganar el partido y llevarnos la Ryder Cup a casa, pero yo no quería ni pensar en lo que a Philip le estaría pasando por la cabeza en aquellos momentos.

El primer golpe de Haas salió al *rough* de la izquierda, y el de Walton, al de la derecha. El americano sacó su bola a la calle esperando hacer lo mismo que acababa de hacer Nick, y Philip la envió al *rough* tupido del terraplén que había bajo el *green*. El *pitch* de Jay Haas no fue como el de Nick Faldo y quedó corto, retrocedió y se lo tragó el *rough* del borde del *green*. Con la presión que soportaba era muy difícil que pudiera alcanzar el hoyo con cinco golpes, como al parecer podía hacerlo Walton. Pero, como es de suponer, a éste también le atenazaban los nervios. Tiró su *chip* y durante un segundo eterno nos pareció que era demasiado suave para subir el escalón del *green*. Pero el milagro estaba produciéndose. La bola de Walton rodó y quedó para un *pat* en subida, mientras que el *chip* de Haas se pasó tres metros de la bandera. A Philips le bastaban entonces dos *pats* para una victoria segura. A mí no me gustan los *pats* escobas, pero en esa ocasión fue maravilloso ver cómo Philip Walton dejaba la bola a dos dedos del hoyo. El "milagro de Oak Hill" se había producido. Habíamos ganado la Ryder Cup. El color azul, una vez más, había dado suerte a mí y al resto del equipo de Europa. En medio de la algarabía de los nuestros y la tristeza de los americanos, me di cuenta de que Jay Haas se había quedado solo, completamente abatido. Entonces me acerqué y, abrazándolo, le dije lo único que le podía decir en esos momentos: "*Jay, así es el juego…, has jugado bien, pero así es el juego.*"

37
Contra los molinos

Desde finales de la década de los ochenta ya se hablaba en el Circuito de que la Ryder Cup debía salir de Gran Bretaña y jugarse en campos de otros países europeos. Era un planteamiento lógico que, además, contribuía a la difusión y desarrollo del golf en nuestro continente.

El proceso que siguió esta idea fue arduo y harto difícil de concretar. En más de una ocasión me sentí como Don Quijote cargando contra los molinos de viento en la creencia de que eran gigantes; muchas fueron las torpezas, las incomprensiones y la falta de colaboración con que nos encontramos quienes luchábamos por darle otro aire a la Ryder, cuya relevancia y prestigio alcanzados se debía sin duda al aporte inestimable de los más importantes jugadores del Circuito europeo.

A pesar del cambio que esperábamos, en mayo de 1990 se anunció que la edición de la Ryder Cup de 1993 se jugaría en The Belfry. Esto significaba no sólo que era la tercera vez consecutiva que en Europa se jugaba en este campo, sino también que se había rechazado que se jugara en un campo del continente. Como España había presentado la candidatura del Club de Campo, me sentí particularmente muy decepcionado, al igual que otra mucha gente comprometida con el proyecto.

La votación del Comité de la Ryder Cup concluyó con un empate porque los tres representantes del Circuito europeo votaron a favor de España y los tres representantes de la PGA (Professional Golfers' Association) británica, lo hicieron por el campo donde radicaba su sede, en las Midlands de Inglaterra, anteponiendo sus intereses. El empate lo deshizo a favor de The Belfry, como era previsible, el voto de calidad de lord Derby, presidente de la PGA.

El resultado de esta votación indignó a los jugadores del Circuito, muchos de los cuales llegaron a cuestionar el futuro de la Ryder Cup en tanto la PGA británica no cediera la exclusividad que tenía del torneo y se aviniera a compartir la propiedad con el Circuito europeo.

Por mi parte, declaré a la prensa que me parecía una decisión poco acertada que el *match* continuara jugándose en Gran Bretaña, puesto que sin la incorporación a la Ryder Cup de jugadores continentales, especialmente españoles, era muy probable que hubiera desaparecido hacía años. Dije también que mi participación había sido decisiva para la proyección y prestigio alcanzados por la Copa y que consideraba que tenía el derecho de pedir que se jugara en mi país, para contribuir al desarrollo del golf en él y no por un mero capricho personal. También insinué que si la PGA británica no cedía en sus posiciones conservadoras, mi motivación en el equipo de la Ryder Cup ya no sería la misma. A pesar de esto, como ya conté, este malestar no fue la causa por la que no ganamos en The Belfry en 1993.

Perdida esta oportunidad de jugar la Ryder Cup en España ese año, no era cuestión de bajar los brazos y perder la siguiente, es decir, la de 1997. Con este propósito concentré mis energías en alcanzar este objetivo. Insistí ante la Real Federación Española para que mantuviera la presión, fui a varias reuniones a Londres y traté expresamente este asunto con Ken Schofield y otras personas influyentes.

Finalmente se aprobó que el torneo se jugara en España. Por primera vez en su historia, la Ryder Cup se jugaría fuera de Gran

Bretaña. Sin embargo, este éxito no quiero apuntarlo como personal. Al menos no totalmente, pues entraron a jugar otros intereses que distorsionaron la corrección del proceso de elección del campo.

Mi idea era que la Ryder de 1997 se jugara en un campo, Galapagar, que yo mismo iba a construir cerca de Madrid y cuyo diseño también yo realizaría. Ken Schofield, director ejecutivo del Circuito, visitó el emplazamiento y lo consideró "soberbio". Lamentablemente, este proyecto nunca se concretó debido a las innumerables trabas administrativas que se interpusieron para su ejecución. Una verdadera carrera de obstáculos cada vez más difíciles de superar. La situación llegó a ser tan desalentadora, que no pude menos que pensar que a alguien poderoso y bien conectado con la Administración no le interesaba que yo construyera un nuevo campo de golf en Madrid capaz de acoger la Ryder Cup.

Incluso supe que había quien se burlaba de que se pretendiera llevar la Ryder Cup a un campo por hacer, como si esto fuera una fantasmada. Esa persona tan "seria" pasaba por alto el hecho de que precisamente en Estados Unidos se jugaría en 1991 en un campo por hacer. Inicialmente esta edición americana se iba a jugar en un campo de California, pero la empresa que había firmado con la PGA americana el contrato para organizar el *match* dispuso que tuviera lugar en Kiawah Island, Carolina del Sur, en un campo que cuando fuimos a jugar todavía estaba en obras, como ya apunté al relatar la *batalla de Kiawah*.

De todos modos, todo era una mascarada, porque Ken Schofield y el Comité de la Ryder Cup ya habían decidido hacía tiempo que el torneo se jugaría en España y en un campo ya elegido de antemano. Pero en lugar de decirlo, por alguna razón que no alcanzo a comprender, prefirieron jugar con todo el mundo, lo cual lógicamente me ofendió bastante. Esto me hizo pensar que el proceso de elección del campo no fue limpio y que estos dirigentes nos hicieron perder mucho tiempo y dinero a mí y a muchas otras personas.

Cuando se supo que Galapagar no tenía posibilidad alguna de acoger el torneo, mi hermano Baldomero sugirió que intentáramos que la Ryder Cup se jugara en Novo Sancti Petri, un campo diseñado por mí cerca de Cádiz, en la costa atlántica del sur de España. No tenía, ni tengo intereses económicos en este campo, pero, como diseñador del mismo, era naturalmente muy importante para mí que acogiese a la Ryder.

Junto al Novo Sancti Petri también presentaron sus candidaturas los campos de La Moraleja, El Saler, La Manga y Valderrama. Por aquellos días, Jaime Ortiz Patiño, propietario del campo de Valderrama, me pidió que le rediseñara el hoyo 17. Acepté y a poco de empezar las obras, Jimmy me escribió una carta que era una clara oferta de compra. Me proponía que si yo respaldaba la candidatura de Valderrama me compensaría con una importante suma de dinero superior al millón de dólares. Esta cantidad no sería toda en efectivo, pues se complementaría con un porcentaje sobre los *green-fees* que se facturaran en Valderrama.

Para acabar con todo este feo asunto, con mi hermano Baldomero me reuní junto a Ken Schofield, George O'Grady y otros más. En un momento dado, dirigiéndome a Ken, les dije: "*Voy a presentar la candidatura del Novo Sancti Petri y quiero que me respaldéis.*"

Se miraron entre ellos, pero ninguno dijo nada. Por mi parte estaba decidido a presionar por todos lados, y en noviembre de 1993 anuncié formalmente la candidatura de Novo Sancti Petri para acoger la Ryder Cup de 1997. Seis meses más tarde, en mayo de 1994, durante la disputa del Volvo PGA Championship se anunció que el campo elegido era el de Valderrama. Pero mucho antes de que esto ocurriera ya nos habíamos dado cuenta de que estábamos perdiendo el tiempo.

A esos niveles todo resulta muy retorcido, porque los intereses que se cruzan forman una maraña difícil de atravesar. El caso es que por esas fechas me ofrecieron una plaza en el Comité de la Ryder Cup con el propósito aparente de darle color español al proceso. Es probable, aunque no lo sé con certeza, que dándome ese cargo Ken Schofield intentara evitar que yo asumiera personalmente la defensa de una candidatura determinada. De todos modos, siendo miembro del Comité recibí varios informes que descartaban la idoneidad de varios campos sin haber entrado siquiera en la discusión y en el análisis de sus méritos o carencias. Ante esta situación, un mes antes opté por dimitir del Comité para defender mi propuesta.

Días más tarde, a principios de mayo, al acabar la segunda vuelta del Benson & Hedges International en St. Mellion, Bernard Gallacher, que entonces era capitán de la Ryder Cup, me pidió que comiera con él. Durante aquella comida le pedí el apoyo, pero él me respondió que el campo que yo patrocinaba no reunía las condiciones, lo cual no era cierto. Por esto, a la semana siguiente hice una nota de prensa que se distribuyó cuando estaba jugando la última vuelta del Abierto de España. En esta nota exponía claramente mis puntos de vista sobre el proceso de elección de campo, incluyendo las proposiciones de Jimmy Patiño.

Era la última carta que podía jugar, porque pensaba que si aireaba el asunto alguien podía reaccionar. No me parecía justa la manera en que estaba llevando todo, pues la infraestructura del Novo Sancti Petri era, con diferencia, mucho mejor que la de Valderrama. Así, por ejemplo, mientras aquél tenía dos buenos hoteles, junto al campo, y varios más que se iban a construir inminentemente, éste no tenía ninguno. Por otra parte, Valderrama era y es uno de los clubes privados más restrictivos de toda Europa, mientras que Novo Sancti Petri era un campo abierto al público y, como se sabe, siempre he defendido los campos públicos. En este sentido, si, como se suponía, teníamos el propósito de promover el crecimiento del golf en España, no era bueno empezar organizando la Ryder Cup en un campo tan elitista como el de Valderrama. Con esto no quiero decir que el campo no sea muy bueno y que a Patiño no haya que reconocerle su gran aportación al desarrollo del Circuito acogiendo el Volvo Masters desde que se inauguró en 1988. No estoy negando esto, sino poniendo de relieve la falta de coherencia y de sinceridad de algunos dirigentes para llevar a cabo algunas actuaciones. En lo que a mi respecta, me hubiera bastado que me dijeran: "Seve, no te molestes ni pierdas el tiempo porque no hay lugar para candidaturas; ya hemos decidido que la sede sea Valderrama".

Considero que en esta ocasión no fui bien tratado, y mucha gente estará de acuerdo en que las dos razones por las cuales la

Ryder Cup iba a celebrarse en España eran por la cantidad de torneos que este país proporcionaba al Circuito europeo y por mi propia contribución a la Ryder Cup. Estos objetivos se cumplieron, pero no sin injusticias en el proceso de selección del campo y sin que algunos sacaran tajada.

El 26 de mayo de 1994 se anunció que la Ryder Cup se jugaría en el campo de Valderrama. Era inevitable.

38
Los trabajos y los días de un capitán

Una vez designada España como sede de la Ryder Cup de 1997, todo el mundo daba por sentado, que yo sería el capitán del equipo. Sin embargo, yo no lo tenía muy claro, pues mi intención era jugar.

Dos años antes, de viaje hacia Extremo Oriente, me reuní en el aeropuerto de Heathrow con Ken Schofield, quien quería saber si iba a aceptar la capitanía. No le contesté de inmediato y esperé volver a España para consultarlo una vez más con mis hermanos.

—Creo que no quiero ser capitán, me parece que no es buena idea, antes prefiero hacer lo posible por jugar –les dije.

—No, no tienes elección, tienes que ser el capitán –me respondieron sin dudar–; nadie mejor que tú jugándose en España.

Me lo pensé y vi que tenían razón, de modo que volví a ver a Ken y le comuniqué mi respuesta afirmativa. Durante un tiempo había acariciado la idea de participar en el equipo como capitán y como jugador, cosa que Ken me había dicho que era posible simultanear una cosa y la otra. Sin embargo, acabé dándome cuenta de que no era posible hacer bien el trabajo como capitán y rendir al máximo como jugador. El capitán tiene muchas ocupaciones que de por sí le llevan bastante tiempo. Además, en este caso, al ser la primera Ryder Cup que se jugaría fuera de Gran Bretaña, el capitán tendría más trabajo que cualquier otro capitán anterior.

Actos sociales como la fiesta de bienvenida, las ceremonias de inauguración y de clausura, y la cena de gala impiden que el capitán sea jugador. Además hay que sumar conferencias de prensa, entrevistas, reuniones de equipo y de reglamento, etc. Por esto, en cuanto asumí la capitanía, opiné que todo lo anterior era una exageración y que bastaba, en lo referente a los actos sociales, con la cena de gala, las ceremonias de inauguración y clausura. También me opuse a que se celebrara una "cena de la victoria", porque si bien hay doce jugadores que son felices porque han ganado, hay otros doce que no lo son y es una desconsideración hacia éstos obligarlos a asistir con ese estado de ánimo. No estoy en contra de que se celebre una cena para festejar un triunfo, pero lo lógico es que se la organice por su cuenta el equipo que ha ganado.

No tuve problemas en que el Comité de la Ryder aceptara mis puntos de vista en estas cuestiones. Los actos sociales se redujeron a lo imprescindible y la "cena de la victoria" no se celebró. Sí tuve problemas y fracasé en mi propósito de disponer de cuatro plazas de libre elección. "*Lo siento, sólo habrá dos plazas de libre elección para el capitán*", me informó Ken Schofield después de consultarlo con el Comité.

En la primavera siguiente, durante la disputa del Open de Portugal, insistí pidiendo más plazas de libre elección, pues contaba con el apoyo de la mayoría de los jugadores, pero todo fue inútil. El Comité no cedió.

Por si esto ya no hubiese creado cierta tensión, en agosto de 1997, Ken Schofield me insinuó que no escogiera a Jesper Parnevik, aduciendo que no apoyaba el Circuito europeo. En la lista de jugadores que posiblemente no clasificaran y que yo quería incorporar al equipo figuraban Parnevik, Olazábal, Faldo y Langer, aunque sólo podría elegir a dos de ellos. La posterior clasificación de Langer redujo a tres las opciones. Con Chema, que ocupaba el duodécimo puesto y era muy dudoso de que se clasificara, hablé en Irlanda, durante el European Open. "*Cuento contigo* –le dije–, *conviene que juegues a tope para que puedas entrar por derecho propio, pero aunque no lo consigas, igualmente estarás en el equipo.*"

A Nick le llamé a Estados Unidos y también le dije que sería uno de mis elegidos. Tanto a Nick como a Chema les dije que era una comunicación privada, pues era muy importante que todos los jugadores con opciones siguieran motivados y luchando para clasificarse. Siempre había imponderables, para los cuales había que estar preparados. Como así fue.

Uno de los clasificados, Miguel Ángel Martín, se lesionó en la muñeca y fue operado a principios de agosto. A raíz de esto escribió una carta informando de que no estaba en condiciones de entrar en el equipo. Al enterarme de esto, le llamé enseguida para interesarme por él.

—¿Qué te pasa, Miguel Ángel?

—Que me han operado la muñeca y no creo que pueda jugar en el equipo.

—Lo siento, es una verdadera pena, porque de haberlo sabido antes al menos te hubiera escogido como vicecapitán –le dije.

Sinceramente lamentaba que Martín no estuviera, porque era una gran oportunidad para que otro jugador español entrara en el equipo y jugar el encuentro que por primera vez tendría lugar en España. Por otra parte, ya no podía darle el puesto de vicecapitán porque ya se lo había ofrecido a Miguel Ángel Jiménez. La retirada de Martín dio paso directo a Olazábal y me permitía convocar a Parnevik. Por esto, después de hablar con Martín y de que el Comité le informara por fax de que no jugaría, llamé a Parnevik a Estados Unidos para comunicarle que él era el segundo elegido.

A finales de ese mismo mes de agosto me disponía a anunciar el equipo de la Ryder Cup en Alemania, al final del BMW International, cuando David Garland, uno de los árbitros del Circuito, me pidió que solicitara por fax a Miguel Ángel Martín la confirmación de su imposibilidad de jugar. Era una formalidad, y así lo hice. Para mi sorpresa, Martín respondió que estaba en disposición de entrar en el equipo. Evidentemente había cambiado de opinión.

Comuniqué la respuesta de Martín a Colin Montgomerie, Bernhard Langer y José María Olazábal. Los tres coincidieron en que después de una operación difícilmente podría estar en condiciones de jugar a alto nivel a finales de septiembre. En consecuencia, creían que por el bien del equipo lo mejor que podía hacer era retirarse, tal como lo habían hecho Sandy Lyle en 1989 y José María Olazábal en 1995. Pero la realidad era que Martín, que pocas semanas antes había anunciado su imposibilidad de jugar, ahora quería hacerlo y que, por tanto, yo no podía anunciar la composición completa del equipo. La situación era verdaderamente absurda. Además de la actitud de Martín, la forma poco transparente con que el Comité de la Ryder Cup gestionó este asunto derivó en una serie de malentendidos que podrían haberse evitado.

Hasta entonces mi relación con Miguel Ángel Martín había sido muy buena y, de estar en buenas condiciones, hubiera estado encantado de contar con él para el equipo y él lo sabía. Incluso antes de saber nada de si se operaría o no de la muñeca, yo había visitado Valderrama para revisar la puesta a punto del campo y le pedí a John Paramor, árbitro del Circuito europeo, que mirara de hacer algunos cambios, como el de adelantar las marcas de salida del hoyo 10, pensando en que Martín no era un pegador largo.

Después de haber provocado él mismo una situación engorrosa, Martín se obcecó en su pretensión de jugar e hizo correr la voz de que el intento de excluirlo se debía a que el undécimo clasificado era Olazábal. Mucha gente, sin razón alguna, hizo caso a este infundio, pues quienquiera que estuviese en el undécimo puesto, y por lo tanto a la espera de cubrir automáticamente la última plaza que quedara vacante, hubiese entrado. Más aún si quien ocupaba esa plaza, como es el caso de Martín, no estaba en condiciones de jugar la Ryder Cup.

Tres días después del BMW, Schofield se comunicó con Martín por teléfono emplazándole a que certificara con pruebas médicas que ya estaba recuperado de la operación que se había hecho el 5 de agosto. Por mi parte, me puse en contacto con Martín, quien me dijo que no se haría las pruebas, porque podrían afectar el resultado de la operación.

En Suiza, adonde había ido a jugar el Masters Europeo, me enteré de que Schofield había enviado el 2 de septiembre un fax muy amable a Martín invitándole a incorporarse a la delegación oficial del equipo. Casi al mismo tiempo, ignoro por qué razón, se le envió otro fax conminándole, bajo apercibimiento de expulsión del equipo, a presentarse al día siguiente en el *tee* del hoyo 1 de Valderrama para demostrar su estado de forma. Supe que el fax en cuestión también le informaba de que el capitán y el Comité consideraban su exclusión por no estar en condiciones de competir. Apenas me enteré de todo esto, llamé a Richard Hills, director del Circuito para la Ryder Cup, y éste me leyó por teléfono el texto de este segundo fax. "*¡Richard, esto no está bien!* –le dije indignado–. *¿Por qué me citáis a mí si ni tan siquiera he estado en esa reunión?*"

Es lógico que Martín creyera que detrás de ese fax estaba yo, pero en lugar de llamarme y pedirme explicaciones o de devolverme las llamadas que yo le hice, optó por convocar una rueda de prensa en Madrid para señalarme como responsable directo de su exclusión del equipo. En el momento más caliente de la polémica, una emisora de radio española nos entrevistó a los dos juntos, y lo primero que él dijo fue algo así:

—Seve, tú tienes la culpa de que esté fuera, porque tú estás en el Comité.

—Miguel Ángel –le respondí, tratando de guardar la calma–, yo no estoy en el Comité desde hace tres años.

Entonces expliqué que si se aspiraba a ganar una competición tan importante y exigente como la Ryder Cup, era necesario que los doce jugadores del equipo estuviesen en las mejores condiciones físicas y mentales. "*Es posible que eso valga para ti y Nick Faldo, pero yo estoy en condiciones de jugar*", dijo con tono ofensivo.

Para demostrar lo que decía, quince días antes de disputarse la Ryder, Miguel Ángel Martín jugó el British Masters, comprobándose que estaba equivocado. No obstante, mi hermano Manuel, entonces presidente de la APG (Asociación de Profesionales de Golf), apeló al Comité para que volviera a considerarse la decisión sobre su participación. Definitivamente, el Comité decidió no contar con él para el equipo.

Martín, que amenazó con acudir a la Justicia para recuperar su plaza, no comprendía que el equipo de la Ryder Cup necesita estar formado con tiempo suficiente para su apropiada preparación. No se puede pretender, como él quería, que una semana antes de disputarse el torneo, estuviéramos pendientes de su recuperación mientras Jesper Parnevik dejaba en suspenso su agenda y sus compromisos.

Las inexactitudes que dijo en una posterior conferencia de prensa me afectaron mucho, porque hubo algunos periodistas que no se ahorraron críticas hacia mí por la forma en que había hecho la selección. Sé perfectamente que en todo momento hice lo correcto, pero la experiencia influyó de modo decisivo para que no continuara con mi cargo de capitán de la Ryder Cup.

39
La tormenta antes del *match*

La primera mitad de la semana del encuentro de la Ryder Cup estuvo marcada por una serie de líos y politiqueos, que resultaron muy odiosos para mí, pues me afectaban porque veía que no todo el mundo se había tomado con profesionalidad el evento. También el tiempo estuvo a punto de aguarnos la fiesta.

Aparte del cúmulo de pequeños problemas sobredimensionados por algunos interesados en que la Ryder fracasara en España, en lo deportivo, las predicciones de los expertos, que habían echado mano de estadísticas y a la clasificación mundial de los jugadores de ambos equipos, eran claramente favorables a Estados Unidos. A pesar de esto, yo estaba convencido de las posibilidades del equipo europeo, y mi tarea como capitán consistió en que mis jugadores también lo estuviesen, para lo cual ayudé decididamente a varios de ellos. Quiero decir que no dudé en intervenir en el juego con algún consejo cuando lo creí necesario. Recuerdo que cuando se jugaban los primeros *fourballs*, mientras Jesper Parnevik se hallaba en el centro de la calle del hoyo 4 con el *green* a tiro, su compañero, Per-Ulrik Johansson, se dispuso a dar el segundo golpe con el *sandwedge* para jugar corto.

—¿Qué haces Per? –le dije.

—Voy a tirar corto para asegurar, y Jesper tirará a *green*.

—No, no, deja que Jesper juegue primero y, luego, según donde vaya su bola, juegas corto o tiras tú también a *green* –le aconsejé.

Cuando Jesper tiró, si bien se pasó algo de *green*, quedó en un buen sitio, permitiendo que Per también tirara a *green*.

Yo consideraba que tenía que estar junto a estos jugadores, porque no dominaban la táctica ni tenían experiencia. Como ellos lo sabían, se sentían más cómodos y tranquilos cuando me veían cerca. Claro que alguno, como Colin Montgomerie, decía que le trataba como a un niño, porque no le gustaba que le hiciera indicaciones. En un momento dado, me acerqué a él con ánimo de comentarle algo relacionado con el complicado hoyo 17, y antes de que le dijera nada me gritó nervioso:

—¡Seve, ya lo sé, ya lo sé!

—Colin –le respondí también enfadado–, ya sé que tú lo sabes, pero sólo pretendo recordártelo.

El público que había a nuestro alrededor se rió, pero Monty no estaba para risas. Como ya he dicho, Monty es un gran jugador, pero tiene tendencia a dar respuestas intempestivas, a pesar de tener muy buenos sentimientos. Yo le admiro.

Ian Woosnan también me criticó, aunque en su caso había otros motivos de fondo. Dijo a algunos periodistas británicos que "Europa tiene un capitán que va de un lado a otro dando palos de ciego". Supongo que lo dijo porque yo recorría permanentemente todo el campo en el coche dando ánimo a todos, incluso en los días de entrenamiento.

Muchos de mis consejos se centraron en el modo de jugar el hoyo 17, sobre el cual algunos jugadores americanos no se mordieron la lengua y dijeron que no era justo que después de pegar un *drive* de 280 metros encontrasen la bola en el *rough* que cruzaba toda la calle. Como ya sabía que protestarían por esto, me alegré de que lo hicieran.

Mi punto de vista era y es que no hay diferencia entre encontrarse un *rough* en medio de la calle, un riachuelo o un *bunker*. La razón era que, como allí predomina el viento de levante, el hoyo se hubiera jugado con viento a favor como un par cuatro fácil, pero con el *rough* quedaba un par cinco, serio y complicado. Se supone que el tiro a *green* tiene que ser difícil, como es el hoyo 15 de Augusta. El peligro que existe en el hoyo 17 de Valderrama es el agua. Tiger Woods no supo cómo jugarlo. Los jugadores que no están cómodos en este hoyo son los que no comprenden que para jugarlo exige una estrategia.

El hoyo 17 de Valderrama, que es donde ganamos el punto que nos aseguraba el empate y, por tanto, mantener la Copa, tiene algo más que merece ser explicado. El hoyo 17 es un anfiteatro natural fabuloso, porque la cuesta que hay detrás del *green* permite acomodar a muchísimo público dominando espectacularmente la acción del hoyo.

Después de la Ryder, las críticas infundadas de varios jugadores a este hoyo 17 se debían sobre todo, porque Tiger Woods se empeñaba en complicar aquí su juego, intentando una exhibición impropia del mejor jugador del mundo. En 2000, cuando se fue tres veces al agua en cuatro días, el hoyo 17 de Valderrama se jugó con una media de 4,817 golpes, es decir, por debajo de su par.

Y por fin llegamos al primer día de juego. Supongo que fui el primero en saltar de la cama, a eso de las seis de la mañana del viernes. Me asomé para ver el tiempo que hacía. Había llovido y seguía lloviendo a cántaros. No pude menos que sentirme muy frustrado. "*¡Dios mío! ¡Mira cómo llueve; llevamos dos años esperando la Ryder Cup, nos hemos partido el pecho para traerla a España y cuando está todo a punto, no podemos salir al campo! ¡Igual tardamos dos semanas en jugar esta Ryder! ¡Nos estamos luciendo!*"

Inmediatamente llamé a los jugadores para decirles que era inútil ir al campo y que ya les volvería a llamar para decirles lo que íbamos a hacer. Después, hablé con Miguel Ángel Jiménez y le encargué que buscara unos vídeos, películas o lo que fuera para entretener a los jugadores.

Por fin a media mañana pudimos salir. El personal del campo hizo una labor extraordinaria para que éste estuviera en condiciones. Creo que no existe ningún otro campo en el mundo que, con la cantidad de agua que había caído, pudiera estar en tan buenas condiciones de jugar, en tan poco tiempo, como el de Valderrama. No he cambiado de opinión respecto a la injusta exclusión del Novo Sancti Petri, pero reconozco sinceramente que Valderrama superó aquella tromba de agua que cayó sobre él de una manera magnífica.

Una de las cosas que había previsto, como capitán del equipo local, era cambiar el orden tradicional en que se jugaban los *foursomes* y los *fourballs*. Ya en la primavera había planteado el cambio ante el Circuito europeo, el cual logró el visto bueno de la PGA americana, después de hablar con Tom Kite, capitán americano, lo cual me sorprendió.

La Ryder Cup es una competición que, además de las tensiones y presiones propias del juego, exige un gran despliegue de energías. Los cambios propuestos estaban destinados a que nuestro equipo ahorrase estas energías que, junto a la capacidad mental, merman a medida que avanza el encuentro. Yo sabía por estadística que los americanos harían más rotaciones que nosotros.

Mi plan era realizar rotaciones con más frecuencia que Tom Kite. Por esta razón, si uno de los dos primeros días jugábamos por la mañana los *fourballs*, dado que en éstos hay más desgaste para el equipo, y los *foursomes*, que son más cortos, por la tarde, al día siguiente los jugadores saldrían más frescos a primera hora. También de este modo llegarían más descansados para los individuales del domingo. Por otra parte, los *fourballs* por la mañana protegen más a los jugadores, porque los *foursomes* tienen el riesgo de dejar a una pareja al descubierto y vulnerable, si uno de sus miembros no juega bien o se muestra nervioso. Lo importante es que la estrategia sirvió para que ganáramos, aunque el tiempo hizo todo lo que pudo para aguarnos la fiesta, y que los cambios introducidos se siguieron empleando en las siguientes ediciones de la Ryder Cup.

Otra cosa que hice fue estrechar las calles por las zonas donde iban a parar los *drives*, cosa que no gustó nada a Tiger Woods ni a Fred Couples, pero nosotros no teníamos por qué hacer lo que a ellos les convenía. Como en Augusta ya habíamos visto de lo que Woods era capaz de hacer, le preparamos bien el terreno, y creo que en el *match* sólo pudo sacar el *driver* en el hoyo 11, que es un par cinco, y no vale mucho, porque si te equivocas con el peralte de la cuesta, la bola retrocede hacia abajo. Pero fue gracioso que en la recepción de bienvenida, Fred Couples me dijera:

—Seve, esto no es justo; siempre he pensado que en golf, mientras más lejos la tires, mayor ventaja tienes; pero aquí, no.

—Exactamente, Freddie –le respondí–; este campo es lo que es.

Como es natural, poner el campo de la manera que mejor convenga a tu equipo es lo que hacen todos los capitanes. Nuestros jugadores conocían muy bien el de Valderrama, porque, desde 1988, jugaban cada año el Volvo Masters y se sabían muy bien las posiciones de bandera probables. Lo único que yo tenía que hacer era aprovechar al máximo todos los recursos que estaban en mis manos.

Mi objetivo como capitán era que todos nos sintiéramos como un equipo y muy comprometidos con el torneo. En este sentido, el mensaje que les di a los jugadores al llegar a Valderrama fue muy claro. *"Los dos primeros días habrá dos veces cuatro jugadores en el campo y otros cuatro rabiando porque no juegan, pero ya sabéis que no podéis jugar todos y también que esto es un equipo. No me importa la actuación particular de cada uno, porque estamos aquí con la misión de ganar 14 1/2 puntos. Si lo hacemos, habremos ganado todos."*

Les expuse la estrategia que seguiríamos y, fiel a la misma, en el curso del encuentro tuve que tomar decisiones difíciles y no siempre comprendidas por los jugadores, especialmente por los "afectados". Por ejemplo, antes de los individuales sólo puse una vez a Ian Woosnam y a Darren Clarke, porque opté por aquellos que pensé que estaban en mejor forma. A los dos los puse en los segundos *fourballs* del sábado, a Woosie con Björn y a Darren con Monty, y ganaron. El viernes por la tarde me había dicho que "si estos dos me quieren demostrar que están jugando bien y que tendrían que haber jugado el viernes, pues ahora tienen la oportunidad de demostrarlo". Como lo suponía, lo hicieron fantásticamente bien, y me llevé una gran alegría por ambos, pero antes de eso yo tenía que hacer lo que creía conveniente para el equipo.

Uno de los momentos más comprometidos del capitán es cuando tiene que designar las parejas, sobre todo para los *foursomes*, en los que debe haber una gran compenetración y complicidad en el juego. En lo posible, debe buscarse a jugadores a quienes les guste jugar juntos, pues es casi imposible sacar puntos cuando la pareja es incompatible. Es deseable, asimismo, que los jugadores sean muy regulares en los *foursomes* y valientes e imaginativos en los *fourballs*.

Estoy convencido de que la razón principal por la que Olazábal y yo fuimos tan eficaces en la Ryder Cup fue porque nos llevábamos bien dentro y fuera del campo, había una gran complicidad entre nosotros y veíamos las cosas de manera muy parecida. Para mí, Chema Olazábal ha sido fundamental para que pudiera tener un historial de juego en la Ryder Cup de veinte victorias, cinco empates y doce derrotas.

Guiado por esta convicción de hacer parejas compatibles, al principio de la semana en Valderrama, les pedí a todos que me dieran los nombres de dos jugadores con quienes se sentirían cómodos jugando los *foursomes* y los *fourballs*. Recuerdo que Lee Westwood nombró a Darren Clarke y Nick Faldo, quien a su vez me había nombrado a Westwood. Pues los puse juntos en cuatro ocasiones y el resultado fue bueno.

También les pregunté cuántas vueltas se sentían capaces de jugar. Langer me dijo que no podía jugar los cinco partidos, y por eso jugó cuatro. Rocca, Faldo, Westwood, Montgomerie e incluso Olazábal, que en marzo había regresado a la competición después de una seria lesión en los pies, se apuntaron a los cinco partidos. También se vieron capaces a jugar la totalidad de los partidos Ignacio Garrido y Jesper Parnevik, aunque sólo lo hicieron en cuatro. En el caso de Jesper se debió a que su *foursome* del viernes por la tarde se suspendió, por lo que el sábado debía jugar cuarenta y cuatro hoyos, lo cual era un esfuerzo tremendo que no me vi con ánimos de pedírselo.

El capitán es quien decide siempre y debe hacerlo según la estrategia que haya pensado, el desarrollo del juego y el estado de ánimo de cada uno de sus jugadores. Es importante que tenga autoridad y ascendencia sobre éstos, pero esto no quiere decir que levante una barrera. Al contrario, el diálogo entre el capitán y su equipo es fundamental para la unidad y la fuerza del conjunto. El capitán nunca debe tomar decisiones de modo unilateral o caprichoso, sino que las mismas deben surgir de la opinión y el consenso de los jugadores, especialmente de los más experimentados. No obstante, algunas decisiones son muy difíciles de tomar, y yo no me escapé de ellas durante la semana de entrenamiento. Hay situaciones personales que exigen mucha firmeza y al mismo tiempo comprensión.

Por ejemplo, como Darren Clarke, Woosnam, Björn y Garrido no habían jugado los primeros *fourballs* el viernes por la mañana, les pedí a Mark James y a Tommy Horton que fueran al campo de prácticas para decirme cómo les veían para que alguno de ellos jugara por la tarde. Al rato, Mark empezó a insistir por el *walkie-talkie* en que debía poner a Darren Clarke, porque, según él, estaba en plena forma, le estaba dando muy bien a la bola con golpes formidables. Le comenté esto a Miguel Ángel Jiménez.

—¿Te has dado cuenta de la labor de zapa que está haciendo Mark James para que esta tarde ponga a Darren? –le dije.

—¿Y sabes por qué? –me preguntó a modo de respuesta Miguel Ángel.

—No, ¿por qué?

—Sencillamente, porque su patrocinador ha prometido a Darren regalarle un Ferrari si gana dos puntos... Tengo la impresión de que Darren está utilizando a Mark para presionarte.

—Pues lo tiene claro; no hemos venido aquí a ganar un Ferrari para Darren, sino a ganar la Ryder Cup para Europa. Por mí que le regalen un Ferrari, un avión o una bicicleta, no tengo nada que decir sobre esto, pero a mí lo único que me importa es ganar este encuentro y que todo el equipo funcione a la perfección.

El viernes por la mañana, Darren Clarke ya sabía que no le había puesto tampoco para jugar esa tarde. Le puse en un partido del sábado y sólo acabó con un punto. (Lo siento Darren, no fue por fastidiarte, sólo que estoy convencido de que hice lo correcto.)

A pesar de todos los problemas que se presentaron, lo cierto es que el equipo funcionó muy bien y que ganar la Ryder Cup en España supuso un hecho histórico y el triunfo del esfuerzo de mucha gente. Este ha sido para mí el mejor premio como español y como capitán.

40
La memorable victoria de la Ryder Cup en España

Si el hecho de jugar la Ryder Cup en España ya era un logro excepcional, el triunfo final del equipo de Europa frente al de Estados Unidos en 1997 constituyó algo único e irrepetible. Un trofeo maravilloso y excepcional para mi larga carrera deportiva, fruto del compromiso y del espíritu competitivo de un equipo.

Como es preceptivo, el día anterior al inicio de la competición, tuvo lugar la ceremonia inaugural, a la que asistieron los Reyes de España y autoridades del Gobierno central y andaluz, además de destacadas personalidades internacionales.

La primera jornada tuvo interesantes alternativas, en la que pudimos ver, en los *fourballs* de la mañana, un magnífico segundo golpe en el hoyo 14 para *eagle* de Chema Olazábal, que jugaba emparejado con Costantino Rocca. Al final de la tarde, cuando se interrumpió por la poca luz que había, el marcador reflejaba un empate a tres.

La jornada del sábado se inició, después de una lluvia torrencial que retrasó la salida, disputando los *foursomes* que habían quedado pendientes del día anterior. El aplazado que enfrentaba a Nick Faldo y Lee Westwood contra la pareja Justin Leonard-Jeff Maggert, lo liquidó Westwood en el hoyo 16 cuando metió un impresionante *pat* de seis metros para *birdie*.

El mal tiempo y la falta de luz al atardecer sólo permitieron que se jugaran siete partidos, de los cuales Europa ganó cinco y empató dos. Esto significaba que por primera vez en los sesenta años de historia de la Ryder Cup, Estados Unidos no se apuntaba ni un solo punto en una jornada, y que Europa, al final del sábado, ganara por un contundente 9 a 4. A pesar de los nubarrones, el sol salía en España para el equipo europeo.

No obstante, los partidos habían sido en general mucho más reñidos de lo que reflejaba la puntuación. Cabe recordar que a mitad de la sesión de *fourballs* perdíamos en los tres primeros partidos que acabamos ganando. Dos victorias se produjeron en el hoyo 17 y otras dos en el hoyo 18, lo que venía a demostrar una vez más que Europa tenía mucha solidez en los últimos hoyos, cuando la tensión es más fuerte.

Ese sábado Nick Faldo alcanzó su vigésima tercera victoria en la Ryder Cup batiendo el récord de Arnold Palmer, y su compañero Lee Westwood hizo cinco *birdies* en los diecisiete hoyos jugando nada menos que contra la pareja formada por Tiger Woods y Mark O'Meara. Montgomerie y Clarke también ganaron a Fred Couples y Davis Love, y Woosnam y Björn, a Leonard y Faxon.

En el último partido, Olazábal y Garrido lograron un empate con sabor a victoria con Lehman y Mickelson. A falta de dos hoyos, iban empatados, pero en el 17 Nacho Garrido cayó en el *bunker* y Phil Mickelson dejó la bola a menos de dos metros para *eagle*. Nacho, con una impresionante sangre fría, sorprendió a todos con una soberbia salida de la arena que dejó la bola a 2,5 m para *birdie*, que después metió, mientras que Mickelson fallaba su golpe, con lo que se mantenía el empate. La tensión no disminuyó en el último hoyo, a cuyo *green* se llegó en situación poco ventajosa. Sin embargo, Chema coló un *pat* de más de siete metros que sirvió para ganar medio punto. Estaba claro que si alguien podía meter un *pat* necesario en la situación más comprometida del mundo, ese alguien era Chema Olazábal.

En esta edición de la Ryder Cup, Lehman y Mickelson resultaron ser la pareja americana más fuerte, dado que Woods y O'Meara no llegaron a encajar como la gente esperaba. Nadie daba crédito a lo que se estaba viendo. Por la tarde, un Tom Kite completamente desolado declaraba que los dobles que había presentado eran su "equipo A, y los han masacrado". Ya casi sin luz, sellamos aquel sábado sensacional dejando el marcador en un magnífico 9 a 4 favorable a Europa.

Por la noche el equipo estaba exultante, pero yo les previne de que, aunque lo hubiéramos hecho muy bien, el torneo no estaba acabado, y menos decidido. Les recordé que precisamente nosotros habíamos ganado en 1995 en Oak Hill porque la autocomplacencia de los americanos les resultó muy cara. Nosotros no podíamos caer en el mismo error al día siguiente. También les dije que no miraran las pizarras, pues los otros puntos no dependían de ellos, pero el suyo sí, de modo que sólo debían preocuparse de ganar su partido.

Estaba tan tenso que, para dormir, me tomé unas pastillas. Como los demás, ya sentía que la Copa era nuestra, pero también pensaba que podíamos tener un mal día y perderla, tirarla por la borda; que desaprovechar aquella ventaja de cinco puntos sería muy malo para el equipo, para el golf europeo y también para mí, que era el primer capitán no británico del equipo. Y además, el encuentro se jugaba en mi país. Perder sería un verdadero desastre. Ya podía sentir el peso de la responsabilidad y las críticas cayendo como chuzos sobre mi cabeza, especialmente las que harían en España, donde aún no existe una cultura golfística como en el Reino Unido o Irlanda. Con estos pensamientos acabé durmiéndome.

A la mañana siguiente, temprano, mientras desayunaba y leía la prensa, supe que gente muy importante había acudido a Valderrama. Allí estaban, por ejemplo, George y Barbara Bush y Michael Jordan. Al ver a Jordan di un respingo. La mañana anterior, unos minutos antes de entregar la hoja con las parejas del equipo que iban a jugar por la tarde, me hallaba en el hoyo 10, sentado en un *buggy* anotándolas, cuando alcé la vista y vi junto a mí a un gigantón con gafas oscuras, sombrero y pañuelo al cuello.

—¡Hi! –me saludó.

—¡Hi! –le respondí sin prestarle atención; en realidad pensé: "¡Joder, qué hace este tío aquí en mitad del *fairway!*"

Al verlo en el periódico me di cuenta de que aquel grandullón que me había saludado sin que yo fuera muy amable con él era nada menos que Michael Jordan. "*¡Coño! ¿Qué habrá pensado este hombre por pasar de él?*", me lamenté.

Unos años antes yo había jugado con él un *pro-am* en Los Ángeles y me había demostrado que jugaba bastante bien. Tres años después de la Ryder, Jordan acudió a Cheste, Valencia, a ver una carrera de motos y me hizo saber que quería jugar un partido conmigo. Acepté y aproveché para disculparme por mi comportamiento poco cortés cuando me saludó aquella mañana en Valderrama. Jordan se echó a reír, porque le hacía gracia que alguien no le hubiera reconocido.

Ese domingo en Valderrama lucía un sol espléndido. Primero acabamos las series finales de *foursomes*, en las que repartimos puntos. Faldo y Westwood cedieron los suyos a Hoch y Maggert; Garrido y Parnevik arrancaron un empate a Woods y Leonard, para asombro e incredulidad de los americanos, y Olazábal y Rocca arrasaron a Couples y Love, endosándoles 5 y 4.

A pesar de mi temor, habíamos pasado mejor de lo que esperaba esta primera fase, y nos dispusimos a jugar los individuales con un claro 10 ½ a 5 ½. Empezaba a serenarme, los miedos de la noche empezaban a quedar atrás, y me decía: "ya es casi imposible que perdamos esta Ryder con cinco puntos de ventaja, es un margen fantástico y jugamos en España, en un campo que los nuestros conocen muy bien; estamos en casa y secos". Después del agua que había caído, lo de secos era un decir.

Todo indicaba que a partir de ese momento, la victoria sería cómoda, pero no fue así. Las posibilidades de que ocurriera un desastre todavía estaban allí: toda la tarde la pasé en un puro nervio, porque a medida que avanzaba el juego, veía que no sólo podíamos perder algún partido, sino el torneo. De repente, el equipo sentía toda la presión del mundo, mientras que los americanos, como ya no tenían nada que perder, empezaron a llenar la pizarra de números rojos, el color con que se anotaban los puntos de Estados Unidos.

Por la mañana, había decidido el orden de salida de los individuales convencido de que los americanos pondrían a sus mejores jugadores en los primeros partidos, ya que necesitaban ganar puntos enseguida para minimizar nuestra ventaja. En cambio, yo quería reservar a quienes estuviesen en mejor forma para los partidos finales. De todos modos, antes de tomar la decisión se la consulté, y todos estuvieron de acuerdo. Salvo Woosnam, que quiso salir en el primer partido, acaso impaciente por haber jugado uno sólo hasta entonces, mis cuatro jugadores más fiables, Olazábal, Langer, Montgomerie y Faldo, estaban en la segunda mitad de las salidas. No quería poner a los debutantes en un puesto del que pudiera depender la Ryder Cup.

La situación se complicó mucho al principio, aunque luego conseguimos estabilizarla. A Woosnam, por tercera vez consecutiva en la Ryder, le tocó Couples, quien deshizo los dos empates anteriores a su favor. A esta derrota le sucedieron las victorias de Johansson sobre Love y de Rocca sobre Woods, con un punto impresionante. Recuerdo que antes de las salidas le había preguntado a Costantino:

—¿Costantino, con quién te gustaría jugar a ti?

—Con Tiger –me respondió sin dudar.

Después de haber visto cómo se emparejaban los partidos, volví a verle.

—Costantino, adivina quién te ha tocado.

—¿Quién?

—Tiger.

Costantino hizo buena su intuición y le ganó, colocando a Europa a dos puntos de la victoria final. Mientras el cielo volvía a encapotarse y enseguida a llover cada vez con mayor intensidad, el siguiente medio punto lo proporcionó sorprendentemente Thomas Björn, que empató un partido frenético con Justin Leonard, entonces campeón del Open Británico. Thomas, haciendo gala de una extraordinaria tenacidad, logró remontar una desventaja de cuatro encajada en los cuatro primeros hoyos.

A esas alturas calculaba que nos faltaba un punto para conservar la Copa y uno y medio para ganarla. En el recorrido que hice comprobé que Olazábal aventajaba en uno a Janzen; Langer en dos a Faxon, y Faldo y Montgomerie iban por detrás de Furyk y Hoch, aunque con posibilidades de ganar.

Entonces, como suele suceder invariablemente en la Ryder Cup, las cosas volvieron a dar un cambio radical. Olazábal se puso de tres en el *green* del hoyo 17, al igual que Janzen. Éste estaba a menos de cinco metros y Chema a unos seis. Lamentablemente para nosotros, Janzen acertó, y Chema, no pudo embocar, con lo que llegaron al último hoyo empatados. Dado su extraordinario regreso a la competición a principios de temporada, habría sido maravilloso que José María, un español en el primer encuentro de Ryder que se jugaba en España, hubiera asegurado el punto de la victoria. Pero no fue así. Este honor le cupo a Bernhard Langer, que no había ganado un partido individual desde 1985 y sobre quien había caído todo el peso de la derrota sufrida en Kiawah Island en 1991.

Caído Faldo ante Furyk, sólo quedaban en competición Colin Montgomerie y Scott Hoch, que llegaban empatados al último hoyo. Fuimos a verle. Monty debía conseguir al menos medio punto para que ganásemos el encuentro y la Copa. Con gran dominio de sí mismo y del juego, Monty supo controlar el hoyo desde el primer momento. Con dos buenos golpes se puso en *green*, a seis metros de la bandera. Hoch por su parte, tras irse al *rough*, fue de tres al *green*, a más de siete metros de la bandera. Monty tiró su *pat* y dejó la bola muy cerca del hoyo, para que Scott Hoch le diera el siguiente. Entonces, para acabar de un modo elegante, le dije a Monty que le diera, a su vez, el *pat* a Hoch. No valía la pena obligarlo a patear para saber si ganábamos por uno o por dos puntos. ¡Habíamos ganado la Ryder Cup!

En esos momentos volvía a llover a cántaros. Jugadores europeos y público bailábamos y reíamos exultantes de alegría bajo la lluvia. Dábamos rienda suelta a tantas tensiones acumuladas y, mojándonos con *champagne*, algunos disimulábamos lágrimas de una emoción muy honda. La fiesta duró hasta las dos y media de la madrugada. No era para menos, habíamos culminado con éxito un proyecto largamente ansiado: traer a España la Ryder Cup, el torneo por equipos más prestigioso del mundo, y ganarlo.

Ganar la Ryder Cup de 1997 jugada en España constituyó para mí una maravillosa coronación de mi carrera. Sentí felicidad y alivio, pero también sentí dentro de mí que no quería continuar como capitán del equipo. Pero antes de seguir con esto, quisiera reseñar que el momento más emocionante para mí de aquella multitudinaria conferencia de prensa tras la victoria fueron las palabras de José María Olazábal. Como capitán había pedido a todos los jugadores que explicaran, uno por uno, sus impresiones de aquella lluviosa semana. Chema, que estaba en un extremo de la mesa, fue el primero en hablar: "*Ha sido más o menos lo mismo que otras veces que he jugado la Ryder Cup, pero esta vez ha sido muy especial para mí... Hace un año yo no podía andar...*", dijo, y se echó a llorar.

Tres semanas antes de que se reintegrara a su vida deportiva en Dubai, en marzo de 1997, después de no haber podido jugar golf de competición desde septiembre de 1995, Chema hizo el viaje de dos horas en coche desde su casa, cerca de San Sebastián, hasta Pedreña, donde jugamos dieciocho hoyos y después almorzamos en mi casa.

Hablamos de todo, y yo, que contaba ya con él, tenía muy presente que él mismo se había retirado del equipo en 1995 y que no dudaría en avisarme si veía que no se encontraba bien. Ante sus temores, le aconsejé que jugara en Dubai, pues era un lugar ideal para él. Fue un acierto que fuera, pues acabó duodécimo. Después fue cuarto en Portugal y primero en el tercer torneo que jugaba desde su regreso, el Turespaña Masters, que se disputó en Gran Canaria. En Valderrama no defraudó y su aportación fue muy importante porque ganó 2 1/2 puntos de cuatro que jugó. José María Olazábal ha sido y seguirá siendo uno de los grandes jugadores de la Ryder Cup de la era moderna.

A la mañana siguiente de la gran victoria, aún en la cama, repasaba mentalmente todo lo ocurrido durante la semana y antes de ella. Me sentía exhausto a causa del enorme esfuerzo que me había exigido la organización del torneo. Pensé que dejar la capitanía era lo más sensato que podía hacer. Había tenido que resolver tantísimas cosas, atender los politiqueos del Comité, soportar las quejas de los jugadores, ocuparme de la prensa y, para colmo, el absurdo asunto de Miguel Ángel Martín. Me sentía como si hubiera vuelto de la guerra. Finalmente habíamos ganado y pensé: "Ya he cumplido mi labor con la Ryder Cup". No, no tenía ganas de continuar, al menos por ahora, no. Quizás más adelante, como había dicho en la conferencia de prensa.

Lo que sí sé es que era muy feliz después de Valderrama, porque el esfuerzo de convencer al Comité de la Ryder Cup de jugarla en España tenía la compensación del éxito, y porque yo lo había capitaneado. Esto venía a probar que sacar la Ryder de Gran Bretaña y llevarla al continente era bueno para España y para el golf europeo.

El trabajo de Mark James como capitán, en la siguiente edición que se disputó en Massachusett en 1999, fue, en general, muy meritorio. Quizás sólo le cuestionaría la elección que hizo de algunos jugadores, porque cuando un capitán elige directamente a un jugador significa que le considera imprescindible para el equipo. No se escoge a uno para dejarlo en el banquillo hasta el domingo, como hizo con Andrew Coltart. No objeto a Mark que escogiera a Jesper, pero sí que eligiera a Coltart, cuando tenía a Langer, que ya había ganado dos torneos grandes en América, que tiene una gran experiencia y que es un excelente jugador de *foursomes*. Escoger a un debutante y luego tenerle sentado hasta los *singles* es sencillamente incomprensible. Incluso, creo que el hecho de que no lo escogiera fue ofensivo para un jugador del prestigio de Bernhard, que estaba jugando bien, que estaba a sólo dos puestos por detrás de Coltart en la clasificación por puntos y que tanto ha hecho por el golf. Y en el supuesto de que no quisiera a Langer por algún motivo que desconozco, como por ejemplo que pensara que la categoría de éste menoscababa su autoridad en el equipo, también pienso que era más idónea la elección de Robert Karlsson, que figuraba entre los 12 primeros en la lista de puntos. Me pregunto todavía qué méritos, según James, tenía Coltart sobre Karlsson que le valiera pasar por delante de la clasificación del sueco.

Otra cosa que quiero apuntar acerca de la capitanía de la Ryder Cup es que veo en cierto modo injusto que no se pague una retribución por desempeñarla. Me parece bien que los jugadores no cobren por jugar este torneo y que los beneficios que se obtengan vayan a un fondo de promoción del golf juvenil o un fin caritativo. Sin embargo, el puesto de capitán exige una gran disponibilidad de tiempo y trabajo, superior al de cualquier otro puesto de la organización. Si alguien de ésta merece ser remunerado, éste es el capitán. Aparte de su responsabilidad en la elección de determinados jugadores y de la planificación de la estrategia del equipo, él debe ocuparse desde la elección del vestuario, la comida y el hospedaje hasta el seguimiento de la forma de los jugadores y la puesta a punto del campo, la atención a la prensa, etc. Creo que sería justo que el Comité contemplara la posibilidad de compensar al capitán esta dedicación al equipo del torneo más prestigioso del mundo.

Mi largo, estrecho y comprometido vínculo con la Ryder Cup también me permite sugerir algunos cambios radicales en su beneficio y en el del golf de Europa. En primer lugar, este torneo tendría que ser patrimonio del Circuito Europeo, pues la inclusión de jugadores continentales en 1979 significó de hecho una refundación del torneo, que le permitió alcanzar el prestigio y la proyección mundiales que tiene ahora. Es cuestión de principio que las grandes cantidades de dinero que genera se repartan en Europa, y que los encuentros roten por los países del continente. Suecia, Alemania, Francia, Italia son, entre otros, países que deben tener la oportunidad de celebrar la disputa de la Ryder Cup. Celebro que en 2001 se anunciara que a partir de 2018 volverá a celebrarse en el continente, pero para entonces habrán pasado veintiún años desde que se constató en España que la Ryder Cup es un poderoso agente de promoción del golf en países europeos donde aún no está debidamente desarrollado.

41
Ryder's desde la barrera

Si la Ryder Cup del 97 fue especial para mí, ya que como capitán fui el maestro de lidia, en las posteriores pasé de ver los toros desde el burladero a la barrera, pero con la ilusión del mayor aficionado del equipo europeo, y lo cierto es que fueron motivo de muchas satisfacciones para mí. Estas expresiones taurinas me vienen por mi gran amigo Enrique Ponce, gran aficionado al golf, al que instruyo periódicamente, y auténtico número uno en el escalafón taurino.

A partir del año 97, exceptuando el 99, la Ryder sigue teniendo color europeo. El espíritu de equipo, los notables capitanes y excelentes jugadores demuestran una vez más que Europa no es segundo plato.

La Ryder Cup 1999, celebrada en The Country Club en Brookline, Massachusetts, es quizás las más controvertida de todas las ediciones jugadas hasta el momento. La recuperación casi milagrosa del equipo americano hizo que ganara el torneo por 14,5-13,5, después de que llegara al último día perdiendo 10-6.

Los americanos, capitaneados por Ben Crenshaw, ganaron 8 1/2 puntos en los 12 partidos de individuales del domingo, para alcanzar la primera victoria americana desde 1993.

El momento clave se produjo en uno de los últimos partidos. Olazábal dominaba su *match*, ya que Leonard tenía una desventaja de cuatro hoyos con siete por jugar. Al ganar el americano cuatro hoyos, salieron al 17 empatados. Tal como estaban en ese momento el resto de enfrentamientos, el empate valía al equipo americano para sellar el triunfo. Así después del segundo golpe de Olazábal, que dejó su bola a una distancia de unos siete metros del hoyo, Leonard golpeó la suya y vio cómo, después de casi pararse a unos tres metros, su bola rodaba alejándose del hoyo, dejándole la opción de *birdie* a una distancia de más de 13 metros. Aunque embocar un golpe de estas características era difícil, Leonard ya había acertado *pats* de siete y 11 metros a lo largo del recorrido. Leonard embocó, y una celebración salvaje se apoderó de los jugadores estadounidenses, de sus esposas y de algunos aficionados cuando saltaron al *green* para celebrarlo. Olazábal sabía que si embocaba su *pat* lograría prolongar el partido, mientras que, si fallaba, la victoria iría para Estados Unidos (los americanos necesitaban 14.5 puntos para ganar el torneo debido a la victoria europea de 1997 en el campo de Valderrama). José María intentó como pudo concentrarse en el golpe, pero falló y dio la victoria al equipo americano.

A pesar de que no se incumplió ninguna regla en la celebración por parte del equipo americano, el juego del golf es considerado “el juego de los caballeros”, y existen una serie de normas y códigos no escritos, los cuales fueron ignorados según aseguraron los jugadores europeos. En días posteriores al torneo, gran parte de los miembros del equipo americano pidieron perdón por su comportamiento, y se produjeron numerosos intentos por parte de los dos equipos para rebajar la tensión provocada después del torneo.

Mark James, el capitán europeo, fue blanco de todas las miradas y críticas debido a la formación de emparejamientos de su equipo, dejando que tres de sus jugadores (Jarmo Sandelin, Jean Van de Velde y Andrew Coltart) debutaran precisamente en los individuales del domingo sin que hubieran jugado en ningún *match* de los dos días previos. Además ello implicaba que muchos de los jugadores europeos llegaran muy cansados a los decisivos encuentros.

Ya he comentado anteriormente que siempre es bueno que todos los jugadores jueguen antes de los individuales –último día– al menos, en una ocasión.

Ryder Cup 2002

En el 2001 se suspendió la celebración de la Ryder Cup, por temor a posibles atentados, ya que poco antes del torneo se había producido el terrible ataque –el 11 de septiembre– sobre las Torres Gemelas de Nueva York.

Con el resultado final de 15,5 - 12,5, Europa consiguió derrotar al equipo americano en la Ryder Cup gracias a la buena actuación de los europeos en los partidos individuales del domingo.

El irlandés Paul McGinley consiguió en su partido contra Jim Furyk el medio punto necesario para dar la victoria a Europa. Fue una victoria memorable, pues los europeos tan sólo perdieron dos partidos de los 12 en juego, y ganó con un margen de tres puntos, hecho que no ocurría desde 1985, cuando Europa ganó por cinco de diferencia –16,5/11,5– precisamente en este mismo escenario, The Belfry.

El capitán, Sam Torrance, no pudo evitar las lágrimas, y todo el equipo europeo saltó al césped para abrazar a McGinley, debutante en esta Ryder, que consiguió un *pat* de 4 metros en el *green* del 18 que pasará a la historia.

De esta forma, Europa recuperaba la Copa Ryder que perdió en Brookline en 1999, pero esta vez en medio de un ambiente de máxima deportividad.

Tras la jornada del sábado, donde el marcador reflejaba un empate a ocho puntos, Sam Torrance se mostraba preocupado por las estadísticas, pues según éstas, los partidos individuales no eran el fuerte de los europeos. De los siete últimos partidos de individuales en Copa Ryder, los Estados Unidos habían ganado seis. Pero Europa arriesgó en los primeros partidos, donde jugaron los europeos con más experiencia: Montgomerie, García, Clarke, Langer, Harrington y Björn. Más tarde sería el turno para los debutantes, y el sueco Parnevik jugaría el último partido contra el mismísimo Woods.

El capitán americano, Curtis Strange, prefirió repartir a sus jugadores, y reservar para el final a sus máximas estrellas: Davis Love III, Phil Mickelson y Tiger Woods. Pero su apuesta salió mal.

En el bando europeo, García perdió frente a David Toms. El castellonense no pudo recortar su mínima desventaja en los tres últimos hoyos. Primero falló un *pat* para ganar el 16, otro en el 17 aún más cerca, y desde el *tee* del último hoyo envió la bola con excesivo *draw* y se fue al agua.

Colin Montgomerie, Langer y Harrington ganaron con contundencia sus partidos, dando un repaso a sus respectivos rivales, Hoch, Sutton y Calcavecchia. Tras la derrota de García, el punto vital lo dio para Europa Thomas Björn, que ganó por 2 a 1 a Stewart Cink. Europa ganaba en esos momentos por 12,5 - 9,5. Aún quedaban 6 partidos en juego.

El sueco Fasth afrontó con un hoyo de ventaja el último *green* ante Paul Azinger. Sin embargo, el americano tiró de experiencia y fortuna para embocar desde el *bunker* y sellar el empate. A Europa le faltaba medio punto, y McGinley fue el elegido. El dublinés, a sus 35 años, le dio la gloria a Europa en su primera Copa Ryder, y así forzar a Tiger Woods, el mejor del mundo, a terminar su partido sin protagonismo.

Mi grata experiencia en las competiciones por equipos, me animó a crear The Seve Trophy, una competición del más alto nivel que enfrenta a Europa Continental frente a Gran Bretaña e Irlanda. Aquí debo destacar que Michael Robinson y mi hermano Baldomero fueron piezas clave, mis mejores baluartes para que esta idea se hiciera realidad. A Michael siempre le estaremos agradecidos.

La primera edición se disputó con gran éxito en abril del 2000. El planteamiento es que se celebrara en años alternos no coincidiendo con la Ryder Cup; por ello, el aplazamiento obligado de ésta en el 2001 provocó cierto trastoque de fechas, así aunque la segunda edición se celebró en el 2002, la tercera se adelantó al 2003, con el fin de que en el 2004 no coincidiesen las dos competiciones por equipos. Por ello, a partir de entonces, The Seve Trophy se celebra en los años impares.

Ryder Cup 2004

La 35.ª Ryder Cup tuvo lugar entre el 17 y el 19 de septiembre de 2004 en el Oakland Hills Country Club de Bloomfield Township, Michigan.

El equipo europeo ganó el torneo por un resultado final de 18 1/2-9 1/2, siendo Colin Montgomerie el jugador que firmó la victoria, y manteniendo así su récord de no haber perdido un solo partido individual en sus siete participaciones en el torneo. El margen de victoria es el mayor conseguido por el equipo europeo en la historia del torneo, y el mayor desde 1981, cuando el equipo estadounidense ganó al europeo por el mismo tanteo (precisamente el año que decidieron no contar conmigo). Además es el mayor margen de victoria con que el equipo europeo, capitaneado por Bernhard Langer, ha ganado en tierra estadounidense, siendo Hal Sutton el capitán del equipo derrotado.

Ryder Cup 2006

La Ryder Cup, la única competición deportiva que enfrenta a Europa y a Estados Unidos simplemente por el honor y la gloria, y en la que no hay un solo euro o dólar en juego, permanecerá en manos europeas dos años más gracias a la aplastante victoria del equipo capitaneado por el galés Ian Woosnam, que terminó con 18 1/2 puntos a su favor, contra los 9 1/2 del combinado americano, capitaneado por Tom Lehman.

Europa se ha adjudicado cinco de las últimas seis ediciones –tres de ellas consecutivas–, volviendo a repetir el mismo marcador que en la anterior.

La mañana amaneció con lluvia, bajo un cielo gris y el K Club (Irlanda) bastante embarrado, pero a pesar del mal tiempo los partidos comenzaron a su hora. El recibimiento de los jugadores en el hoyo uno fue impresionante. Fueron ovacionados y vitoreados, muy especialmente los jugadores irlandeses.

Los europeos dominaron el marcador durante toda la jornada, desde que Colin Montgomerie, que salió en el primer partido, se puso por delante en el hoyo tres. Luke Donald, en el hoyo 17, ganó su encuentro contra Chad Campbell y logró el punto con el que se aseguraba la Copa para Europa, en el caso de que terminasen los dos equipos empatados. Pero un poco más tarde, el sueco Henrik Stenson, uno de los dos debutantes, venció por 4 a 3 a Vaughn Taylor. Europa lograba de nuevo el triunfo.

Como curiosidad, puedo decir que todos los europeos ganadores de algún torneo del Grand Slam que hemos disfrutado del honor de ser capitanes en la Ryder, tenemos entre nuestros recuerdos más memorables el haber conseguido llevar a nuestro equipo hasta el triunfo. Y aquí debo destacar que quizá el mejor capitan haya sido Tony Jacklin.

42
Torpezas, cegueras y sorderas

Es muy significativo que en 2001 el golf fuera reconocido como el deporte de crecimiento más rápido del país. Un factor crucial en este espectacular desarrollo fue la celebración de la Ryder Cup en España en 1997. Éste fue uno de los principales motivos que me indujeron a traerla aquí, además de que no me parecía y no me sigue pareciendo justo que el Reino Unido siga acaparando el torneo, que no volverá al continente hasta el 2018.

Entre las razones que he dado para justificar mi renuncia a la capitanía inmediatamente después de ganar la Ryder en España figuran el poco apoyo e interés que mostró el Gobierno de aquel momento cuando el Comité de la Ryder Cup aceptó que se celebrara en España. Al informar de esto tuve la sensación de que no sabían apreciar el valor del torneo y que tampoco eran conscientes de que estaban ante una oportunidad maravillosa de promoción turística. Creo que no supieron valorar el beneficio que el golf podía traer al país, ni la proyección de futuro que este deporte tenía. Muchos ignoraban por entonces que el golf podía ser una poderosa locomotora del turismo. Casi con desesperación me preguntaba cómo era posible que, con todo el esfuerzo y barreras que hubo que superar para traerla, y teniendo una oportunidad como era la de celebrar la Ryder Cup en España, no se daban cuenta de su importancia.

Resulta sintomático de esta actitud negligente el que no recibiera apoyo de federativos y políticos. Tras la celebración de la Ryder Cup 2006 en Irlanda, la firma Deloitte & Touch fue seleccionada por Ryder Cup Europa y Fáilte Ireland (ente encargado del desarrollo del turismo irlandés) para calcular el impacto económico generado por tal acontecimiento. La cantidad de dinero estimada que ingresó la economía irlandesa debido a la Ryder Cup del 2006 fue de 143 millones de euros, por encima de los 130 millones de euros inicialmente previstos, un 32% superior al impacto económico de la Ryder Cup 2002 en Inglaterra y un 80% mayor que el de la Ryder Cup 1997 de España.

Al final, cuando Europa ganó la Ryder, en la sala de prensa recibí la llamada del rey don Juan Carlos y telegramas del primer ministro británico, Tony Blair, y de ministros irlandeses; pero ni saludos de ningún gobernante español, a pesar de que en Valderrama se encontraban algunos. Cuando se consigue traer un acontecimiento de esta envergadura, se suelen realizar paralelamente una serie de inversiones con el fin de magnificar aún más el evento y sobre todo para mostrar a los medios de comunicación y visitantes las bondades del lugar, de la zona, de la región y, en definitiva, del país. En aquella ocasión no se hizo nada.

Sin ir más lejos, en España se han ejecutado importantes mejoras en infraestructuras, como es el caso de las que se realizaron en torno a la Barcelona olímpica o a la candidatura de Madrid. Un torneo muy similar es la Copa América, que ha concentrado una serie de fuertes inversiones que han modernizado totalmente Valencia. Pues bien, la falta de visión de las autoridades españolas provocó, por ejemplo, las interminables caravanas motivadas por las deficientes carreteras de la época. Esas carencias ya han sido corregidas, pero, como casi siempre, tarde.

Si los gobiernos no estaban preparados para conocer la importancia y repercusión que este acontecimiento suponía, alguien, algún Ente, debía haber sido capaz de alertar de las deficiencias existentes.

Aparte de mí, hay mucha gente que ha trabajado duro por la difusión del golf en España. Sin embargo, cuando los resultados son visibles, son unos cuantos los que aparecen para colgarse medallas que no se han ganado. En una extraordinaria maniobra de propaganda y de apropiación indebida, aparece la RFEG (Real Federación Española de Golf) como la gran artífice del desarrollo del golf en España, cuando en realidad su papel ha sido el de un mero espectador. He coincidido con la Presidenta en celebraciones de todo tipo, y en algunas ocasiones he podido escuchar con asombro cómo se la presentaba como la mujer que revolucionó el golf en España. Su mayor aporte al golf español ha sido crear un Centro Nacional de Golf, al que ha tenido el dudoso gusto de ponerle su nombre. Hubiese sido mucho más correcto y ético que el nombre de la Presidenta lo pusiera la próxima Junta Directiva, si es que ésta, en un futuro, lo creyese conveniente. A la inauguración de este centro, en marzo de 2006, asistimos dos jugadores profesionales del Circuito Europeo, el madrileño Gonzalo Fernández-Castaño y yo. Durante el acto, recordé la película de los años transcurridos hasta aquí. Me vino a la memoria mi encuentro con el entonces Alcalde de Madrid, el profesor Tierno Galván, quien, en la exhibición que realicé en el Estadio Santiago Bernabéu, el 18 de abril de 1983, durante la semana del Open de Madrid, siete días después de haber ganado el Masters. Allí le volví a pedir la realización de un campo de golf público en la capital.

"*¿Uno? No, dos. Uno en el norte y otro en el sur*", fue su respuesta.

Años después, en otro encuentro que mantuve con su sucesor en la Alcaldía, el señor Barranco, volví a insistir en mi petición. Juan Barranco me prometió la realización de un campo público en Madrid, situación que se volvió a repetir con otros mandatarios.

Con el paso del tiempo, y al ver que nada de lo prometido se hacía, aprovechaba mis entrevistas con los medios de comunicación para denunciar el incumplimiento.

En el año 2006, la RFEG convocó un concurso internacional de diseño para la realización del Centro Nacional de Golf. Después de estudiar detenidamente el pliego de condiciones del concurso, y todos los trabajos correspondientes sobre el terreno y sobre los planos, mi hermano Baldomero remitió una carta a la Presidenta en la que explicaba los motivos de nuestra renuncia a participar en el Concurso. En ella se podía leer: "*El pliego de condiciones redactado para el concurso refleja la gran mayoría de vuestras necesidades o lo que es lo mismo, de un gran Centro Nacional, pero el problema radica en que no están en consonancia con las características de la finca que tenéis en la actualidad.*"

En otra parte del escrito, se recogía que después de emplazar todas las instalaciones referidas en el pliego como: "*Campo de prácticas de doble sentido, con un mínimo de 320 m de largo por 150 m de ancho, edificio de maquinaria, mantenimiento y personal del campo, zona de accesos y aparcamientos, además de un lago de necesaria ejecución junto a la entrada del Centro Nacional*", se concluía: "*Descontando las referidas áreas, todas muy lógicas de ser atendidas, nos encontramos con una superficie final de menos de 47 hectáreas (469.910 m^2), donde desarrollar un "campo de golf público de promoción y formación apto para campeonatos amateurs y profesionales de alto nivel, tanto nacionales como internacionales*" y reiterando en otro punto: "*... es decir, la superficie final disponible no ofrece garantías suficientes que permitan prever conseguir el gran campo de golf que pretendéis desarrollar*", así como: "*... es nuestra obligación hacer constar que estamos ante un terreno cuya topografía es, siendo generosos, complicada, donde además de existir un ferrocarril, linda también con la M-40 y sus enlaces*".

Con este escrito intentaba que la RFEG reconsiderara su postura y lograra una ampliación de los límites de la finca existente, o buscara otro terreno alternativo donde implantar el Centro Nacional y el gran campo de golf, que se pensaba materializar y todos tanto anhelábamos. La primera vez que conocimos esos terrenos, finales de los 80, la superficie era sensiblemente mayor. Incluso mis técnicos de Trajectory colaboraron desinteresadamente con la RFEG en esos primeros trámites para la creación de este campo público. Para nosotros, el objetivo era crear el mejor campo de golf de España, sede permanente de su Open, si así se deseara, como es el caso de Francia y su Centro Nacional de Golf en París (Le Golf National).

Sin embargo, el Concurso siguió adelante y, tras un larguísimo proceso de construcción, se llegó a la citada fecha de inauguración.

Tras su apertura al juego –2006– y la celebración de una prueba del "Challenge Tour" en ese verano, el comité técnico de la RFEG, llegó a la conclusión de que tendría que realizar ciertas reformas, para poder albergar el Open de España de 2007. Así, se alargó el campo, construyendo nuevos *tees* en ocho hoyos. Se modificó el *green* del 18 acercándolo al lago existente, y para el Open, se estrecharon los *fairways* al tiempo que el *rough* presentaba una altura de más de 10 cm. Es decir, el recorrido que se pretende presentar como si fuese un *link*, sin serlo, tuvo que ser preparado empleando la filosofía, tantas veces criticada, de los escenarios que acogen el Open de EE. UU.

Por cierto, después de más de dos décadas, este Open de España 2007 pasaba a ser organizado por la RFEG, tras no renovar el acuerdo que mantenía con mi empresa Amen Corner, encargada de tales labores desde 1986. En este sentido no voy a hacer ninguna valoración; no obstante, diré que el trato dado a Amen Corner por parte de la RFEG ha sido tan injusto como esperado.

La RFEG pretendía con este cambio atraer a los grandes profesionales del Circuito Europeo y llevarlos a los mejores escenarios de España. Pero por ahora, habrá que esperar a próximas ediciones porque en este primer año ha supuesto un claro retroceso en ambos sentidos.

En otra ocasión, con motivo de la Gala del Golf de Cantabria, en diciembre de 2005, la señora presidenta llegó a pronunciar un discurso que, al oírlo, no me fui de la sala por respeto a todos los que estaban allí. Lo que empezaron siendo unas palabras cariñosas hacia mi persona, se convirtieron en unos comentarios jocosos repletos de consejos y juicios gratuitos, difíciles de admitir en una conversación privada, pero nunca propios de un discurso ante un foro de 400 personas, repleto de amigos y conocidos, muchos de los cuales, entre ellos mis hijos, estaban perplejos ante lo que oían.

El divorcio entre la RFEG y los jugadores profesionales de golf es manifiesto. Esta institución es un coto cerrado con algunos de sus dirigentes anclados en el pasado y acérrimos guardianes de sus privilegios.

Hasta el día de hoy la política de la RFEG está orientada exclusivamente al campo *amateur*, cosa que me parecería bien como semillero de golfistas, pero no para el disfrute de cierta élite social y económica, como es en algunos casos. Por esto es por lo que los profesionales somos para los federativos caddies de lujo, algo que, salvo para algunos que gustan de reverenciar las corbatas y los pañuelos de seda al cuello, la mayoría rechazamos. Esta gente oye, pero no escucha. Tienen un estilo de vida definido: visten igual, hablan igual, comen igual, actúan igual, pero no se enteran de que el mundo les ha pasado por encima. Su actitud, además de anacrónica, es privativa de España. En países con toda la tradición en golf como es el caso del Reino Unido, los federativos lo son para prestar un servicio sin esperar ninguna compensación, mientras que en España, basta que concedas un distintivo a alguien para que se considere imprescindible desde su arrogancia. Un modelo a seguir debería ser el americano. Allí, la industria del golf es una potencia y todo se debe a que está en manos de profesionales. Su crecimiento es exponencial y nada sería más fácil que copiar este modelo. Sin embargo, aquí es al revés, y es el mundo *amateur* el que intenta controlar todo lo que tenga que ver con el golf.

Así, por ejemplo, se echa de menos por parte de la Federación Española de Golf su presencia en los medios informativos, para dar cumplida réplica a las habituales críticas contra los campos de golf, que desde el punto de vista medioambiental, y siempre bajo un tratamiento demagógico, frecuentemente aparecen.

Las inexactitudes en términos generales y particularmente sobre el consumo y la calidad de las aguas empleadas, tendría que tener una respuesta sistemática, contundente y científica por parte de la Federación. Los campos de golf son creadores de vida, auténticos pulmones verdes, productores de oxígeno, receptores de CO_2 y auténticas barreras contra la desertización y, sin embargo, son tratados como enemigos del medio ambiente. Su consumo de agua es bastante menor que cualquier cultivo agrícola y las calidades empleadas son las procedentes de depuradoras, aguas que no tienen otro uso posible que no sea la jardinería, pues incluso, en muchos casos, no son aptas para el riego de productos destinados al consumo. Con otra estructura, habría un gabinete específico que sistemáticamente explicaría las bondades de los campos de golf y por tanto defendería lo que es toda la industria. Sin embargo, para la opinión pública construir un campo de golf es atentar contra la naturaleza.

Mi relación con la RFEG es correcta, pero de máxima frialdad y poco espíritu de colaboración. Lo prueba el hecho de que en mi condición de accionista de la empresa Amen Corner, encargada de la organización del Open de España del año 2002, tuve que avalar económicamente el torneo, siendo la Presidenta la que encargó a dos letrados suyos la preparación de los documentos precisos para su ejecución.

De esta forma, la Federación se aseguraba la percepción de 1.893.118,13 €. Posteriormente, en el año 2003, también avalé 150.000 €. Finalmente ambos avales no fueron ejecutados. Tuve suerte.

En otro orden de cosas, diré que creo existen varios jugadores profesionales de primera línea que tienen buenas ideas que aportar al golf y que merecerían ser tenidas en cuenta. El golf español necesita que haya un cambio significativo en las estructuras y en la política federativa. Y por favor, que nadie presuma de que el golf ya ha sobrepasado con creces las 300.000 licencias. Esto viene sucediendo por la propia inercia de este deporte. El golf seguirá corriendo..., mientras algunos continúan parados. Yo no me sentiría orgulloso de estas cifras, pues si veo que Suecia cuenta con 442 campos de golf y 544.000 jugadores, o Alemania con 658 y más de 500.000, mientras que Francia tiene 550 campos, en España tenemos 300 campos, de los cuales el 25% son de 9 hoyos, con 310.000 licencias. Lo que significa que aún estamos lejos de los países del entorno, a pesar de que España es un país privilegiado para captar turismo de altura. Obviamente, hay otros países, como Gran Bretaña, Irlanda, EE. UU., Japón, Australia... con mucha mayor tradición, que se encuentran en un nivel muy superior de desarrollo de este deporte.

A pesar del salto cualitativo que ha dado la difusión del golf en España desde la celebración de la Ryder Cup en 1997, no es aún un deporte plenamente popular. Actualmente han cambiado muchas cosas y el mejor estándar de vida de los europeos en general y de los españoles en particular, junto a la democratización de las costumbres, son factores que actúan a favor de la popularización del golf y que conviene aprovechar.

Debemos considerar cuánto bien podemos hacer a mucha gente ayudándoles a que lo practiquen, además de ser una fuente de atracción de turismo de calidad y por tanto, de generación de riqueza en el medio rural, que tanto lo necesita.

En una ocasión, con motivo de un viaje a Londres para participar en un programa de la BBC, me crucé en el aeropuerto de Bilbao con un señor mayor, pero de aspecto juvenil: "*Tengo setenta y un años* –me dijo con cierta coquetería de anciano–, *pero que esté así casi te lo debo a ti, porque has sido un ejemplo para mí; gracias a ti me he animado a jugar al golf y de no ser por esto hace tiempo que ya estaría en ese hotel tan bueno que hay allí*" –y señaló el cielo.

Hace años, estaba entrenando en bicicleta por un pueblo del interior de Cantabria, cuando en un cruce de caminos no sabía qué dirección tomar y me encontré con un anciano que iba caminando por la carretera con su bastón. Parecía medio ciego y empecé a hablar con él. Me reconoció, pero lo que más me llamó la atención fue lo mucho que sabía de golf y del Circuito. Al final me dijo:

—Gracias, Severiano, por lo que ha hecho.

—¿Por jugar?

—Por poner Cantabria y España en el mapa.

Que aquel hombre medio ciego me reconociera es casi milagroso, porque en España pocos me han visto ganar un campeonato de los grandes. Un poco por cierta ceguera que existía en los medios de comunicación españoles, víctimas del carácter elitista que ha tenido el golf en España y también por la inexistencia aquí de una cultura golfística. Por suerte, esto ha ido cambiando y los españoles han podido ver a José María Olazábal ganar sus dos Masters y otros torneos. Muchas veces pienso que si también hubieran visto así mis victorias en mis días de gloria, como me vieron los británicos, estoy seguro de que el golf sería hoy en España un deporte mucho más apreciado y popular. Tal como lo son ahora la Fórmula 1 gracias a Fernando Alonso; las motos, a Ángel Nieto; el tenis, a Manolo Santana; el esquí, al tristemente desaparecido Paquito Fernández Ochoa, que además de gran persona era un buen aficionado al golf; o el ciclismo gracias a Perico Delgado y Miguel Induráin.

Es muy difícil que la gente entienda y aprecie algo que sólo lee de vez en cuando en los periódicos. A esto hay que añadir que sólo unos pocos periodistas deportivos españoles que se dedican al golf conocen a fondo este deporte. Cuando empecé a competir, los periodistas españoles prácticamente no iban a cubrir los torneos grandes ni la Ryder Cup, y no empezaron a hacerlo de una forma significativa hasta el final de los años ochenta, cuando el eco de mis victorias rompió las barreras que antes existían para el golf.

Las desavenencias entre la RFEG y la Asociación de Profesionales datan desde que esta última se fundó en el año 1972.

Maestros con categoría contrastada y bregados en mil batallas, como José Gallardo, Carlos Celles y Manuel Ballesteros, desarrollaron labores, cada uno de ellos en sus respectivos mandatos, dignas de elogio.

Dichos Presidentes lucharon cada uno con su propia sapiencia y estilo, por el bienestar e interés del conjunto de asociados. Maestros, jugadores y asistentes siempre tuvieron defensa. Y además los tres dejaron sus cargos con espontaneidad, sin ser obligados por ningún tipo de oposición.

Con la llegada del cuarto mandatario, llegó la época de los "ilustrados".

Y precisamente por encontrarse en esta Directiva personas que se creía eran gente preparada, algunos asociados pensaron que las cosas tomarían un rumbo todavía mejor.

Pero ocurrió que la Asociación se convirtió en un monopolio, listo para encadenar intereses particulares.

Mientras la Real Federación determinaba cambiar sus estatutos, en pos de lograr más competencias, la Asociación dictaba parámetros de trabajo que presuntamente beneficiaban a sus amigos y familiares.

Si me atrevo a decir esto es porque casi todos los jugadores conocían algunos de los entresijos amasados dentro de la Asociación. Mi información parte de ellos. Seguramente el sentirse manipulados fue lo que propició que los asociados buscasen mayoritariamente otro representante.

Al quinto y actual Presidente, Carlos Roca, le toca en su nuevo mandato no solamente corregir errores de antaño, sino salvaguardar también cuantos intereses puedan ser beneficiosos para el conjunto de asociados.

Y digo corregir, porque cabe la posibilidad de que se encuentre con alguna ingrata sorpresa, que muestre a los Asociados lo que sospechosamente podría haber ocurrido dentro del seno de la Asociación.

Con esta dinámica y, otras muchas que se puedan emprender, espero y deseo que Carlos Roca a quien veo excelentemente preparado, sepa analizar con su nueva Junta Directiva cuáles deberían ser las directrices que redunden en favor del conjunto de asociados, independientemente de la clase, condición y categoría que éstos posean. La Asociación tiene que ser de todos y no, únicamente, de quienes se sienten iluminados.

43
El *swing* de los británicos y la fama

Ser campeón depende de la vocación, el talento y el carácter que se tenga en el campo de juego. La fama de campeón ya no depende de uno, sino de otros factores ajenos. Entre éstos están la importancia y la tradición que este deporte tenga en su propio país y la difusión que los medios de comunicación hagan de los triunfos del campeón. Si en Gran Bretaña apareciera un gran torero, por ejemplo, tengo mis dudas de que la gente lo valore como se merece. Algo parecido ha sucedido conmigo, aunque no tengo dudas de que, a pesar de todo, he contribuido no poco a que el público se fije algo en el golf y a que los éxitos de jugadores como José María Olazábal, Miguel Ángel Jiménez, Sergio García y otros tengan el eco que se merecen.

Recuerdo que cuando gané mi primer Open Británico en 1979 y al año siguiente el primer Masters de Augusta la prensa escrita española apenas si trató la noticia, y ya no digamos la televisión. Ninguno de mis cinco grandes torneos y de mis cinco campeonatos mundiales fue visto por los españoles.

A raíz de mi trayectoria internacional y la repercusión que tenía en la prensa británica y estadounidense, los medios españoles empezaron a dar a mis participaciones en grandes torneos algún espacio e incluso a hacer breves conexiones televisivas, aunque éstas solían coincidir con las transmisiones o los resúmenes de fútbol. Con el Masters de 1983 hubo algunas conexiones, pero como la final se aplazó al lunes, antes de acabar el torneo se interrumpió la transmisión no recuerdo si para dar en diferido un partido de fútbol o una entrevista a un político.

Algo semejante ocurrió al año siguiente cuando gané el segundo Open Británico. Se hicieron varias conexiones con el torneo, pero cuando estaba en el hoyo 18 la transmisión fue otra vez interrumpida para dar en directo una intrascendente carrera de caballos de no sé dónde. Incluso alguien me dijo que el gran notición fue la muerte de una yegua purasangre llamada *Kriti*. Algo realmente increíble. En 1988, tampoco hubo cobertura televisiva española cuando gané el tercer Open Británico.

Todas estas incidencias ponen de manifiesto que el golf tardó mucho en ganar espacio en los medios de comunicación españoles y hasta no hace mucho tiempo difícilmente producía noticias de cabecera en ellos. Por el contrario, resulta muy revelador que en 1999 la división de deportes de la BBC, que ya me había concedido el premio "Personalidad del año", me concediera el honor de entregar este mismo galardón a Roy Keane, capitán del Manchester United, ganador ese año de la Copa de Europa. La entrega de estas distinciones constituye uno de los acontecimientos televisivos de primera magnitud en el Reino Unido.

En España también el periodismo ha tenido importantes deferencias conmigo, pero el golf aún no ha ganado suficiente espacio en los medios de comunicación. Incluso puedo decir que los diarios de Santander no son muy proclives a escribir del golf profesional –tampoco de mí–, y no es porque tengan muchos deportes locales de proyección internacional de que hablar.

Llamo la atención sobre la prensa cántabra porque siempre ha tenido ese típico comportamiento provinciano, que ignora al que tiene cerca y admira al que tiene lejos. Es como si un vecino de Liverpool dijera "para qué vamos a hablar bien de los Beatles, si son vecinos míos". Quizás por esto es por lo que tengo la sensación de que mi imagen, mi fama, la han creado los medios de comunicación internacionales.

Tampoco las instituciones cántabras han querido o han sabido establecer una relación fluida conmigo. Siempre he sido consciente de mi posición en la élite del deporte y de mi proyección pública, y en función de ambas he procurado colaborar con mi tierra desinteresadamente en varias iniciativas promocionales. Pero esta voluntad de colaboración no ha tenido la recepción que podría haber tenido. Estos gestos de buena voluntad de mi parte parecen no tener importancia para algunos de mis paisanos con capacidad de decisión política y económica, que son quienes pueden activar una mayor proyección de Cantabria. Me resulta increíble, por ejemplo, que en casi 30 años sólo se hayan construido campos de golf de nueve hoyos, y uno semirrústico de 18, sin contar con el diseñado por mí en San Vicente de la Barquera. Mientras, en Andalucía, se han hecho más de 40. Además, de los campos cántabros, el único diseñado por mí ha sido el de San Vicente de la Barquera. No estoy hablando tanto de campos privados, como de campos públicos, pues siempre ha sido mi idea hacer del golf un deporte popular y al alcance de la mayor cantidad de aficionados posible. Con este fin he llegado a donar a los *juniors* españoles hasta quinientos palos de golf, que pedí especialmente como condición para jugar el torneo que organiza la PGA americana con los cuatro ganadores de Grand Slam en beneficio de sus propios *juniors*. También intercedí ante el entonces Secretario para el Deporte, Romá Cuyàs, para que destinara más de 12 millones de pesetas a campos de golf públicos, entre ellos el de Mataleñas.

Cantabria es uno de los lugares más bonitos del mundo. No hay contaminación, apenas delincuencia, una identidad cultural profunda, magnífica gastronomía, impresionantes paisajes naturales y playas que, no es porque sean de mi tierra, considero son las mejores de España. Si lo que realmente quieren los cántabros es desarrollar una industria turística, tienen a través del golf un medio excepcional para promoverla. Pero entre las comunidades españolas, Cantabria está la penúltima en cuanto a campos de golf de 18 hoyos. Para mí y para cualquiera esto es inaudito, porque la topografía y el clima de esta tierra son ideales para la construcción de campos en armonía con el entorno natural. En este sentido no estoy de acuerdo con muchas de las exigencias de los grupos ecologistas, porque son pocos los campos de golf construidos sin pensar en el impacto medioambiental.

Un campo de golf ha de ocupar un terreno definido donde el constructor pueda plantar árboles, abrir lagos, que pueden servir de punto de reunión de aves y otros animales, y crear otros recursos que complementen las características naturales del entorno. Uno de los aspectos que suelen presentarse como más conflictivo de los campos de golf es el uso abundante de agua para su mantenimiento. Sin embargo, los modernos campos de golf están dotados de instalaciones apropiadas de reciclaje del agua que los hacen factores de equilibrio del medio ecológico.

Cantabria es un magnífico polo de atracción turística que necesita mejorar sus comunicaciones con el resto de la Península. Por el contrario, dada su histórica condición portuaria, ha estado siempre bien comunicada por vía marítima con el norte de Europa. Por ejemplo, muchos británicos llegan a Santander en ferry desde Plymouth y Southampton, y no son pocos los que vienen a jugar al golf, pero continúan viaje al sur con su coche y sus palos, porque no encuentran aquí alicientes para quedarse. Apenas bajan del ferry lo primero que ven es una señal que les indica la salida de la ciudad. Es como si les invitaran a irse sin visitar Santander o las bellezas de nuestras costas o de la cordillera cántabra.

No es mi intención dedicarme a la política, pues no entiendo cómo funciona. Varias veces me han venido a buscar para respaldar a algunos políticos o partidos, pero siempre he querido mantener mi autonomía como ciudadano. Esto no significa que no tenga mis ideas, pero desgraciadamente tengo una opinión poco favorable del juego político, no así de ciertos políticos que me consta que son personas honradas y preocupadas por el país.

Me gustaría que estas reflexiones se tomaran como expresión de mi ánimo y disposición para contribuir de alguna manera al desarrollo de España en general y de Cantabria, mi tierra, en particular, como campeón que, a pesar de muchos obstáculos y dificultades, se ha ganado una justa fama.

Desde que siendo un adolescente pisé por primera vez un campo británico, el Royal St. Georges, de Sandwich, en 1975, me sentí querido por el público y por la prensa de ese país. Digamos que desde que me conocieron me trataron bien, haciéndome sentir como en casa y dejándome entrar en su "cocina". Al público y a los periodistas británicos les estaré siempre muy agradecido. Es cierto que algunas veces han salido crónicas y artículos poco correctos, incluso en alguna ocasión nada amables, pero el respeto y la consideración hacia mí siempre han estado presentes y prevalecido en la prensa británica.

Algunos deportistas británicos, hombres y mujeres, consideran que los medios de comunicación les persiguen hasta resultarles agobiantes, como es el caso de Nick Faldo. Quizás Nick y los otros tengan razón, pero no es éste mi caso, pues conmigo siempre han sido en general muy comedidos en el trato y generosos en sus comentarios. A lo mejor el hecho de que no sea británico también haya ayudado y que como con algunos periodistas españoles, con los británicos también se cumple aquello que decía el vecino de Liverpool sobre los Beatles.

Cuando la Asociación Británica de Escritores de Golf me nombró Golfista del año en 1991 por ser el jugador que más había aportado al golf europeo, me entregaron el premio en una cena que se celebró a principios de la semana del Open Británico de 1992, en Muirfield. En esa ocasión agradecí a los periodistas por haberme hecho más famoso de lo que realmente era, porque, concretamente, en el Reino Unido ha sido así.

Debía este reconocimiento a la prensa británica por la frecuencia con que han recogido mis palabras, por la cantidad de artículos que me han dedicado y, en general, por las cosas buenas que han dicho de mí. Lo cierto es que por mucho que haya ganado cinco *majors*, de no ser querido como lo soy por la prensa británica, mi nombre no sería tan famoso como lo es ahora.

En la prensa británica he encontrado a algunos personajes muy especiales, algunos de los cuales, lamentablemente, ya no están entre nosotros. Recuerdo con mucho afecto a Michael Williams, del *Daily Telegraph*, y a Peter Dobereiner, de *The Observer*. Michael murió repentinamente justo después del Masters de 1997. Peter supo que estaba enfermo poco antes de fallecer en agosto del año anterior. Estoy contento de haber tenido la oportunidad de escribirle deseándole su recuperación y que él me contestara con una carta en la que se refería a mí y a mi contribución al golf. Era una carta tan maravillosa que me hizo saltar las lágrimas. Peter Dobereiner fue un gran señor.

Los medios de comunicación, sean de donde sean, tienen un poder y una influencia fenomenales, y más ahora con el tremendo desarrollo de las nuevas tecnologías. En cierta manera su acción forma parte de una formidable operación de *marketing*. Ahí está el caso de Greg Norman, quien se ha creado una fama semejante a la de Jack Nicklaus a pesar de que sólo ha ganado dos grandes, por dieciocho de Jack. Pero Greg ha trabajado muy bien su imagen y así ha conseguido formidables resultados. Por el contrario, Larry Nelson ha ganado tres grandes y casi nadie habla de él.

Mi *marketing* ha consistido en ganar torneos y mostrarme tal como soy ante el público y la prensa. Esto viene a cuento porque se ha dicho que soy el Arnold Palmer del golf europeo, aunque en realidad yo me siento más identificado con Gary Player. De todos modos, es muy agradable oírlo, porque es un gran halago que te comparen con Palmer, cuya figura ha contribuido mucho a la popularidad del golf en Estados Unidos. En este sentido Arnold Palmer es mucho más importante que Jack Nicklaus, aunque el historial de éste sea verdaderamente apabullante.

En mi caso, creo que encarno cosas de ambos, pues tengo parte de la popularidad de Palmer, gracias en gran medida al *feeling* con la prensa y el público británicos, y el prestigio de una gran historial deportivo, que incluye seis veces la Orden de Mérito, cinco grandes y cinco Campeonatos del Mundo *Match Play*, entre mis más de 90 triunfos.

Pero ser campeón me gusta creer que es bastante más que ser un buen jugador y ganar torneos. Por esto, si tuviera que definirme de algún modo, diría que he tratado en el campo de interpretar el golf como lo hubiese hecho un artista. Por esto es por lo que mi forma diferente de jugar sorprendió a todos. Emocioné y entusiasmé tanto al público, que hasta logré que muchos se aficionaran a este deporte. Siempre he pensado que en el campo tenía que comportarme como un actor y como tal actuar para el público. Arnold Palmer lo hizo. Hay que reírse, fruncir el ceño, demostrar alegría y tristeza. Hay que exteriorizar las emociones, porque de ese modo el público te siente próximo, uno más, con sus temores y sus dudas, pero también con ese carácter que te lleva a hacer lo que quizás muchos de ellos no harían. Siempre he sido así.

En el Reino Unido mucha gente se me acerca para darme las gracias por lo que han disfrutado viéndome en el campo o por televisión. Esto es algo maravilloso. Cuando en Londres tomo un taxi, no es raro que el taxista me diga: "*Hola, Seve, ¿cómo estás?*"

Allí todo el mundo me conoce más que en España. Pasa lo mismo en Irlanda, Escocia, Gales, Estados Unidos y hasta en Japón, que es el país donde más me solicitan que pose para hacerme una fotografía. Parece que todos los japoneses tienen una cámara fotográfica y grandes hojas de papel blanco donde te piden que firmes para colgarlas luego en la pared. No sé si es porque apenas hablan el inglés, y no digamos el español, o porque son tímidos, pero la cosa es que una vez les has complacido, te dan la mano y salen corriendo.

La firma de autógrafos a veces puede ser muy agobiante. Es una de esas cosas que te hacen pensar que es cierto eso de que hay amores que matan. Admiro a Nicklaus y Palmer por la forma como siguen llevando este asunto. Al principio, cuando me pedían un autógrafo me detenía y firmaba sin poder llegar nunca al lugar a donde iba. Un día, viendo a Jack Nicklaus firmar autógrafos a un grupo de niños, me di cuenta de que él no se paraba. Mientras caminaba firmaba una libreta, una camiseta, una gorra, cualquier cosa que le pusieran. Fue a partir de ese día cuando empecé a hacer lo mismo, aunque siempre tienes que afrontar que el último tramo has de ir firmando y escuchando: "¡el último, por favor!".

Este afecto anónimo que te da la popularidad te abre muchas puertas y te facilita muchas cosas, como tener mesa en los restaurantes o que te perdonen la cuenta en él. Pero también tiene sus inconvenientes, como cuando te interrumpen precisamente cuando estás en un restaurante comiendo y te dicen: "*¡Perdone que le moleste, pero…!*"

Y tras la disculpa y el pero te molestan sin más para pedirte un autógrafo, saludarte o cosas por el estilo. Lo que nunca he entendido es que si saben que molestan, por qué piden perdón para molestarte. El pedir perdón no da derecho a nada, ni siquiera a que te perdonen. Una vez en Alemania, una señora de unos sesenta años se acercó para decirme: "*¡Oh, señor Ballesteros, qué contenta estoy de conocerle y de saludarle! ¡Qué maravilla! ¿Me quiere firmar aquí, por favor?*"

Yo estaba con un plato de sopa delante, ella sacó una libreta y abrió una pluma para que le firmara. La señora estaba tan nerviosa que al quitar el caperuzón, éste cayó en la sopa: "*¡Ay, señor Ballesteros, cuánto lo siento!* –exclamó la buena señora metiendo sus dedos en el plato para sacar el caperuzón–. *¡Qué buena está esta sopa! ¿Verdad?*"

Lo de menos es que te tiren algo en la sopa, lo pesado es el hecho de que cuando estás comiendo te interrumpan para pedirte un autógrafo, darte la mano o conversación mientras la comida espera. Uno intenta ser amable, pero algunos no se enteran hasta qué punto están invadiéndote. Comprendo, por otro lado, que éste es el precio que hay que pagar, porque para la gente que te admira quizás sea esa la única oportunidad que tengan para saludarte personalmente. Una típica situación absurda es cuando se acercan sonriendo y te preguntan:

—¿Se acuerda de mí?

—Claro que sí, pero si es tan amable de recordarme dónde nos conocimos –le respondo.

—Pues, en Sandwich, en un *pro-am* que jugamos hace quince años.

Quince años, como si dijeran ayer en el bar del hotel.

La popularidad es en cierto modo algo que tienes que sobrellevar siempre con elegancia, aunque no siempre estás de humor para soportar sus inconvenientes. El peor de éstos es la invasión de tu intimidad, cuando no te dejan estar solo en los momentos en que más lo deseas. La fama, la popularidad es algo que me ha gustado y que he disfrutado mucho, sobre todo, cuando comenzaba, pero nunca me atrajo tanto como para descuidar mi objetivo. Yo no quería ser rico y famoso, sino ser el mejor jugador del mundo. La fama y los éxitos son fruto del trabajo... y del *swing* de los británicos.

44
La noche americana

Mi primera experiencia en Estados Unidos no fue nada alentadora. No porque jugara mal, sino porque *quería* jugar mal. Recordarán que tuve que hacer cuarenta en los últimos nueve hoyos del torneo de clasificación de la Escuela del Circuito americano para *no* ganar la tarjeta. No me sentía bien en Estados Unidos y no quería vivir allí. Mi único deseo era estar con mi familia en España y jugar al golf en Europa.

Después de este "fracaso", fui a California con mi recién contratado representante, Ed Barner, quien, como ya he dicho, era un verdadero sargento. Su falta de sensibilidad y trato acabaron de convencerme definitivamente de que no quería vivir en Estados Unidos. Tal como había jugado, me hubiese hecho falta muy poco esfuerzo para conseguir la puntuación necesaria y obtener la tarjeta que me acreditaba para jugar en Estados Unidos. Si eso hubiese ocurrido, no sé si después hubiese dado ese gran salto que di en mi carrera que empezó con el empate del segundo puesto con Jack Nicklaus en el Open Británico, que ese año, 1976, se jugó en Birkdale. Aun así, estaba claro que no tendría más remedio que jugar en el Circuito americano, siempre que tuviera la ocasión.

En 1976, en el Circuito europeo se disputaban 19 torneos que, en conjunto, repartían unas 570.000 libras esterlinas. Para hacerse una idea de cuánto ha cambiado la situación, actualmente se juegan en Europa unos 40 torneos, en los cuales los primeros clasificados se llevan el doble de esa cantidad al final de temporada.

Mi primera competición en Estados Unidos fue el Masters de Augusta de 1977, y la segunda, el Greater Greensboro Open, en la primavera del año siguiente. En realidad, participé en este torneo para aclimatarme y entrenarme para mi segunda participación en el Masters, que se jugaba a continuación. Recuerdo que tomé un avión de Iberia que hacía el vuelo Madrid-Miami en el que también viajaba Manuel Benítez, *El Cordobés*, aunque él lo hacía en primera y yo en clase turista. Llevábamos unas dos horas y media de vuelo, cuando de pronto oímos por los altavoces: "*Señoras y señores pasajeros, les habla el Comandante; no deben preocuparse, porque no es nada grave, pero tenemos un problema con un motor y, para mayor seguridad, regresaremos a Madrid.*"

Ya en Barajas llamé a mis hermanos Baldomero y Manuel; a ambos les dije lo mismo: "*El avión se ha averiado y estoy de nuevo en Madrid; yo no vuelvo a subirme en ese avión, además ahora llegaré tarde para jugar en Greensboro.*"

Reconozco que no tenía miedo y que eso no era nada más que una excusa.

—Seve, no puedes volver a casa; no se puede desperdiciar esta invitación de los patrocinadores. Tienes que jugar –me dijo Baldomero.

—Tienes una misión. Tienes que ir; ve allí –fue la respuesta de Manolo.

O sea, que no me dieron opción, subí al avión como me decían y llegué a tiempo para jugar el torneo, aunque sólo pude entrenar una vuelta en el Forest Oaks Country Club, en Carolina del Norte, a donde había volado desde Florida.

El viernes pasé el corte por los pelos, a diez golpes del líder, pero al día siguiente hice 69 golpes jugando con bastante viento y recorté a cinco la ventaja. El domingo por la mañana estuve a punto de llegar tarde al *tee* del hoyo 1, como acabó pasándome en el US Open de 1980. Fue increíble, porque llegué tan acelerado y sin haber dado un solo golpe de práctica, que salí e hice ocho *birdies* para firmar una tarjeta con 66 golpes. Tuve que esperar mucho rato a que acabaran los últimos partidos y a que Jack Renner fallara un *pat* de par de 2,5 metros en el hoyo 18, para saber que había ganado el torneo. Me hice un buen regalo de cumpleaños, pues una semana más tarde cumplía veintiún años.

Siempre me he caracterizado por ser poco emocional cuando gano, porque casi siempre estaba mentalizado para eso, pero tengo que confesar que ganar el Greensboro me cogió por sorpresa, y quizás ésta haya sido una de las más agradables que he tenido. No es que haya sido una victoria inesperada porque era mi primer torneo del Circuito americano o porque yo fuese el primer jugador *internacional*, como nos llaman a los no americanos, que ganaba en su debut en el Circuito, o incluso porque hubiese pasado el corte con lo justo y con diez golpes por detrás de la cabeza. Nada de esto. La sorpresa para mí fue porque todo el mundo me había dicho que en Estados Unidos era imposible ganar. "*El Circuito americano es otro mundo... Ganar en América es imposible; con que puedas pasar el corte ya es todo un gran éxito.*"

Me decía gente como Ramón Sota y Valentín Barrios. Yo fui allí simplemente a ver qué pasaba. Y lo que ocurrió es que no sólo pasé el corte, sino que gané. Cuando todo el mundo te dice que ganar es muy difícil, y resulta que tú vas y ganas, forzosamente la victoria tiene un sabor muy especial. Con esta victoria, fui para la historia del golf el primer debutante del Circuito americano que ganaba un torneo en los últimos cinco años; el primer ganador ajeno al Circuito en los últimos doce y, entre todos los ganadores, el tercero más joven.

Después de esa semana maravillosa, la del Masters significó un cúmulo de errores causados por mi precipitación. Fue muy poco inteligente de mi parte rechazar una invitación para jugar en el Campeonato de la PGA, tal como me aconsejó equivocadamente Ed Barner. Incluso podría haber encendido una mecha en el pelotón del Circuito cuando el delegado de éste, Deane Beman, me ofreció una tarjeta de socio sin necesidad de que volviera a pasar por la Escuela; pero también decliné tan generosa oferta. Aquí la cuestión era que las normas del Circuito americano sólo me reconocían como perteneciente al Circuito continental y no al Circuito europeo, con lo cual no me permitían jugar más de tres torneos en Europa, además del Open Británico. Era evidente que estas condiciones no me convenían.

Cuando desde Europa yo miraba hacia Estados Unidos creía sinceramente que era el país de la libertad y de la igualdad de oportunidades, incluso creía en las bondades del estilo de vida americano, pero cuando fui allí pude comprobar que en todo eso había mucho de propaganda. Los grandes jugadores siempre me han acogido bien, porque les gusta competir con rivales de calidad, independientemente de su nacionalidad. Sin embargo, los del montón siempre miran con recelo a alguien que no es de los suyos. Mi triunfo en Greensboro molestó a muchos de estos jugadores. La semana siguiente al Masters tuve ocasión de ganar el torneo de los Campeones en "La Costa", Carlsbad, California, donde me había ganado una plaza como vencedor del Greensboro. En Carlsbad jugué la última vuelta con Lee Treviño de un modo realmente lamentable. Pero, aparte de jugar mal, lo más desagradable para mí fue la sorna con que algunos jugadores americanos se apresuraron a darme una palmadita en la espalda diciéndome: "*¡Qué mala suerte!*"

El problema que tenía en Estados Unidos no sólo era con estos "rivales", sino con Deane Beman, quien se sentía muy ofendido después de haber tenido que sacar la cara ofreciéndome la tarjeta del Circuito por deseo de los patrocinadores, contra el parecer de muchos socios después de mi victoria en Greensboro. Aunque no fuese esa mi intención, Beman consideró mi rechazo como un desaire, porque no era hombre de hacer regalos.

Deane Beman fue desde 1974 y durante veinte años la máxima autoridad del Circuito americano. Gracias a su gestión, este Circuito se modernizó y contribuyó sobremanera a la prosperidad del golf profesional en Estados Unidos, hasta tal punto, que consiguió que la gran mayoría de los mejores jugadores del mundo se afincaran en Estados Unidos. Quizás lo que no vio a través de mí es que tenía que haber facilitado más la entrada de jugadores extranjeros.

A pesar de lo que se ha escrito, e incluso de lo que yo mismo llegué a declarar en algún momento, no tuve con Beman ningún conflicto personal. El problema era la misma dinámica del Circuito y la actitud de ciertos jugadores que no me querían ver por sus campos, porque consideraban que ganaba un dinero que era de ellos. Un día, en un torneo, estaba en el vestuario cuando oí a George Burns que le decía a otro profesional, a quien no pude verle la cara: "*Este español sólo viene aquí a quitarnos el dinero.*"

Era evidente que la envidia y la mediocridad les invadía por dentro y reaccionaban como niños. Hasta llegaron a llamarme Steve, en lugar de Seve, con el sólo propósito de molestarme o menospreciarme haciendo ver que no se acordaban de mi nombre. Algunos –nunca gente como Nicklaus, Palmer o Watson– no podían soportar que un muchacho salido de un pueblecito de un pequeño país como España llegara a Estados Unidos y les ganara. Esta gente tenía tantas ínfulas que no podían hacerse a la idea de que yo les pudiera ganar, como tampoco que Europa empezara a ganarles a partir de 1985 en la Ryder Cup, y menos cuando el triunfo de 1987 ocurrió en su propio campo. La política de Beman era sensible a la postura de estos jugadores. A veces pienso que si hubiese tenido una mayor disposición al diálogo, como la tiene su sucesor, Tim Finchem, quizás las cosas hubieran seguido otro curso.

La actitud egoísta de muchos jugadores americanos me asombraba, sobre todo porque ellos venían a Europa cobrando suculentos fijos de salida, sin que ningún jugador del Circuito europeo protestara. La conducta de esta gente conmigo no era nueva. Lo mismo que me sucedía a mí había ocurrido con el sudafricano Bobby Locke, en 1950. A éste llegaron a suspenderle en el Circuito y a impedirle jugar en él, cuando los jugadores estadounidenses del pelotón protestaron porque ganaba mucho dinero en premios. Sólo fue readmitido cuando los mejores jugadores americanos del momento hicieron una campaña a su favor.

Tony Jacklin me contó en una ocasión que algunos profesionales americanos de su época llegaron a pretender el cierre del Circuito americano a los extranjeros. Con el tiempo esto cambió, incluso conmigo, porque resultaba inútil cuestionar a quien había ganado el Masters, el Open Británico y muchos grandes torneos, y a quienes como Bernhard Langer, Sandy Lyle, Nick Faldo, Ian Woosnam y José María Olazábal imponían su hegemonía en los Grand Slams y los grandes torneos del Circuito americano. En 1983, año en que gané mi segundo Masters, avancé en mis relaciones con Beman al anunciarse que el Circuito americano reconocía que el circuito de origen de los jugadores de Europa era el Circuito europeo. Era lo que yo esperaba para incorporarme en el Circuito americano como miembro de pleno derecho.

En principio creí que podía jugar los quince torneos reglamentarios, a pesar del esfuerzo que representaba. Pero no pude hacerlo. Me sentí muy solo, porque no tenía ningún amigo español ni nadie con quien compartir cosas en común. Estaba metido en el medio de la noche americana. Si hubiera estado casado o alguien más del Circuito europeo hubiese estado allí, quizás todo habría sido diferente. Pero estaba solo.

Es difícil que la gente que no ha vivido este tipo de experiencias comprenda los problemas personales que tuve cuando jugaba en el Circuito americano, casi siempre solo. En mi casa, en España, me levanto, leo la prensa y me entero de lo que ocurre en el país, en el mundo y en mi entorno inmediato; veo la tele, pongo un vídeo o voy al cine, y llevo una vida relativamente tranquila. Ahora entiendo bastante bien el inglés, pero entonces tenía dificultades con él y muchas veces ni siquiera me enteraba de lo que se decía en una película hablada en el inglés americano. Si no comprendes bien el idioma de un país, es muy difícil comunicarte con los demás, y eso acaba aislándote y estresándote.

A pesar de estos inconvenientes, en 1984 competí en el Circuito americano y acabé en el puesto 52.º de su Clasificación por dinero sin ganar ni un torneo. Al año siguiente gané sólo el USF&G Classic de Nueva Orleans, y más dinero que nadie por cada torneo jugado del Circuito. Esto me hizo avanzar hasta el 26.º lugar en la

Clasificación por dinero habiendo jugado sólo nueve torneos. Pero dado que no llegué a los quince torneos requeridos, al año siguiente me expulsaron del Circuito, e incluso me prohibieron recibir invitaciones de los patrocinadores, lo cual me pareció un acto muy feo. Creo que en esta ocasión Beman actuó de un modo muy extraño, porque el Circuito no tenía ningún derecho a oponerse a la invitación de un patrocinador. Total, que en 1986 sólo pude jugar en Estados Unidos los torneos de Grand Slam, ninguno de los cuales está organizado por el Circuito, y defender el título de Nueva Orleans. Ésta fue una de las razones por las que me vi forzado a entrenarme para el Masters en el minicircuito de Florida.

"*Seve está en una confrontación constante y, como no ha cumplido las nuevas disposiciones, vamos a volver a aplicar las antiguas*", declaró Deane Beman.

Esto significaba que Beman, en su afán de castigarme, también lo hacía al resto de jugadores no americanos. De acuerdo con sus normas, todo jugador que estuviera entre los ciento veinticinco primeros de la Lista de Dinero de la PGA tenía que pedir permiso para ir a jugar fuera de Estados Unidos, excepto el Open Británico. En aquel momento, tal disposición afectaba a jugadores como Nick Faldo y Bernhard Langer.

Tras el "exilio", en 1987 se me permitió jugar de nuevo en el Circuito americano a pesar de no ser socio y volví a ser el jugador con ganancias más altas por torneo. En aquellos momentos las normas del Circuito americano indicaban que un jugador no socio, como era mi caso, sólo podía jugar cinco torneos más los tres grandes americanos.

Al año siguiente utilicé una de las cinco invitaciones para jugar, la semana previa al Masters, el Players Championships, buque insignia del Circuito americano, y otra, la semana anterior al US Open, para jugar en Nueva York el Westchester Classic, que gané por segunda vez. Con este triunfo, incluyendo los dos Masters, sumaba mi sexto título en el Circuito americano.

Si en 1983, cuando gané el primer Westchester Classic hubo mucho *suspense*, más lo hubo en 1988. En esta ocasión, logré empatar el partido a Greg Norman, David Frost y Ken Green en el último hoyo tras lograr un *eagle* con un *pat* de cinco metros. Recuerdo que el primer hoyo de desempate era el 10, par cuatro de 270 metros, en el que se podía llegar a *green* con una buena salida. Sin embargo, caí en el *bunker* cercano a éste. Dejé la bola en tan mala posición que para golpearla tenía que poner un pie izquierdo en la arena y el derecho fuera del *bunker*. El golpe entrañaba mucha dificultad porque no tenía mucho espacio para hacer rodar la bola y, por si fuera poco, la tenía en bajada. Afortunadamente di un golpe preciso. Corté un poco la bola y la dejé a un metro del hoyo. Hice *birdie* y como ninguno de los otros hacía menos de cuatro, gané.

A pesar de esto y del apoyo de varios de los mejores jugadores americanos, ni se me ocurrió pensar que Beman quisiera incorporarme al Circuito. Incluso parte de la prensa americana propuso que la regla de los quince torneos sólo se aplicara a quienes aspiraban a incorporarse al Circuito americano. Este sector de la prensa consideraba que los no socios que hubieran ganado un torneo de los grandes estaban autorizados a recibir de los patrocinadores un número ilimitado de invitaciones para jugar en el Circuito. Este cambio de las normas propuesto sólo nos hubiera afectado a Faldo y a mí, dado que Lyle, Norman, Langer y el japonés Tommy Nakajima eran extranjeros no asociados, con lo cual no hubiera causado ningún problema de organización. Beman no aceptó.

A pesar de esto, me extrañó que Beman no se pusiera en contacto conmigo para tratar de encontrar una solución a mi propósito de jugar en Estados Unidos sin abandonar el Circuito europeo. Beman siguió inamovible en su posición, y en 1988 tampoco aceptó la propuesta de reducir a doce el número de torneos, lo que supuso que Sandy Lyle continuara siendo el único europeo asociado al Circuito americano.

Muchos piensan que si no hubiera tirado por la borda deliberadamente mi tarjeta de la Escuela del Circuito en 1975, seguramente hubiese tenido la oportunidad de afinar más mi juego en instalaciones de alto nivel y haber cuidado mejor la espalda, dado que si bien hubiera jugado más torneos en Estados Unidos, en conjunto habrían sido menos. Sin embargo, no estoy arrepentido de esta decisión y al mismo tiempo me siento muy orgulloso de haber colaborado en el desarrollo del circuito europeo.

Como el tiempo acaba poniendo las cosas en su sitio, el sucesor de Beman, Tim Finchem ha planificado una política caracterizada por el reforzamiento de la presencia internacional en el Circuito americano. Al crear los Campeonatos del Mundo ha facilitado que jugadores estrella de otros continentes puedan jugar en Estados Unidos quince torneos sin abandonar sus circuitos particulares. Esto supone que el actual panorama del Circuito americano hubiera sido en los años ochenta mucho más conveniente para mi carrera. El problema es que me adelanté en el tiempo. A mí me tocó vivir en plena noche americana.

45
El recodo de los negocios

Jugar y ganar torneos han sido siempre mis prioridades. Los negocios son algo que han venido por sí solos. Ser buen jugador y buen negociante no son cosas que se puedan compaginar sin que uno u otro pierda, y yo siempre he querido ser un ganador deportivo. Quiero decir que estoy convencido de que simultanear deporte con negocios paralelos hubiese sido muy negativo para mi carrera. Conozco jugadores potencialmente talentosos que han puesto mucho interés en los negocios y que han ganado mucho dinero, pero sus carreras deportivas han acabado siendo mediocres. Por mi parte, puedo decir que me siento orgulloso de los éxitos de mi carrera y de que los negocios que ella ha generado marchen bien, gracias al esfuerzo y la eficacia de mis hermanos y a un equipo humano muy profesional.

La historia de mis negocios comienza con mi carrera profesional, en cuyos primeros pasos tanto me ayudó el maestro Roberto de Vicenzo. Fue él quien nos presentó a Ed Barner, responsable de la empresa estadounidense UMI (Uni-Managers International), en Turnberry, durante el Campeonato Double Diamond, en septiembre de 1975.

Ed Barner, que había sido comentarista de radio y televisión, y trabajado para una agencia de Hollywood, era un hombre que sabía muy poco de golf, pero en su cartera de clientes figuraban golfistas excelentes, como Billy Casper, Johnny Miller, Sam Snead, Orville Moody y Lou Graham. Consideramos que Ed Barner, quien –como Casper y Miller– era mormón, podría ser el hombre adecuado. Así, un mes después de sernos presentado, firmamos con UMI un contrato encargándole la gestión de mis intereses económicos. Tardé unos cuantos años en darme cuenta de que había cometido un error. Un grave error que me costó muchos dolores de cabeza y dinero.

Ed Barner fue mi primer *manager* y se comportó conmigo como un auténtico sargento, pues no tuvo la sensibilidad para tratarme como el adolescente que era entonces, recién salido de un pueblo rural. Para él, yo era como un caballo de carreras que todas las semanas, además de jugar los torneos correspondientes, sacaba a exhibiciones y fiestas continuas, demasiadas para un muchacho que, además, apenas dominaba el inglés. Fue ésta una de las razones por las que a fin de ese mismo año pegué la espantada en la Escuela del Circuito americano, para pasar las fiestas en España con mi familia, cosa que me supuso una bronca de mi hermano Manuel. Yo sé que no estuvo bien lo que hice, pero por nada del mundo quería quedarme solo en Estados Unidos con un tipo así.

Lo primero que nos dijo Barner fue que no le gustaba mi nombre, porque era demasiado largo, y nos propuso que me llamaran Seve Sota, el apellido de mi madre. Con Manuel estuvimos de acuerdo en que fuera Seve, pero no Sota. La cosa tenía su gracia, porque a mí me acortaba el nombre de Severiano a Seve, y a Miller, que se llamaba John, se lo había alargado llamándolo Johnny.

Cuando empecé con UMI, Barner logró contratos uno tras otro. El primero de ellos se firmó en 1976 por 50.000 dólares anuales por jugar con palos *Mizuno* en Japón. Pero esta estrategia enseguida se demostró poco efectiva, ya que de pronto me encontré jugando con tres marcas de palos diferentes según fuera en Japón, Europa o Estados Unidos.

Para saber con qué palos y bolas tenía que jugar y qué marca de ropa usar debía empezar por preguntar "¿Dónde voy a jugar ahora?". Usaba palos *Mizuno* en Japón, *Slazenger* en el Reino Unido y *Sounder* en Estados Unidos, bolas *Dunlop* en Japón y *Titleist* en el resto del mundo. No hacía otra cosa que cambiar de palos, de bolas y de prendas de vestir. Tres días con esto, dos días con aquéllos, para jugar con tal marca, para una entrevista con tal otra, etc., etc. Era una locura. Después adopté únicamente los palos y bolas *Callaway*.

Con la vestimenta pasaba otro tanto, pues en el Reino Unido vestía ropa de Slazenger, en la Europa continental *Lacoste*, en Estados Unidos *Izod* y *Munsingwear* en Sudáfrica. La marca escocesa *Sunderland* era para el equipo de agua. Finalmente acabé firmando un contrato mundial con la firma alemana *Hugo Boss*. Aparte de los elementos y ropas deportivos también firmamos contratos con *American Express*, *Rolex*, *Range Rover*, *Sanyo*, etc., además de acuerdos de representación con La Manga Club en España y el Doral Country Club de Miami, Florida.

Si al firmarlos hubiera sido consciente de lo que todo ello conllevaba, estoy seguro de que no lo hubiera aceptado. Éste fue el punto que me hizo dudar de la bondad de los consejos de Ed Barner, empezando por su discutible opinión de que no valía la pena jugar el Campeonato de la PGA americana. Aunque es evidente que cuando se rompe una relación comercial es porque cada una de las partes ha aportado su cuota de culpa, creo que en este caso lo más prudente es decir que Ed Barner y yo no llegamos a entendernos nunca y que a partir de cierto momento ni nos esforzamos por conseguirlo.

En 1981 renové con UMI el contrato de representación por otro período de dos años, que al cumplirse no quise renovar. Las negociaciones que se abrieron entonces para resolver la desvinculación de mis negocios con la empresa de Barner fueron muy largas y costosas. En 1985, al día siguiente de haber disputado el Masters de Augusta y cuando aún me daba vueltas en la cabeza por qué no había entrado aquel "chipito" de *birdie* en el hoyo 16 cuando perseguía a Langer, debí presentarme en un tribunal de Los Ángeles que, a instancias de UMI, iba a arbitrar sobre nuestras diferencias contractuales. Pensé que por fin iba a resolver este ya largo contencioso, cuando me encontré con que el asunto quedaba aplazado. Hubo que esperar casi dos años más, para que un juez laudara a mi favor disponiendo que sólo le pagara a UMI comisiones hasta dos años después de la rescisión del vínculo contractual. Pero tampoco esta vez acabó el conflicto, porque Barner recurrió aduciendo que el tribunal no había tenido en cuenta otros factores. Como ya estaba harto de este asunto, resolvimos liquidarlo por una determinada cifra económica. Así pude respirar tranquilo.

Sin embargo, la relación con Ed Barner aún traería cola. En 1988, tras ganar el Open Británico en Lytham, alguien me preguntó en la conferencia de prensa por mi relación con UMI y cuánto me había costado zanjar el contrato. Como siempre digo lo que pienso, respondí sinceramente cuál fue la cifra pagada. Hice mal en darla, porque el acuerdo incluía una cláusula de confidencialidad, que sirvió para que Ed Barner me demandara nuevamente. Un mes más tarde de mi declaración, mientras jugaba el Campeonato de la PGA americana, me llegó la notificación judicial de la querella. En ella, faltando a la verdad y con la clara intención de perjudicar mis relaciones con la PGA, exponía que si no había jugado en ese campeonato a finales de los años setenta era porque yo había preferido los torneos que pagaban fijos de salida. La realidad, como ya lo he dicho en otra parte, es que él fue quien me desaconsejó jugarlo "porque no valía la pena". Al mismo tiempo me llenó la agenda con torneos, exhibiciones y fiestas que a él le convenían más.

Paralelamente, en 1981, yo había fundado la compañía Fairway, con sede en Madrid. El objetivo de mi compañía era desarrollar y gestionar mis intereses en España.

Tras la tormentosa relación con UMI y Ed Barner, trabajar con mi familia fue un alivio. Con ellos sentí un mayor control sobre mis propios intereses, lo cual tuvo consecuencias beneficiosas en todos los aspectos. Podía escoger lo que iba a hacer y lo que iba a rechazar.

Cuando una empresa extranjera representa nuestros intereses, asume también el control de los mismos, de modo que es muy difícil para uno rechazar lo que ella te propone. Por ejemplo, yo siempre he pensado que es mejor jugar veinte torneos y descansar, pues tienes la posibilidad de ganar un tercio de ellos, que jugar treinta e ir tan agobiado que no puedes aspirar a ganar más de uno. No vale la pena viajar miles de kilómetros por un cheque importante cuando este viaje te puede arruinar la posibilidad de ganar un torneo grande.

Obviamente capté con claridad que no convenía llenarme la agenda con torneos acaso bien dotados en lo económico, pero menores en lo deportivo; comprendí que mi corazón y mi ánimo estaban en jugar al golf y obtener triunfos deportivos en lugar de hacer sólo dinero o en asistir a fiestas y recepciones.

Posteriormente, con Roddy Carr llegamos a un acuerdo para promover y organizar eventos del Circuito europeo. Así nació en 1986 la empresa Amen Corner, nombre que elegí en recuerdo del famoso recodo de los hoyos 11, 12 y 13 del Augusta National Club. Actualmente, Amen Corner también organiza el Seve Trophy y, en Asia, el Royal Trophy. Al mismo tiempo también creé la empresa Trajectory, centrada en proyectos de campos de golf. Aquí cuento con excelentes colaboradores, como Gonzalo y Antonio Lavín, ingeniero y economista; Santiago Verastegui, ingeniero, muy bien asistidos por los también ingenieros José Antonio Gómez y Purificación Díez. Seriedad, profesionalidad, honestidad y eficacia son la base de nuestro grupo, y lo prueba el hecho de que prácticamente todos ellos forman parte de la empresa desde su constitución hace ya más de 20 años. Y si todo esto es de gran importancia, para mí tiene más valor la fidelidad que me demuestran día a día, lo cual significa que me encuentro totalmente arropado.

En 1986, ofrecimos un cargo de responsabilidad en el exterior a Joe Collet con el propósito de que renegociara bajo la supervisión de Baldomero todos mis contratos en el extranjero, para que yo pudiera aprovechar mejor el tiempo. Pronto Joe Collet demostró que no nos habíamos equivocado al elegirlo.

El modo de actuar de Joe Collet, firme y a la vez flexible, nos hizo pensar que seguramente habría obtenido mayores y mejores contratos si en el período inicial de mi carrera hubiera jugado en el

Circuito americano. Por ejemplo cuando en 1985 me retiré de este circuito, lo que suponía jugar menos de quince torneos en Estados Unidos, me costó medio millón de dólares de un contrato hablado y casi pactado con Nike.

En 1987, fijé mi residencia en Mónaco no tanto por razones fiscales, pues mis empresas siguieron registradas en España y pagando aquí los impuestos correspondientes, sino por su estratégico emplazamiento. Además, su clima templado y soleado era beneficioso para mi espalda y para mis entrenamientos. También tenía a mano el aeropuerto internacional de Niza y otras ventajas. Durante todo este tiempo me sentí muy tranquilo y seguro, porque los negocios, bajo la tutela de Baldomero estaban creciendo como queríamos.

En 1995, Joe Collet decidió volcar sus energías en su proyecto de crear un circuito mundial, el IGT (International Golf Tour). Fue así cómo el 8 de mayo de 1995 dimos a conocer nuestra desvinculación en un comunicado de prensa[5]. Joe Collet ha sido un colaborador de quien guardo un grato recuerdo. Fue noble, correcto y muy profesional.

Seguidamente, contratamos, durante tres años, a Roddy Carr, que fue director de Amen Corner, y de quien también pienso lo mismo. Mis hermanos tienen el más absoluto control de mis haberes y deberes profesionales. Manuel se encarga de mis finanzas, y Baldomero, a quien por cierto no le gusta la palabra *manager*, porque piensa que nadie puede manejar la vida de otro, es quien está a la cabeza de todo. Baldomero, a quien nunca le ha gustado salir en la foto, está siempre detrás del telón y es el referente de toda la fami-

---

[5] "Después de una relación laboral de ocho años y medio, Joe Collet y yo hemos convenido que concluyese sus servicios para conmigo. Joe tiene intención de volver a los Estados Unidos después de pasar una temporada en Austria, donde atenderá asuntos personales. Joe siempre fue un gran profesional y por encima de todo un buen amigo.

A partir del primero de julio mi nuevo colaborador será Roddy Carr. Como todo el mundo sabe, Roddy es actualmente director de mi empresa Amen Corner, S.A., y mi decisión de encomendarle esta nueva labor se basa fundamentalmente en el buen trabajo que ha estado realizando en la misma".

lia. También ellos, mis hermanos, han sabido conformar con nuestros colaboradores un magnífico grupo humano. Dentro de éste, Rosario Sordo, la secretaria, es la persona que mejor conoce la idiosincrasia de los Ballesteros. Ella representa la confidencialidad y la profesionalidad en todos los sentidos. Lleva muchos años con nosotros sintiendo el trabajo diario de la empresa como si fuese suyo, y así lo transmite a nuestros colaboradores, como Elena López.

Actualmente, al frente de Amen Corner está mi sobrino Iván. Él, que actúa como consejero delegado después de haber pasado por todos los departamentos de la empresa, es asimismo mi actual representante. Iván es un joven ágil, inteligente, profesional y muy comprometido, que conoce bien la manera de trabajar junto a mí, dado que prioriza al Seve persona, lo cual, a estas alturas de mi carrera, a mí me ayuda mucho. Iván está rodeado de un buen equipo en nuestras oficinas de Madrid, el cual se caracteriza por la calidad humana y profesional de todos sus miembros.

Si he querido describir algo sobre la trayectoria de mis negocios no es para aludir a su volumen, sino al carácter que desde el principio ha estado latente y que he luchado por mantener. Siempre he pensado que mis empresas deben ser entidades donde se perciba el pálpito humano y que reflejen mi imagen tal cual soy.

46
La cuerda de IMG y los japoneses

Concluidas mis funciones de capitán de la Ryder Cup, analicé la situación con mis hermanos y llegamos a la conclusión de que lo mejor era que Baldomero se ocupara ya de todos mis asuntos. Realizamos el cambio en invierno antes del inicio de la temporada del Circuito europeo de 1998, cuyo primer torneo era el Dubai Desert Classic, que se jugaba a finales de febrero. Estando en Dubai una noche, a eso de las nueve y media, recibí en el hotel una llamada telefónica. *"Hola Seve, soy Mark McCormack, tengo entendido que Roddy Carr ya no está contigo y me pregunto si es posible reanudar la conversación que tuvimos hace veinticinco años sobre si IMG podría ocuparse de tus asuntos."*

IMG (International Management Group) es la empresa de representación deportiva más grande, más poderosa y más influyente en el mundo del golf. IMG fue fundada por Mark McCormack, un abogado de Cleveland. A principios de los años sesenta sus tres primeros clientes fueron Arnold Palmer, Gary Player y Jack Nicklaus, los "tres grandes" del golf. Casi veinte años más tarde, apenas iniciada mi relación con Barner, IMG llegó al extremo de proponerme que rompiera el contrato con UMI y me fuera con ellos, garantizándome importantísimos fijos de salida por cada uno de los 11 torneos que debía jugar. Por entonces era una cifra astronómica. La oferta estaba condicionada a la exclusividad de participación en torneos organizados por IMG.

Desde aquellas fechas, IMG volvió a la carga varias veces y siempre con el mismo resultado. Por esta razón McCormack llegó a declarar que su incapacidad para captarme como cliente la consideraba como el mayor fracaso de su carrera profesional.

Tengo la impresión de que el interés de McCormack se debía fundamentalmente a que, en los torneos que organizaba, su compañía pagaba fijos de salida, cuyo monto lograba reducir gracias a las comisiones de los jugadores que representaba. Al no ser yo cliente suyo, a él se le escapaba un buen pellizco.

Pero desde finales de los setenta a finales de los noventa habían pasado muchos años y cambiado las circunstancias, de modo que consideré que sería estúpido no querer hablar con McCormack. Fue así como Baldomero y Mark se reunieron durante la celebración del Open Británico que se jugó en el Royal Birkdale aquel verano.

—¿Está dispuesto Seve a hacer exhibiciones los lunes? –fue lo primero que preguntó Mark McCormack en cuanto se sentaron.

—¿Es eso lo que está ofreciendo IMG a Seve? ¿Jugar los lunes? –le preguntó Baldomero sibilinamente.

—Intentamos ayudarle en lo que podemos –le dijo el otro.

—Mira, Seve no está en situación de hacer exhibiciones los lunes; no necesita el dinero como para hacer este tipo de cosas. Seve siempre ha preferido vigilar su carrera deportiva. Siento que no podamos llegar a ningún acuerdo –le respondió Baldomero.

Y en esto consistía toda la oferta de IMG. No nos pareció que fuese ésta la mejor oferta de un hombre realmente interesado en llegar a un acuerdo conmigo, porque había sido él quien había tomado la iniciativa llamándome. El Trofeo Lancôme era un selecto torneo que organizaba IMG. Desde 1976, el año en que gané a Arnold Palmer en un partido emocionante, los franceses me querían ver siempre en el torneo. Sin embargo, a medida que pasaba el tiempo, la actitud de IMG era cada vez más extraña, dando expresivas muestras de que le daba lo mismo si yo jugaba o no. En 1994, Peter German, de IMG, me ofreció jugar el Lancôme, pero advirtiéndome de que no tenía previsto pagarme ningún fijo de salida. En realidad, no me hubiera importado si no hubiese sabido que a otros, entre ellos Greg Norman, se lo pagaban. No podía entender este trato, pues estaba jugando bien, ya que en mayo había ganado el Benson & Hedges International, en septiembre había quedado octavo en el European Open jugado en East Sussex, y la semana anterior al Lancôme había quedado segundo detrás de Ian Woosnam. Total, que no acepté jugar gratis, pero sucedió que Norman se retiró y me llamaron urgentemente. Milagrosamente apareció la previsión de dinero para pagarme el fijo de salida. Acabé tercero.

Dos meses después de la "tentadora" oferta de McCormack en Birkdale, me volví a topar con la descortesía de Peter German en el Lancôme. Es habitual que la organización del torneo se ocupe de los billetes del avión y del hotel, pero también lo es que un jugador de primera línea adelante el dinero, para posteriormente arreglar cuentas. Así lo hice yo en esa ocasión, sin que IMG se ocupara de nada. Recién llegado al hotel reservado por mí, recibí una llamada de German.

—Seve, si quieres puedes venir al Trianon Palace –que era el hotel oficial–, pues estás invitado a habitación y desayuno.

—Peter –le respondí dándome cuenta de que le sobraban habitaciones contratadas y pagadas–, ¿por qué no me dejas en paz? Creo que no me merezco este trato, después de apoyar tantos años este torneo… Gracias, pero me quedo donde estoy.

Si IMG hubiera sido mi representante desde el principio, creo que finalmente hubiera acabado dejándola, como hizo Greg Norman. El problema principal de esta empresa es su propia cartera de representados que les permite negociar un patrocinio o acuerdo comercial con una amplia oferta de jugadores, de modo que uno no sabría si negocian por ti o por sus propios intereses. De estar con IMG no me hubiese extrañado que dijera a un patrocinador: "Si quieren a Seve Ballesteros en este torneo, también tienen que aceptar a fulanito", es decir, a un jugador de segunda o tercera fila al que les interesa promocionar.

IMG es una compañía que indudablemente ha contribuido mucho al desarrollo del Circuito europeo, pero también es cierto que se ha aprovechado de esto sacando grandes beneficios. Cuando McCormack oía alguna crítica de esta naturaleza salía respondiendo que "la gente tiene que entender que fuimos los primeros y que nosotros hemos creado todo esto". Sin duda eso es cierto, y también lo es que fueron los primeros en promover el marketing y el control de los derechos de televisión del Circuito europeo a través de TWI y de European Tour Production, empresa en la que el Circuito y él eran consocios.

IMG fue la primera en entrar en el sector y, sin competencia alguna, alcanzó un gran desarrollo monopolizando la organización y el patrocinio de los torneos, controlando los derechos televisivos y las representaciones de grandes jugadores, y llevando a cabo una política que ha impedido que otras agencias puedan hacerle sombra.

Dado mi carácter, yo no necesito como representante a una empresa como IMG, sino a una persona preparada, muy profesional, honrada y de total confianza. Con IMG hay demasiados conflictos de intereses como para que pueda, a mi juicio, defender bien a sus representados, a quienes exprime al máximo sin que ellos puedan negarse. La bandera que IMG enarbola para esta política es que les hace ganar mucho dinero, pero muchas veces dan cifras que están lejos de la realidad, al menos en lo tocante a Europa. Suele hacer correr la voz de que, por ejemplo, ha obtenido para un determinado jugador un suculento contrato de dos millones de libras al año. En estos casos lo más probable es que los dos millones sean ciertos, pero no suelen ser libras, sino dólares, y no por un año, sino por cinco, siempre y cuando el jugador maximice su rendimiento hasta niveles sobrehumanos. Es evidente que este tipo de información forma parte de su maquinaria publicitaria orientada a promotores, patrocinadores y al entorno comercial, pero quienes conocen bien este negocio no se dejan embaucar. La cuerda de IMG siempre rodea algún cuello.

Los contratos comerciales crean al jugador un buen número de obligaciones que le roban muchas horas que podría dedicar al entrenamiento. En este sentido, al principio cometí un buen número de errores, aun sin la ayuda de IMG. Por ejemplo, entre 1980 y 1985, tenía que pasarme cuatro días de las Navidades en el Doral Country Club de Miami, por obligación contractual. En general te presentan todo de un modo muy atractivo y fácil de cumplir, pero cuando llega el momento descubres que todo es mucho más restrictivo y arduo de lo que parece. Pero la culpa es de uno, porque no te fijas o tu representante no hace el trabajo que le conviene al jugador, porque ve en él una máquina de hacer dinero.

Pero no todas las empresas se comportan del mismo modo, y de algunas se recibe un trato muy gratificante. Recuerdo, por ejemplo, mi primera visita a Japón en 1975. Tenía diecisiete años, llegué sin palos, sin bolas y sin zapatos. Cuando entré en la habitación del hotel me encontré allí una bolsa *Mizuno*, mi patrocinador japonés, grabada con mi nombre, con mis nuevos palos, varias docenas de bolas, seis guantes y dos pares de zapatos con clavos. Me sentí la persona más feliz del mundo. Casi estuve a punto de llorar, porque estaba solo en ese país tan lejano y diferente. Me sentía como en Navidad.

A lo largo de los años, siempre me he sentido muy bien con los japoneses. Con ocasión de un rodaje en España de un anuncio con la cerveza Sapporo, la agencia desplazó desde Japón un equipo de filmación de dieciséis personas para un trabajo que se suponía duraría tres días, pero que se prolongó hasta diez. Durante ese tiempo, en diciembre, que llovió a cántaros en Sotogrande, la empresa se gastó una fortuna procurando que todos pasáramos lo mejor posible ese tiempo.

El recuerdo de mi relación está lleno de anécdotas, algunas de ellas muy divertidas, como la que me ocurrió una vez que viajé a Japón a jugar un partido de exhibición con Isao Aoki. Cuando llegamos al lugar donde jugábamos, a eso de las once de la noche, nos dijeron que nos instaláramos en la casa-club, que era un pequeño edificio, con un solo cuarto de baño. Durante la madrugada me desperté con unas ganas tremendas de orinar y salí al pasillo, pero no conseguí encontrar el cuarto de baño. Volví a la habitación y me asomé por la ventana, pero vi que estaba demasiado alta para saltar. No sabía qué hacer, cuando en eso vi una botella de whisky *Suntory*. Abrí la ventana, vacié la botella y ya se lo pueden imaginar. A la mañana siguiente, Aoki entró en mi habitación y lo primero que vio fue la botella vacía. *"Debías de estar muy contento anoche, pues te bebiste toda la botella."*

Le miré y no dije nada. No fui capaz de decirle la verdad.

Otro año, durante el torneo Dunlop Phoenix, estaba yo sobre las siete y media de la mañana afeitándome en la habitación del hotel –por alguna razón que desconozco durante veinte años me dieron la 731– cuando el espejo empezó a vibrar. Lo primero que se me ocurrió pensar fue: "¡Vaya día de golf que nos espera, hace un tiempo de perros!". Entonces empezaron a temblar las ventanas y a moverse el suelo. Bajé corriendo a recepción y allí me encontré con que los huéspedes empezaban a evacuar el hotel porque era un terremoto. Algo semejante me había pasado años antes en Gran Bretaña. Esa vez el doctor Campuzano, que en esa ocasión había ido a verme jugar, me despertó a eso de las tres de la madrugada golpeándome la puerta de la habitación: *¡Seve, Seve, sal, que se quema el hotel!*"

Pero como yo me imaginé que era una broma, seguí durmiendo hasta que el teléfono empezó a sonar. Tenían que evacuar el hotel porque, en efecto, se estaba quemando.

Algunas de las cosas que me gustan de los japoneses es que son organizados, elegantes en el vestir, respetuosos con la naturaleza, el entorno y cuidadosos con la limpieza de sus ciudades. También durante los años que llevo tratándoles he observado su progresiva europeización, lo que no significa que sea necesariamente bueno para ellos, porque su cultura tiene muchas cosas que nos convendría aprender. En cierta ocasión viajé para promocionar el campo de golf de la familia Tezuka, que yo había diseñado. Me acompañaban Vicente, Pedro Morán y una intérprete llamada Junko Tanaka. El caso es que cuando los hermanos Tezuka, Shun y Noriko, salieron a recibirnos, una azafata me entregó un ramo de flores. Entonces a Pedro se le ocurrió la idea de que propusiera llevar las flores al padre de los Tezuka, cuyas cenizas estaban en el ático del edificio, y le rezáramos. Los hijos se mostraron encantados con la propuesta y subimos. En la estancia había un cuadro del señor Tezuka, arroz, sake y varitas de incienso para quemar mientras se reza. Shun encendió una, yo otra, y empezamos a rezar. Pasaron los minutos y yo veía que el rezo era interminable, cuando ya no pude más de tanto que me dolía la espalda, me levanté y le dije a Shun: "*Lo siento, pero me duele la espalda…*"

Pero Shun y Noriko se levantaron enseguida y no hacían otra cosa que darme las gracias. Estaban muy conmovidos. Después me enteré de que el visitante fijaba el tiempo del rezo siendo el primero en levantarse, y que ninguno le había dedicado más de un minuto. Según Vicente, nosotros rezamos cuarenta minutos.

Cuando uno abandona Japón, nota enseguida las diferencias de trato que se dan a los visitantes o a simples pasajeros. Una vez, volando de Tokio a Londres, hice escala en Moscú y, como tenía que esperar dos horas, me quedé leyendo en el aeropuerto. Cuando anunciaron el embarque, seguí sentado para no tener que hacer cola. Al verme, un policía se me acercó y hablándome con malos modos me dijo que fuera a la cola. Le dije que prefería esperar y que después subiría, que no tenía prisa en hacerlo. Su reacción fue pedirme a gritos el pasaporte, y yo le dije que no se lo daría. Entonces llamó por *walkie talkie* y vi que una patrulla venía a por mí. Estaba visto que los rusos no son tan amables como los japoneses, así que sin chistar me fui a la cola antes de que las cosas pasaran a mayores.

47
Asuntos de familia

Soy un hombre que cree en la familia como grupo, dentro de la cual uno puede sentirse seguro. Siempre me he sentido protegido por mi entorno familiar y he procurado y procuro que mis hijos también lo sientan así. Desde pequeño sentí ese amparo y, a pesar de mis travesuras y de mi afición desmesurada por el golf, hasta el punto de descuidar mis estudios escolares, disfruté de la comprensión y del cuidado de mis padres y hermanos.

Al hablar de mi niñez, de mi carrera y de mis negocios siempre están ellos formando todos una piña. Trabajamos juntos y la fidelidad está a prueba de cualquier circunstancia, como he tenido ocasión de comprobar. Es por ello por lo que puedo vivir tranquilo y haber desarrollado mi carrera sabiendo que siempre, en todo momento, he tenido las espaldas cubiertas y contado con el apoyo afectivo necesario para superar las dificultades.

Ahora, acaso el más alejado físicamente y por razones laborales sea Vicente. De nuestro vínculo por ser los menores ya he contado algo, pero debo añadir que Vicente es un excelente maestro de golf y que antes de establecerse en el Sur de España actuó como maestro profesional en Zaragoza y La Manga. Vicente es quizás quien mejor conoce mi *swing*, por lo que en más de una ocasión me ayuda a corregir cosas que empiezo a modificar sin que me dé cuenta.

Manuel es un apasionado de las finanzas. Ha sido un buen jugador de golf, con gran dominio técnico, aunque con el inconveniente de no haber encontrado el modo de tener templanza. Aun así, ganó el Campeonato de España en 1976, el Open de Biarritz en 1968, el Timex Open en 1982 y otros varios. Cuando le hacía de caddie aprendí mucho de él fijándome en los detalles de cómo ejecutaba los golpes o afrontaba alguna situación comprometida.

Como ya he dicho, mis hermanos han sido mis compañeros de juegos y travesuras. Ahora me viene a la memoria la vez que liamos una buena con Manolo. Resulta que en casa había un vasar donde mi madre guardaba, entre otras cosas, una hermosa vajilla regalo de boda que le hicieron sus padres, y también puntualmente un queso manchego por el que Manolo y yo empezamos a pelear. Fue un desastre. En el forcejeo tiramos el vasar, rompimos parte de la vajilla y, también los cinco tazones con los que desayunábamos leche con torta de borona. Como sólo se había salvado un tazón, nuestra madre nos castigó a que en adelante tomásemos el desayuno y la cena por turnos.

Baldomero, Merín, es el mayor, y sin duda es la referencia de todos. También él ha sido jugador de golf y gran maestro. Es el artífice de nuestras empresas. Baldomero, Manuel y Vicente, los tres me han acompañado a los torneos, me han protegido y me protegen. Y en más de una ocasión me han hecho de caddie. Con Baldomero y Vicente fui campeón del mundo.

Mi vida matrimonial me condicionó mucho, porque me casé con Carmen siendo ella muy joven, con unos condicionamientos familiares muy especiales que la hacían no sentirse tan integrada en su familia como podía estarlo yo en la mía. Sinceramente, pensé que a mi lado podía cambiar y madurar para acabar siendo la mujer que yo necesitaba. Pero, desafortunadamente, no llegamos a sintonizar como pareja.

Nos casamos en 1988, en la casa que los abuelos de Carmen tenían en Santander. Curiosamente, meses antes de nuestra boda, yo gané mi último torneo del Grand Slam.

El enlace tuvo lugar en la más estricta intimidad, pues no deseábamos que trascendiera más allá de lo familiar. Hoy, yo no me hubiera "escondido". Los oficiantes de la ceremonia fueron don Pedro Cea, ex párroco de Rubayo, amigo de nuestra familia, y Monseñor Federico Sopeña, amigo de la de Carmen.

Allí estuvo presente la familia directa de Carmen, es decir, abuelos, padres y hermanos. Mi madre, hermanos, cuñadas y sobrinos fueron por mi parte.

Las únicas fotos que se realizaron de nuestro matrimonio fueron tomadas por mi ex familia política.

Posteriormente, parte de aquellas fotos, por negligencia de Carmen y mía, salieron a la luz en España a través de la tienda donde habíamos dejado el carrete para revelar.

Graciosamente, en algunas de las fotos reveladas, aparecían empleados de la familia de Carmen. Y sin embargo, en los pies de las fotos figuraban como si fueran familiares míos.

Luego, en este sentido, alguien de la prensa con no buena fe nos jugó una mala pasada.

Tengo que decir que la posterior comida a la ceremonia fue realmente divertida y amena. Destaco que, entre los invitados, el abuelo y abuela de Carmen nos parecieron a toda mi familia personas realmente entrañables. De ellos guardo gratos recuerdos.

Finalizada la corta e íntima fiesta, viajamos a disfrutar de unos días lejos de España, hacia un sitio donde tuvo lugar la anécdota de las fotos.

Después regresamos a nuestra casa, que no era precisamente la que yo construiría poco después, sino en la que había convivido con mis padres.

Una vez construida mi nueva casa, nos instalamos en ella, no antes de que Carmen aportase a la misma cuantos cambios quiso realizar.

Y aquí vivimos hasta nuestra separación y posterior divorcio.

Desde el principio, Carmen no entendió que un deportista de élite es una persona "diferente" y, en cierto modo, muy vulnerable, que en el hogar necesita serenidad y mucha tranquilidad.

No obstante, tuvimos tres hijos maravillosos, a los que ella sabe atender como buena madre. Para Carmen, su verdadera familia seguía siendo la de sus padres y hermanos. Hasta tal punto era así que, cuando yo tenía alguna diferencia de opinión con los suyos, ella en contadas ocasiones se puso de mi parte. Las atenciones para con su familia eran primordiales. Mi madre sufrió mucho porque observaba que mi matrimonio se deterioraba cada día más y veía que yo no era feliz.

Mi relación con mis ex suegros ya había comenzado desde que con catorce años sustituí a mi hermano Vicente para enseñar a sus hijas. Dos de ellas, Ana Patricia (años 74-75) y Paloma (años 76 y 77), ganaron el Campeonato Infantil de España. Incluso, cuando aún yo era todavía caddie, su padre me pidió que fuera a Biarritz a jugar con él un *pro-am* haciéndome ocupar plaza de profesional.

Con mis ex suegros me mantuve siempre dentro de los márgenes del respeto y la cordialidad. Emilio pienso que me aceptaba porque veía en mí a un trabajador como él, que además obtenía éxitos. Creo que yo era su yerno favorito. Mi ex suegro admira a los triunfadores. Yo venía de un mundo muy diferente al de ellos, pero al mismo tiempo soy consciente de que en esos momentos era el mejor jugador de golf del mundo y una de las personas más famosas del país. Y nunca llegué a pensar que yo fuera su trofeo, como algunos me han llegado a comentar, después de mi divorcio.

Emilio es un hombre inteligente, trabajador, que se merece lo que ha conseguido, porque ha entregado su alma y su vida al banco. Sus vacaciones y todo lo que hace con sus hijos gira alrededor de su trabajo. Por darle satisfacción a Carmen, yo solía aceptar ir a Suiza o a alguna cena organizada por su familia. Allí el único que generaba alguna broma o contaba alguna anécdota era yo. Lo hacía para romper el hielo y provocar algunas risas. En su casa de Santander, el único pájaro que se podía escapar era yo, porque era el único independiente.

Afortunadamente, yo jamás tuve la necesidad de pedir favor alguno a Emilio ni tampoco al Banco que con tanto acierto presidía, y sigue presidiendo.

Es más, pensaba entonces, y con más fundamento ahora, que durante mis muchos años de éxito, el Banco bien pudo utilizar de modo remunerado mi imagen de ganador y mi carisma, para desarrollar cualquiera de sus campañas publicitarias internacionales, o promociones de cualquier producto financiero del Santander.

Personalmente, no tuve la "suerte" que en la actualidad tienen otros deportistas, en los que el Banco sí pone hoy sus ojos.

El talento que, aunque suene a falsa modestia, creo tenía, y el esfuerzo que desarrollé dentro de mi profesión, junto a la superación y el espíritu de ganador nato que yo mostraba, quizá en aquellos momentos no fue valorado, bien por ser uno más de la familia o bien porque nunca quisieron ver en mí al personaje rompedor y carismático de aquellos tiempos.

Y en este sentido, vuelvo a hacer hincapié en lo que también pensaban de los Beatles sus vecinos de Liverpool.

Este tipo de circunstancias que yo valoraba, pero a las que al mismo tiempo no daba excesiva importancia, me impidieron hacer publicidad con otros Bancos que deseaban mi imagen. Rechacé muchas y excelentes propuestas, porque pensé que la fidelidad a la familia valía mucho más que cualquier otra recompensa.

Esto me recuerda, por antagónico, lo que me sucedió con Raimundo Saporta, uno de los mandatarios de más categoría que han existido en el mundo del deporte español.

Durante el Mundial de Fútbol de 1982 que se celebró en España, se organizaron una serie de actos culturales paralelos, entre ellos un match entre Jack Nicklaus y yo mismo, que disputamos el 9 de julio del año mencionado. Yo era el mejor jugador del momento y el americano, el mejor jugador de la historia.

Y aunque han pasado 25 años, recuerdo como si hubiese sido hoy las palabras de Saporta, Presidente del Comité Organizador: "*Mira Seve, Nicklaus tiene este* fee *y tú no vas a ser menos, cobrarás lo mismo.*"

Para mí fue muy especial la celebración de aquel evento por lo que supuso de promoción para el golf y de reconocimiento hacia mi persona, o mejor dicho, de valoración de mi carrera deportiva.

La relación con Carmen se fue deteriorando a medida que pasaba el tiempo. Durante nuestro matrimonio quizá faltó una mayor comunicación y entendimiento; sin embargo, ahora que nos hemos divorciado amistosamente, mantenemos una relación cordial. Periódicamente, Carmen y yo nos reunimos para tratar cuantos temas conciernen a nuestros hijos.

Para Carmen, su único universo era el de su familia, y en particular su padre.

A medida que pasaba el tiempo, yo veía que el carácter de Carmen reflejaba la educación que había recibido, marcada por la rigidez y disciplina, tanto en casa como en las instituciones en que había cursado estudios en el extranjero, y en el que se echaba en falta los rasgos típicos de las personas que saben disfrutar de la vida y de las pequeñas cosas.

Más que respeto a su padre, pienso que le tenía falta de confianza, pues no se atrevía a hablarle de cualquier asunto que fuera trascendente.

Cuando Carmen me decía: "*Seve, es que mi padre es así*", yo le respondía: "*Sí, será así, pero tú eres su hija...*"

Cuando falleció mi madre, Emilio apareció por mi casa, para darme el pésame. Y lo hizo porque Carmen le dijo: "*Papá, debes venir a casa porque Seve está muy apenado y deprimido por el fallecimiento de su madre.*"

Emilio estuvo en mi casa un tiempo prudencial. Pienso que se debió a que allí se sintió incómodo, porque yo, entre otras cosas, sabía que no había contado conmigo para el proyecto Ciudad de Santander del BSCH, en Boadilla. Me enteré por terceras personas de que el campo de golf lo iba a diseñar Rees Jones. Rees, además de ser un buen diseñador, también se le conoce como el "doctor" de campos de golf, pues se dedica a rediseñar algunos de los que se quedan obsoletos a causa de los avances tecnológicos aplicados a los palos y bolas de golf. El hecho de que eligieran a Jones sin siquiera darme la oportunidad de presentar mis ideas y diseño no me hizo gracia, y así se lo dije a Emilio:

—Si tienes ya contratado a Jones, es porque yo no pinto nada en esta historia.

—Seve, tú como jugador de golf eres único, pero Jones tiene más experiencia...

—No sé en qué te basas, pues no sabes nada de mis trabajos. Yo tengo, afortunadamente, muchos campos diseñados, así que tu opinión, aparte de ser injusta, está fuera de lugar.

—Bueno –concedió porque su hija estaba de por medio–, está bien, te quedas como co-diseñador, y aparecerás en toda la publicidad que al respecto el campo de golf necesite.

Y así fue como trabajé en aquel proyecto junto a Rees Jones, obteniendo un magnífico resultado, pues el campo es excelente. Durante las obras hicimos varias visitas conjuntas, fruto de las cuales se introdujeron ciertas modificaciones al proyecto original que mejoraron de modo sensible el recorrido. Mi suegro creo que valoraba muy positivamente mis explicaciones y seguro que ha llegado a pensar que debía haber confiado más en mí desde el principio.

En nuestro país, donde la envidia es casi el deporte nacional, Emilio Botín tiene una reputación de "hombre con el alma de papel moneda". Sin embargo, a mi ex suegro, desde el respeto, le sigo teniendo un afecto especial. Aseguro que en el fondo es un señor, y como he dicho, infatigable trabajador. Yo admiro su sentido de la responsabilidad y de la eficiencia que se traduce en el éxito con el que patronea el Banco las 24 horas del día durante los 365 días al año.

Mientras tanto, yo seguía tratando de encontrar el punto de comunicación con su hija, pero ella tenía que hacer lo que quería, como invitar a casa a la gente que ella elegía; pero cuando yo pretendía hacer lo propio, me encontraba con su reprobación. Hasta que me di cuenta de que podía ser tolerante, pero nunca excesivamente condescendiente como lo había sido hasta entonces; comprendí que ya no podía esperar su afecto ni su apoyo mientras mi carrera se despeñaba. Y así fue como, sin otra alternativa, acabé diciéndole: *"Está bien, Carmen, no te preocupes más, porque a esta casa ya no vendrá nadie."*

Y así llegó un momento en que mi casa estuvo cerrada como un fortín, quedándome yo aislado.

A pesar de esta extraña situación, mis hermanos, que vivían la situación incómodamente, me seguían siendo fieles, protegiéndome y defendiéndome a capa y espada.

Así se mostraban los míos en los momentos más difíciles. Pero el hecho de no tenerlos cerca me hacía sentir muy desamparado, porque no podía disfrutar de su afecto. Todo esto, la situación en casa y la soledad, acabaron afectando mi carácter y mi rendimiento en el campo de juego. En definitiva, teníamos una casa espléndida, pero no habíamos logrado tener el hogar que yo tanto ansiaba.

Cuando me encontré en un callejón sin salida, Carmen se dio cuenta y quiso reaccionar, pero su esfuerzo resultó inútil. Ya era demasiado tarde, porque yo ya no tenía oídos para ella. Claro que no me hizo daño intencionadamente, de eso estoy seguro. Me lo hizo porque no supo o no supimos hacer las cosas bien. Carmen es muy buena madre, pero su visión de la vida le hizo cometer muchos errores, y el más grave de todos fue aislarme de mi entorno, de mis hermanos, de mis amigos y de las cosas que yo estaba acostumbrado a hacer. No entendió que para mí regresar a casa era volver al paraíso, a reponer fuerzas, y en lugar de hacer de ese lugar un espacio de tranquilidad, ocurría todo lo contrario, tanto es así, que yo cuando volvía a salir de casa lo hacía más agotado de lo que había entrado en ella.

Si no me separé antes fue porque creía que aún podía salvar nuestro matrimonio. Por esta razón y por los niños llegué a hablar con su padre, para que éste dialogara con su hija.

Después hablé con su madre, pero nunca supe más. Entre Carmen y su madre no parecía existir buen "feeling"; si lo hubo después quizás se debió a mí. Lo más natural del mundo hubiera sido que la madre acudiera en ayuda de la hija que estaba en medio de una crisis matrimonial. Hoy, con la perspectiva del tiempo, veo que entre ellos no había demasiada comunicación.

Y yo no quise ver que el esfuerzo que hacía por salvar mi matrimonio, pues era una huida hacia adelante, hasta que llegó el momento en que no había ni relación ni solución. Mi matrimonio había llegado a un punto que me llevaba a la destrucción, no sólo como deportista, sino también como persona.

—Carmen –le dije entonces–, ya no podemos continuar juntos; ya no creo en ti.

—¡Dios mío! ¡Esto será un desastre! –respondió.

—Sí, lo sé; pero no hay más remedio, sólo cabe esperar que el tiempo acabé curando nuestras heridas. Yo he sentido ese dolor y lo he pasado muy mal cuando perdí a mis padres.

Al oírme, Carmen me propuso un pacto que consistía en seguir juntos, pero haciendo cada uno su propia vida, porque su familia era de la creencia de que bajo ningún concepto debía romperse el matrimonio. *"El pacto puede ser aplicable a otros, pero yo no sé actuar delante de la gente. Puedo llegar a ser y hasta sentirme muy tradicional, pero no acepto propuestas que coarten mi pretendida felicidad"*, le respondí.

Cuando todo estuvo decidido entre Carmen y yo, le propuse que sacáramos un comunicado de prensa conjunto, pero, por consejo de su familia, ella no aceptó. Lo que yo deseaba con ese comunicado era cerrar el camino a rumores y especulaciones, así que no entendí la razón de su negativa.

Poco después, para desvirtuar la realidad, lo que yo sospechaba se concretó. Así, la prensa "del corazón" se hizo eco de un premeditado bulo salido del Real Golf de Pedreña, según el cual nuestra separación se debía a una supuesta relación mía con la hija del encargado del restaurante, lo que era absolutamente falso. Afortunadamente, mi hermano Baldomero intervino con acierto en el asunto, solventando los insidiosos comentarios aparecidos en ciertos medios de comunicación. También salió en el Reino Unido que yo me había visto obligado a dejar mi casa por mis continuas infidelidades, cosa también incierta, porque, ni Carmen ni yo, tuvimos ninguna aventura mientras duró nuestro matrimonio.

Cuando empezaron también estos rumores, insistí en que sacáramos ese comunicado en Gran Bretaña, donde mi imagen se vería muy perjudicada por las calumnias que se vertían sobre mí, pero nuevamente su familia se opuso. Incluso hablé con su hermana mayor, pero tampoco lo vio bien. Lo peor es que seguí comportándome ingenuamente y no saqué ningún comunicado por mi cuenta, para no crear problemas ni a Carmen ni a su familia.

Tras la separación, en lo económico alcanzamos un pleno acuerdo, porque, como ya comenté en su momento, nos casamos con separación de bienes.

Ahora que estamos divorciados estoy con mis hijos los fines de semana y en vacaciones. Y naturalmente mantengo con ellos una inmejorable y estrecha relación, aunque echo de menos el no poder estar juntos más tiempo. Aparentemente, nuestro divorcio no les ha afectado más allá de lo comprensible. Los tres estudian, juegan al golf y hacen mucho deporte. Estoy muy orgulloso de ellos, pues además cada uno tiene su propia personalidad. Los dos varones son buenos jugadores. Hasta no hace mucho tiempo Miguel, muy metido en el fútbol, en el que destacaba, incomprensiblemente, un buen día lo abandonó. Y fue entonces cuando comenzó a tomar el golf como su deporte favorito, en el cual apunta buenas maneras. Tanto es así, que en varias ocasiones ya ha logrado ganar a su hermano mayor, a pesar de ser dos años menor, y siendo Javier handicap 0.

Carmen, la niña, es una bomba, y creo que físicamente es la más fuerte de los tres. Es tan hiperactiva como lo era mi madre. Creo que nuestros hijos van comprendiendo aquello que les he dicho siempre:

"*Si queréis destacar en algo, tenéis que estudiar y trabajar más que cualquiera, pero también y, sobre todo, tenéis que ser buenas personas.*"

48
Swing. Honores. Amigos

Al comenzar a jugar desde tan niño, me guiaba por sensaciones para realizar el *swing*. Éstas provenían del ritmo que aplicaba a todos los palos, empezando por el *driver*, y acabando por el *putter*. Respecto al *driver*, fue siempre uno de mis mejores palos. He sido jugador de gran potencia y buena prueba de ello son los concursos de *drive* que ganaba en los años 70 y 80. En una época en la que los jugadores no prestaban la atención que ahora dan a la preparación física, mis condiciones naturales suponían una cierta ventaja para mí.

Mi *swing* era manos y cerebro. Todo natural, sin geometrías, las manos cumplían las órdenes que mi mente dictaba. Esto me permitía crear golpes y, por eso se resaltaban como mis grandes virtudes el arte y la genialidad. Así conseguía conectar tan bien con los espectadores, que hicieron de mí un jugador carismático allá donde fuera. Este hecho, solapado con mi historial deportivo, es el que me ha permitido ocupar un lugar en el mundo del golf del que me siento orgulloso. Con imaginación e ideas, obtienes conocimientos. Si usas tus conocimientos, puedes crear arte. Y si llegas a demostrar ser un artista, cabe la posibilidad de ser un genio.

Si bien es cierto que fui un jugador precoz (debuté como profesional con 16 años, segundo en el Open con 19 años, ganador en el circuito europeo con 19 años y vencedor más joven del Masters con 23 años), también lo es que mi carrera se prolongó con victorias en tres décadas diferentes, lo que indica que supe mantenerme en primera línea con el transcurso del tiempo. En una época en la que no existían *rankings* mundiales, el primer Sony Ranking data de abril de 1986, y el que yo fuera considerado por los medios especializados como el mejor jugador del mundo de la década de los ochenta es todo un aval al respecto.

En un deporte tan sumamente individual, sujeto al riesgo de lesiones, crisis de juego y feroz competencia, permanecer como un asiduo ganador durante tanto tiempo y, en todo tipo de escenarios, sin duda tiene gran mérito.

Estos triunfos tienen otro componente diferente a lo estrictamente deportivo, pues me sirvieron para acumular una inmensa relación de encuentros y experiencias con personalidades de todos los ámbitos de la sociedad, a nivel español y, fundamentalmente, internacional.

Mi otra gran oportunidad aprovechada en la vida ha sido poder recoger, de los diversos extractos sociales existentes en gran parte del mundo, lo mejor de cada uno.

Todas las personas con el paso de los años adquirimos por inercia ciertas experiencias, pero si tus vivencias son notorias en edad joven, éstas te hacen crecer y madurar con asombrosa celeridad.

No fui un buen estudiante, pero el golf, además de victorias y galardones, me ha dado un enriquecimiento humano y social que me está sirviendo para conocer y catalogar mejor a las personas.

En mis viajes fui objeto de recepciones, galas de entrega de premios, inauguraciones de campos de golf diseñados por mí, torneos organizados por mi empresa, o simplemente coincidir en *pro-ams* y partidos amistosos en los cuales participaban todo tipo de celebridades. Una de las grandes virtudes del golf es que puede ser practicado simultáneamente por jugadores de niveles diferentes, incluso profesionales con amateurs, y también hombres con mujeres. Compartir con ellos más de cinco horas, practicando un deporte y una admiración personal recíproca, crea una comunicación que es difícil de lograr en otro ámbito de las relaciones humanas.

Durante el ejercicio de mi profesión, el tiempo que he dedicado a este tipo de relaciones sociales ha sido grande, por lo que para mí ha representado una formación humana impagable e imposible de adquirir de otro modo alternativo.

Me gustaría citar nombres representativos de esta actividad, a modo de ejemplo, aunque serán muchos los que omitiré, pero seguro que les tengo el mismo afecto que los aquí mencionados.

Quiero empezar por recordar mi simpatía hacia el Rey de España, don Juan Carlos y su Familia Real. Sus muestras de cariño hacia mí han sido innumerables, y tengo presente la llamada que hizo a mi casa poco después de vencer en el Masters del año 80, y cómo mi padre, emocionado, me pasó el teléfono al saber quién estaba al otro lado del mismo. Su Majestad ha acudido a verme jugar en varias ocasiones y tengo presente su asistencia con motivo de la ceremonia de inauguración de la Ryder Cup'97 en Valderrama.

Una prueba de mi respeto y admiración hacia toda la Familia Real lo refuerza el hecho de que el padre del Rey, don Juan de Borbón, fue el encargado de inaugurar mi primer campo diseñado en España. Fue en diciembre de 1990 en Novo Sancti Petri, Cádiz. Aquel fue uno de sus últimos actos públicos. Y allí estuvimos pensando de qué modo podíamos realizar la inauguración de forma que ambos participáramos activamente. Decidimos que alrededor del *green* del hoyo 9, junto a la casa club, yo realizaría un *pitch* desde fuera del collar del *green*, para que posteriormente don Juan finalizara la faena con el *pat*. Don Juan en su juventud fue un gran jugador de golf, componente del equipo nacional *amateur*, y además se da la circunstancia de que él, junto con doña Beatriz de Borbón y doña María Cristina, inauguraran el campo de Pedreña en agosto de 1929.

También he coincidido en muchas ocasiones con S. A. R. el Príncipe Felipe, del que guardo un especial y grato recuerdo de cuando me entregó el galardón correspondiente al premio Príncipe de Asturias de los Deportes en 1989.

Otros encuentros reseñables me acercaron a: Nelson Mandela, con motivo de un torneo en Sun City –Sudáfrica–, Jimmy Carter, que me felicitó tras mi victoria del Masters 80, Ronald Reagan, George Bush Sr., en diversas ocasiones y durante la Ryder Cup'97. La Familia Real británica, con la Reina a la cabeza, y los príncipes Carlos, Eduardo y la princesa Ana. La princesa Irene de Holanda me entregó mi primer trofeo en el circuito europeo, el Open de Holanda'76, o el emperador Akihito, además de la Familia Real monegasca, a la que frecuenté durante mi estancia en el Principado.

En Sudáfrica también coincidí con Alan Shepard, la única persona que, hasta la fecha, ha jugado al golf en la Luna.

Nombres de personajes populares pueden ser: Cassius Clay o Muhammad Alí, Sean Connery, Christopher Lee, James Hunt, Edwin Moses, George Best, Kevin Keegan, Sebastian Coe, Linford Christie, Nigel Mansell, Evander Holyfield, Bobby Charlton, Johan Cruyff, Eddy Merckx, Bernard Hinault, Illie Nastase, Nadia Comaneci, Michael Schumacher.

Actores, actrices, modelos, empresarios, jeques, presidentes de grandes compañías, escritores, pintores, cantantes, etc., también han contribuido a que mi bagaje de experiencias se haya multiplicado.

En España, recuerdo mis encuentros con Adolfo Suárez, gran político, gran persona y primer Presidente de la Transición española. En una ocasión jugué un partido con él y Emilio Botín en Pedreña, donde yendo por el hoyo 5, le tuve que decir a Emilio entre bromas: "*Emilio, despacio que no todos podemos ir a tu ritmo*", pues lo cierto es que Emilio camina por el campo a "toda máquina" y Suárez difícilmente podía seguirle. He estado en la Moncloa, Presidencia del Gobierno, con Felipe González, con Manuel Fraga y Mariano Rajoy con motivo del partido que jugué como conmemoración del Xacobeo'99, y posteriormente con el presidente Aznar. Con Juan Antonio Samaranch han sido muchas las ocasiones en que hemos coincidido. Además de ser una excelente persona, es reconocido y admirado en el mundo entero por su valía.

Tengo el orgullo de haber intervenido activamente en conseguir cambiar la imagen del golf en España, que ha pasado de ser considerado un deporte elitista y una actividad que pasados políticos o personajes públicos que lo practicaban evitaban que fuera divulgado, a otra situación bien diferente y con un papel importante en la generación de riqueza a través del turismo. Me gusta contemplar cómo se habla de golf con naturalidad, y así, en uno de mis programas de televisión favoritos, "Caiga Quien Caiga", raro es el capítulo en el que el golf no tiene cabida, y siempre de forma espontánea y cariñosa. También es motivo de satisfacción y un honor para mí el contar con la distinción de Embajador Honorífico de la Marca España desde 2004.

Y obviamente, he vivido y compartido experiencias con los grandes deportistas españoles como Ángel Nieto, Manolo Santana, el tristemente desaparecido Francisco Fernández Ochoa, Miguel Induraín, al que seguí en alguna etapa del Tour de Francia, e incluso con alguno de ellos jugué partidos de golf.

Finalmente, quiero hacer una reseña personal, aunque seguro que me dejo atrás a muchas personas a las que considero también mis amigos. Así, tengo presentes al doctor Campuzano y Lola, su mujer, doctor Coloma y Mercedes, su esposa (amigos de mi familia y míos personales), Jaime Zuloaga, J. Ramón Altónaga, Pedro Morán, el doctor Bernardo Martín, Valentín Valle, Ángel Martín, familia Miralles, Pepe de la Cavada, Pepe Jover (Presidente de la Federación Murciana de Golf), Alfonso Carrascosa, Miguel Sousa, (con quien he compartido gratos momentos en Madeira, Porto Santo y el Masters), Bernard Pascassio, Gaston y Christian Barras, la familia Tezuka, Gorostegui, F. Pernía, Robbie Van Erven Dorens, Renton Laidlaw, Marco Kaussler, Mitchell Platts, Tony Menai, Mario Pinzi, Tom Keane, Lincoln Venancio, Khun Arsa, Joe Ozaki, Andy Yamanaka, Andrew Yau, Kipple Chan, Enrique Ponce, Michael Robinson, Olga Viza, Sergio Gil, Luis del Olmo, Matías Prats, Gerardo Riquelme, hermanos Milá, Jesús Martínez Teja ...

49
El diseño del futuro

Fue hacia 1990 cuando empecé a darme cuenta de que ya no tenía el mismo grado de concentración en los campos de golf. Me distraía con mucha frecuencia durante los dieciocho hoyos y, en lugar de pensar sólo en el juego, mi mente se dispersaba. En medio del recorrido se me venía a la cabeza la última película que había visto o a dónde iría a cenar cuando acabase, cosas así. Y, claro, cuando me sucedía esto, el *bogey* era casi seguro. Así empecé a perder la confianza en mi juego.

Como las cosas no mejoraron a pesar de mis intentos, el 28 de septiembre de 1995 anuncié un descanso de cinco meses, para afrontar el reto de la Ryder Cup que se jugaría en España, aunque por entonces no estaba seguro de que fuese a aceptar la capitanía. La decisión fue consecuencia no sólo del juego que estaba haciendo y de la sequía de triunfos, sino también del hecho de tomar conciencia de que muchas cosas habían cambiado en mi vida y de que seguirían cambiando.

Hasta ese momento había entregado toda mi vida al golf desde niño, pero ya no era posible que siguiera totalmente volcado en la competición, pues estaban mis hijos, a quienes debía prestarles mucha más atención de la que les estaba dando. Quiero decir que, sin renunciar totalmente a mi pasión, debía prepararme para un cambio progresivo en mis hábitos y afrontar la vida de un modo diferente.

Echando la vista atrás, lo único que llenaba mis días era el golf. Ni siquiera había tenido otra distracción como, por ejemplo, la pesca, que tanto divierte a Jack Nicklaus, o la caza, que apasiona a José María Olazábal. Aunque es un privilegio poder hacer lo que a uno le gusta, el golf y los negocios traen aparejados prácticas que te consumen mucha energía. A pesar de esto, como ya he dicho, podría haber seguido quizás otros años más a gran nivel, pero mi lesión de espalda también me restó capacidad física para esto.

Cuando salía al campo me daba cuenta de que la imagen que daba no se correspondía con la del jugador que había sido hasta entonces. Esta circunstancia me hizo también pensar en que siempre había habido algunas distorsiones acerca de cómo era yo en realidad, pero que no me importaron mientras ganaba un torneo tras otro. Por ejemplo, la imagen de conflictivo a raíz de mis disputas con los directivos de los circuitos europeo y americano, y la supuesta mala relación que tenía con los caddies. De lo primero ya he hablado bastante, y de lo segundo sólo puedo decir que una cosa era lo que los demás percibían y otra lo que de verdad sucedía.

Cuando he cambiado un caddie ha sido fundamentalmente porque he creído que no comprendía mi forma de ser. Soy una persona de carácter fuerte y sensible, a veces hasta la superstición. Quiero decir que, cuando juego, es tanto el esfuerzo de concentración que hago, que no permito que nada me saque de ese estado. Por esto lo primero que le digo a un caddie que empieza a trabajar para mí es que, mientras juego, pase lo que pase, nunca debe contradecirme en el campo. Al acabar la vuelta, ya puede decirme todo lo que crea necesario acerca de mi juego o de mi comportamiento, pero no en el campo, porque mi juego se resiente. En el golf de alta competición, el caddie ha de saber que es el único compañero que tiene el golfista en el campo y que su trabajo no es sólo llevarle la bolsa de los palos y calcular las distancias correctas, sino apoyarle psicológicamente siempre. El caddie tiene que meterse en el pellejo del jugador, entenderlo y saber cuándo le tiene que hablar y cuándo callarse.

Uno de mis hábitos es que casi nunca consulto una caída con el caddie, porque, si bien es cierto que cuatro ojos ven mejor que dos, también es verdad que dos opiniones despiertan la duda, y la duda es lo último que el jugador necesita en esos momentos. Sólo pregunto al caddie qué palo utilizar si no estoy seguro, y en ese caso él ha de responderme con seguridad. Nunca debe meterte la duda en el cuerpo. Un buen caddie, además de comprobar las distancias, ha de saber a dónde tienes que ir, dónde estás mejor y dónde puedes apoyarte; también saber el estado de los *greenes* y hacia qué lado crece la hierba. Y también dominar la intensidad de los vientos, sin olvidar estar permanentemente concentrado, aguantando la presión que le atañe.

El caddie que juega conmigo ha de saber, además, que nunca juego una bola del número 3, porque tengo la superstición de que si lo hago con ella acabaré haciendo tres *pats*. También ha de saber que si los hago con cualquier otra bola, debe cambiármela sin decírmelo en el siguiente *tee* por otra del mismo número. Si esto no ocurre, me imagino que haré un *bogey*.

Para comprobar la caída de la bola en un *pat*, también tengo la manía de ir y volver por la derecha. Además, desde que gané el Open de Holanda de 1976 cogí la costumbre de vestirme siempre de azul marino en las finales. Con este color gané los tres Opens Británicos y los dos Masters, e incluso en la disputa de la Ryder Cup de 1995, como ya apunté, convencí a Bernard Gallacher de que jugáramos el domingo con el uniforme azul marino en lugar del verde que estaba previsto, y ganamos. Como suele decirse, si no soy más supersticioso es porque trae mala suerte.

Volviendo a los caddies, he de asegurar que no es cierto, como se ha llegado a decir, que sólo hable con ellos para regañarles. Para mí, el caddie es un compañero con el que charlo de fútbol, de cine, en fin, de golf y de la vuelta que estamos jugando. Por lo general, soy yo quien empieza la conversación, pues considero que cuanto más me conoce el caddie, mejor hará su trabajo. Aparte de mis hermanos, que me han hecho de caddies en distintas oportunidades, el mejor que he tenido es Billy Foster. También guardo muy buenos recuerdos de Dave Musgrove, de Peter Coleman, de Nick de Paul y de Ian Wright.

A medida que me preparo para jugar en "otra liga", como dice mi hermano Baldomero, el golf sigue ocupando un lugar central en mi vida a través de una serie de actividades deportivas y empresariales. Una de ellas es el Seve Ballesteros Trophy, torneo bianual por equipos entre Europa continental y Gran Bretaña e Irlanda, que empezó a jugarse en abril del 2000, en Sunningdale, Berkshire. Desde la primera edición de este torneo, que tiene la particularidad de enfrentar en el primer partido de individuales a los capitanes de ambos equipos, se vio que tendría un importante respaldo de los aficionados. Es mi propósito llevarlo por todo el continente y que se juegue otra vez en España, Francia, Suecia y Alemania. Incluso en Polonia.

El Seve Ballesteros Trophy es un torneo que gana cada vez mayor prestigio y en el que los espectadores disfrutan de buen golf. Esto me llena de orgullo, no sólo porque lleva mi nombre, sino porque mi empresa Amen Corner es la encargada de organizarlo y la responsable de los importantes patrocinios que hacen posible su desarrollo.

Con el mismo propósito de difundir el golf en Europa que inspiró la creación del torneo que lleva mi nombre, Amen Corner crea y organiza también el Royal Trophy, que es el primer torneo que enfrenta a equipos de Europa y Asia y que comenzó a disputarse en enero de 2006. Estoy decidido a seguir trabajando por la difusión del golf organizando torneos y diseñando campos en todo el mundo. Sueño con campos abiertos y populares, incluso uno propio, y con que el golf sea reconocido como deporte olímpico.

Me hace muy feliz que, aparte de comprobar la magnífica aceptación que han tenido el Seve Ballesteros Trophy y el Royal Trophy, haya otras iniciativas interesantes. Llamo la atención sobre el proyecto de un Circuito de Golf Mundial (World Golf Tour), que en

1994 desarrolló Joe Collet, mi antiguo *colaborador*. Si esta buena idea aún no ha prosperado, creo que se debe al origen de los tres Campeonatos Mundiales de Golf (WGC), que, aunque dirigidos básicamente por el Circuito americano, constituyen una buena solución para los jugadores de élite. Es a este nuevo contexto de torneos y campeonatos al que apunta la actividad de Amen Corner, ya sea como creadora u organizadora de eventos, o como representante de jóvenes y talentosas figuras.

Otro ámbito de actividad en el que he concentrado especialmente mis energías es en el diseño y construcción de campos de golf. Con este fin, fundé con mis hermanos en 1986 la empresa Trajectory. Me inicié en la arquitectura de campos de golf con Dave Thomas, uno de los codiseñadores de The Belfry, escenario corriente de la Ryder Cup. Con él, antes de constituir Trajectory, trabajé en el Westerwood Golf & Country Club de Escocia y en dos Seve Ballesteros Golf Clubs de Japón.

El éxito de Trajectory me ha permitido encontrar una nueva forma de expresar mi profunda identificación con el golf. Es una experiencia emocionante visitar una parcela rústica y convertirla al cabo de un año en un soberbio campo de golf. Diseñar, trabajar de acuerdo con la topografía del terreno y del medio es algo que da mucho placer, porque mientras trabajo hasta puedo imaginarme las jugadas, los golpes, el vuelo de la bola y las dificultades.

En el diseño de los campos de golf existen, no obstante, tradiciones que pesan mucho y que parece que fuesen intocables. En este sentido me pregunto, por ejemplo: ¿por qué tienen que seguir un esquema de diez pares cuatro, cuatro pares cinco y cuatro pares tres? A mí me gustan más que los campos tengan seis pares tres, seis pares cuatro y seis pares cinco, como el de Berkshire, ese viejo y maravilloso campo inglés. Creo que es muy atractivo que los campos no estén sometidos a la misma secuencia. En Cypress Point, California, por ejemplo, los pares tres son consecutivos; en el Old Course de St. Andrews, Escocia, el más antiguo y mejor de todos, sólo hay dos pares cinco y dos pares tres. No estoy aconsejando que los campos sigan este modelo, porque en muchos sentidos el Old Course sólo es válido para St. Andrews, la cuna del golf. Lo que quiero decir es que podemos admirar los campos emblemáticos, pero a la hora de diseñarlos es necesario ser imaginativos y no temer romper algunas tradiciones, si lo que se pretende es ofrecer algo original. El crear seis pares 3, seis pares 4 y seis pares 5 tiene una gran cantidad de ventajas, y siempre que me es posible, diseño mis campos de esta manera. Ya llevo un gran número, y siempre ha resultado un éxito. Entre sus virtudes podemos encontrar las siguientes:

- Se ahorra hasta un 20% de superficie respecto a una distribución convencional. Con la carestía y dificultad para conseguir terreno, éste es un factor clave en la viabilidad de un proyecto.
- Se crea una secuencia de hoyos en la que no se repiten dos hoyos con el mismo par, con lo que esto tiene de variedad.
- Se evita la abundancia de pares 4, diez, en la distribución convencional, que hace que en muchos casos, y más ahora con los adelantos tecnológicos, se traten de hoyos de *drive* + *wedge*, por lo que muchos campos quedan reducidos a un concurso de *pat*.
- Se garantiza el empleo de todos los palos de la bolsa, puesto que en cada bloque de hoyos (pares 3, 4 y 5) se pueden incorporar agujeros de distancias cortas, medianas y largas.
- Se pueden lograr dos vueltas muy equilibradas entre sí, con lo que eso significa para el caso de salir por los dos *tees:* 1 y 10.
- Se crean grandes finales de vuelta, por ejemplo un gran par 4, seguido de un espectacular par 3 y un par 5, donde sea posible desde el *eagle* al doble *bogey*, como por ejemplo, el hoyo 17 de Valderrama.
- Se potencia la espectacularidad en el juego de profesionales, al existir seis pares 5, y se facilita el de *amateurs*, seis pares 3 desde sus *tees.* Son buenas oportunidades de conseguir un par. Y los pares 5 también son ventajosos para ellos, porque no son excesivamente largos para que los profesionales estén "tentados" de alcanzarlos de dos.

- El número de golpes finales, resulta el adecuado para los *amateurs* y los profesionales. Éstos, aun con el gran número de pares 5, no lo tienen fácil, porque los pares 3 en concreto y todos los hoyos en general, a mí me gustan con unos *greenes* con posiciones de banderas definidas, y esto significa que en competición puedan estar duros y rápidos, por lo que hacer *approach* y *pat* no resulta sencillo. Ahí está el ejemplo de Crans-sur-Sierre (Suiza), campo que rediseñé en el 2000 y ahora lleva mi nombre, y donde prácticamente sólo cambié los *greenes*, además de transformar un par 4 en par 3, y otros detalles como reubicar *bunkers*. Ha pasado de ser el campo más sencillo del circuito regular, a tener uno de los cortes, al final de la segunda vuelta, con mayor número de golpes.

El poder realizar este trabajo a lo largo de todo el mundo, como he dicho antes, es para mí un motivo no sólo de orgullo, sino de satisfacción.

Dicho sin falsa modestia, sé que tengo un lugar de privilegio entre los grandes del golf de todos los tiempos, y que eso me confiere una gran responsabilidad ante mis hijos y ante la sociedad. Si debo sentirme feliz de los éxitos conseguidos como jugador de golf, también debo sentirme orgulloso del cariño y el respeto de mis hijos como padre y de la sociedad como ciudadano.

50
Treinta y tres años después

Treinta y tres años es el tiempo que transcurrió desde mi primera participación como profesional, y treinta y dos desde mi primer Open Británico en Carnoustie hasta el anuncio de mi definitiva retirada como jugador profesional de golf.

En Carnoustie, Escocia, decidí retirarme como jugador. Y fue debido, entre otros motivos, al gran cariño que siempre recibí en las Islas.

Nací durante la semana del Masters sin haberlo escogido yo, y decidí poner fin a mi carrera como jugador en la semana del torneo más importante del mundo y que tantas satisfacciones me ha dado, The Open.

El porqué de la retirada como jugador es muy sencillo de resumir. Llevaba ya un tiempo, a principios de este año 2007, pensando si debería continuar o abandonar definitivamente la competición. Mi corazón me pedía seguir y luchar como anteriormente lo había hecho por conseguir el resultado que siempre he buscado en la vida, ganar. Sin embargo, mi cabeza era un poco más realista y me insistía en que dejara el juego para dedicarme más a mis hijos, mi familia, mis amigos y mis empresas.

Con esta división de sentimientos, decidí participar en el Masters para después comenzar una nueva aventura en el Champions Tour. Viajé a EE. UU. y después de jugar el primer torneo del Circuito Senior Americano, la cabeza finalmente se impuso al corazón. Fue entonces cuando decidí abandonar la competición.

Hoy, recién cumplidos los 50 años, soy consciente de que el nivel de juego que tuve nunca más lo volvería a experimentar. El mucho trabajo que venía realizando ya no me servía para obtener grandes y buenos resultados. Además, la ambición no es la misma, pues ya no tengo esa motivación que de joven me hacía ir donde fuera para ganar torneos y torneos.

Afortunadamente, ahora me quedan por delante años muy buenos, y quiero disfrutarlos, vivir la vida junto a mis hijos, verles crecer, y de alguna manera disfrutar más de mi tiempo libre, algo que de joven nunca pude hacer debido a que me entregue en cuerpo y alma a este deporte que tanto me ha dado.

El golf me dio sabiduría, me llevó a rincones de todo el mundo y conocí a muchas personas, personalidades, e hice muchos amigos. El golf me dio bienestar, y me hizo sentirme a gusto.

Hoy, gracias también al golf, tengo la posibilidad de trabajar mucho más tiempo con mis empresas, Amen Corner y Trajectory, ligadas a este deporte. Y este mismo año crearé Motivation and Training, empresa a través de la cual espero poder servir de ayuda a empresas y personas aplicando las claves de triunfo que yo utilicé, y que, desde mi punto de vista, favorecen a la gente a lograr cuantos objetivos se planteen.

La fecha del 16 de julio del año 2007 será recordada por mí como el día que tomé la más difícil y complicada decisión que nunca antes había adoptado. Atrás quedan los dulces sabores de los muchos triunfos conseguidos y también algunos sinsabores que son la guinda del enorme pastel que durante tres décadas pude paladear con enorme satisfacción.

Debo reconocer que, como consecuencia de mi despedida, he recibido multitud de cartas, verdaderamente gratificantes, y la mayoría de ellas de aficionados anónimos. Ellos han sido mi fuerza durante mi carrera profesional y nunca dejaré de mostrarles mi más profundo agradecimiento. Por ello, espero que todos disfruten de este libro.

Epílogo

Cuando Seve nació en abril del año 1957, yo, el día 15 del mismo mes cumplía diez años. Y casi viví su nacimiento en directo. En aquellos tiempos, al menos en los pueblos, las madres alumbraban a sus hijos en la propia casa, asistidas por la matrona de turno, y en ocasiones por las propias vecinas. La diferencia de edad entre ambos me permitió conocer perfectamente cómo se desarrollaron sus primeros años de vida.

Seve, por ser el pequeño y sentirse protegido por todos, muy especialmente por nuestros padres, desarrolló muy pronto una pasmosa habilidad para aprovecharse del camino abierto por sus hermanos mayores. Una de sus cualidades más llamativas era la de ser un niño callado y observador. No era tímido, pero si muy reservado. Tampoco era mal estudiante, pero prefería la calle y el campo de golf, lugares donde él hacía su vida sin que nadie le pudiera localizar. Así, Seve se inició en un deporte al cual no sólo entregó su niñez, sino también su juventud.

Pasión, fe y un trabajo constante fueron sus virtudes desde el principio, y con ellas vinieron los éxitos. Éxitos que quizá pudieron ser mayores si en su momento hubiese decidido, al empezar la década de los ochenta, participar en el Circuito americano. Declinó hacerlo y, desde mi punto de vista, creo que a la larga acertó, porque su forma de jugar, sus características, encajaban mejor en Europa que en EE. UU. Seve estaba en su salsa en los terrenos embarrados de los campos europeos, donde la lluvia, el frío y el viento son frecuentes. Bajo estas condiciones se juega el golf de altura. Muchos jugadores que son buenos con buen tiempo, se convierten en mediocres con tiempo incómodo.

En Europa, Seve fraguó una leyenda difícil de superar. El arraigo a su tierra y a los suyos jugó un papel decisivo en su vida y en su carrera. En las Islas Británicas supo llegar al público, entregarse a él, y éste se lo agradeció. De esta forma, hizo crecer un Circuito al que le estaba costando progresar. Aportó al golf ingenio, carisma, profesionalidad, determinación y, lo mejor de todo, ofreció a sus incondicionales un espectáculo pleno de pasión, para satisfacción suya y de sus seguidores. Abrió fronteras y los jugadores crecieron a su lado, lo mismo que el propio golf. Hasta la Ryder Cup se hizo grande. Afortunadamente, acompañando a Seve vinieron jugadores talentosos: Faldo, Woosnam, Lyle, Langer, Olazábal, Montgomerie, etc., y nuevas generaciones como Sergio, Donald, y otros.

Si se hubiera quedado en EE. UU., el nivel deportivo del golf europeo posiblemente no sería el que actualmente disfrutamos todos. En el mundo del golf existen jugadores con cometidos diferentes. Unos se conciben como productos orientados a lograr éxitos comerciales, y otros se ven siempre como jugadores centrados en obtener logros deportivos y sociales. Por esto último, Seve es *marca* y no producto. A Seve le gustaba entrenar para ganar. Por este sensato proceder, jamás se metió en actividades especulativas. Cada persona es un mundo, y con esta premisa, si sabes lo que quieres, nunca fracasarás. El saber cómo se quiere vivir es consustancial con la forma inteligente de obrar.

Seve ha sabido llegar al corazón de cuantos apreciaron en él algo diferente. Si consideramos que la conducta de los seres humanos está relacionada directamente con la personalidad de cada uno, de la misma manera podríamos considerar que los éxitos se hacen intemporales debido a ciertos dones naturales. Siendo así, el carisma y la genialidad de Severiano adquieren patente de virtudes propias, emanadas de un carácter nacido de profundas convicciones.

Obviamente, el privilegiado lugar que ocupa en la historia del golf mundial se ha consolidado con la aprobación unánime de la gente que le admira y respeta. Por estas y otras poderosas razones, me gustaría que este merecido alegato sirviese para reconocer cuánto le debemos quienes disfrutamos hoy de un deporte que él engrandeció con inusitados esfuerzos, trabajo y dedicación.

Con Seve no habrá un antes y un después, sino un continuo presente. Gracias, hermano. Gracias, genio.

Baldomero Ballesteros Sota

Victorias de Severiano Ballesteros

TORNEO	AÑO
Campeonato Nacional para sub-25 Open de Vizcaya	1974
Campeonato Nacional para sub-25	1975
Open de Holanda Trofeo Lancôme (Francia) **Copa del Mundo** por equipos Memorial Donald Swaelens Campeonato de Cataluña Campeonato de Tenerife	1976
Open de Francia Uniroyal International (Inglaterra) Open de Suiza Open del Japón Dunlop Phoenix (Japón) Otago Classic (Nueva Zelanda) Braun International Golf (Alemania) **Copa del Mundo** por equipos	1977

Martini International (Inglaterra)	1978
Open de Alemania	
Open de Escandinavia	
Open de Kenia	
Greater Greensboro Open (EE. UU.)	
Open del Japón	
Open de Suiza	
Campeonato de España sub-25	
Open Británico	1979
Lada English Golf Classic	
Open El Prat	
Open de Madrid	1980
Martini International	
Open de Holanda	
Masters (EE. UU.)	
Campeonato PGA Australia	1981
Dunlop Phoenix (Japón)	
Open de Escandinavia	
Benson and Hedges Open de España	
Suntory World Match Play	
Open de Madrid	1982
Open de Francia Paco Rabanne	
Suntory World Match Play	
Masters de San Remo	
Sun Alliance PGA Championship	1983
Open de Irlanda	
Trofeo Lancôme (Francia)	
Masters (EE. UU.)	
Westchester Classic (EE. UU.)	
Sun City Challenge	

Open Británico **Suntory World Match Play** Sun City Challenge	1984
USF and G Classic (EE. UU.) Open de Irlanda Peugeot Open de Francia Open Sanyo Benson and Hedges Open de España Campeonato de España para Profesionales **Suntory World Match Play** **Miembro del Equipo vencedor Ryder Cup**	1985
Dunhill British Masters Open de Irlanda Johnnie Walker Open de Montecarlo Peugeot Open de Francia KLM Open de Holanda Trofeo Lancôme (Francia)	1986
Suze Open (Francia) A. P. G. Larios Campeonato de España para Profesionales **Miembro del Equipo vencedor Ryder Cup**	1987
A. P. G. Larios Mallorca Open de Baleares Westchester Classic (EE. UU.) **Open Británico** Open de Escandinavia Open de Alemania Trofeo Lancome (Francia) Visa Taiheiyo Club Masters (Japón)	1988

Cepsa Open de Madrid Epson Grand Prix (Reino Unido) Open de Suiza/Ebel European Masters	1989
Open de Baleares	1990
Chunichi Crowns (Japón) Dunhill British Masters **Volvo PGA Championship** **Toyota World Match Play**	1991
Dubai Desert Classic Copa Quinto Centenario por equipos (Argentina) Open de Baleares	1992
Benson and Hedges International Open (Inglaterra) Mercedes German Masters	1994
Tournoi Perrier, por equipos (Francia) Peugeot Open de España **Ryder Cup (Miembro del Equipo vencedor)**	1995
Ryder Cup (Capitán del Equipo vencedor)	1997
Seve Ballesteros Trophy (Capitán - jugador del Equipo vencedor)	2000

Condecoraciones

- Mejor Deportista Masculino 1976, 1977
- Medalla de Oro al Mérito Deportivo 1976
- Medalla de Oro al Mérito Deportivo Cántabro 1976
- Medalla de Oro al Mérito Deportivo 1978
- Medalla de Oro al Mérito en Golf de la Real Federación de Golf Española 1979
- Insignia de Oro y Brillantes de la Sociedad Deportiva de Remo Pedreña 1979
- Encomienda de la Orden de Isabel la Católica 1979
- MEDALLA DE ORO AL MÉRITO DEPORTIVO EN ESPAÑA 1980
- Insignia de Oro y Brillantes del Fútbol Club Barcelona 1982
- Medalla de Oro al Mérito Turístico 1982
- Medalla de Plata de la Ciudad de Santander 1982
- Insignia de Oro y Brillantes del Real Madrid 1983
- MEDALLA DE ORO DE LA REAL ORDEN DEL MÉRITO DEPORTIVO 1983
- Medalla de Oro del Ayuntamiento de Marina de Cudeyo 1983

- PREMIO PRÍNCIPE DE ASTURIAS DE LOS DEPORTES 1989
- Medalla de Oro de la Cruz Roja 1993
- Insignia de Oro del Real Rácing Club de Santander 1992
- Emboque de Oro
- Moisés de Oro
- GRAN CRUZ DE LA REAL ORDEN DEL MÉRITO DEPORTIVO 1993
- La Agrupación Española de Periodistas Deportivos. 1997
- Trofeo al Español Más Internacional 1997 - "El Mundo Deportivo"
- Premio Onda Rambla al Deportista Más Internacional 1997
- ORDEN OLÍMPICA 1998
- Sol de Oro, Patronato de Turismo Costa del Sol 1998
- Premio Colegio Oficial Profesores INEF-Andalucía 1998
- Hijo Predilecto de Cantabria, 1999.
- MARCA de leyenda, 1999
- Doctor Honoris Causa, Universidad Saint Andrews (Escocia) 2000
- Premio HORECA, 2000
- Deportista Español del Siglo, 2000
- Medalla de Oro y Brillantes. Federación Cántabra de Golf 2002
- Embajador Honorario Marca ESPAÑA 2004
- Miembro de la Academia Laureus desde su creación. Patrono de la Fundación Laureus España.
- Embajador Honorario Marca ESPAÑA (2005)

Distinciones dentro del mundo del golf

- Golf Writers Trophy 1979, 1984, 1991
- Golfer Of The Year 1986, 1988, 1991
- Vardon Trophy 1976, 1977, 1978, 1986, 1988, 1991
- European Tour Stats Leader:
- 1983, Driving distance (296 yds)
- 1986, Stroke average (68,95 stroke)
- 1986, Average position (2,93)
- 1988, Driving distance (272 yds)
- 1988, Pats per round (28,25 avg)
- 1988, Stroke average (68,85 avg)
- 1998, Pats per GIR (1,736 avg)
- 1998, Pats per round (28 avg)
- 1999, Pats per GIR (1,724 avg)
- 1999, Pats per round (28,1 avg)
- Ebel Golfer of the Year 1983
- Honorary Member of The European Tour 1983
- "International Personality of the Year" 1984, BBC TV SPORT
- Golf Magazine's All America Trouble Play 1985

- "Personalidad del Año" 1988, 1989 (Francia)
- Golf Digest, "World Player of the Year" 1988
- Metropolitan Golf Writers Association, "Gold Tee Award" 1989
- World Golf Hall of Fame 1997
- Key to the City of Augusta 1999
- European Player of the Century, 2000
- International Player Century Award (Ireland) 2001
- PGA Recognition Award (Londres) 2006

Índice onomástico

Este libro se ha impreso en papel Munken Print Cream
y se terminó de imprimir y encuadernar en los
talleres de Atanes-Lainez, Móstoles, Madrid,
el día 28 de enero de 2008, festividad de
Santo Tomás de Aquino.